JN087548

持続可能な社会と生活

持続可能な社会と生活（'23）

©2023　関　正雄

装丁デザイン：牧野剛士
本文デザイン：畑中　猛

s-65

まえがき

　「持続可能な社会」や「持続可能性」,「サステナビリティ」などという言葉は,とてもよく使われるようになりました。特に2015年にSDGs（国連持続可能な開発目標）が採択されて以来,国内外で広く浸透して一般市民の認知度もあがっています。

　この科目では,その「持続可能な社会」について学びます。それは一体どんな社会を意味するのか,また,グローバルにそして身近な地域において,これをどうしたら実現できるのか,といった点について,皆さんと一緒に学び,考えていきたいと思います。

　科目の全体構成は,大きくは3つのパートに分かれています。まず第1章から第5章までは,そもそも持続可能な社会とはどんな社会なのか,そして,持続可能な社会を実現するために取り組むべき,現代の環境・社会・経済の課題とは何か,といった,「問題の所在」を中心にみていきます。

　そして第6章から第10章までは,市民や生活者,企業,投資家や政府など,さまざまな取り組みの主体に焦点を当てて,持続可能な社会の実現のために果たすべきそれぞれの役割と,どのような点に留意して取り組んでいったらよいのかをみていきます。

　さらに第11章から第15章までは,国内各地域における実際の課題解決への取り組み事例を紹介しつつ,持続可能な社会の実現に欠かせない,パートナーシップやガバナンス,教育などの重要な達成手段についてみていきます。

　この科目全体を通して,①問題の本質は何か,②解決の担い手は誰か,③どんな視点での行動が求められるか,を考えていきます。そして,最

4

も重要なこととして，科目名にあるように，私たちの日々の生活や一人ひとりの行動とどうつながっているか，という点を常に念頭に置いて，学んでいただきたいと思います。

　この科目が，持続可能な社会に関心を持たれた皆さんにとって，さらに深い探求のための道案内になれば幸いです。そして，この科目の受講を通じて，皆さんがそれぞれ置かれた立場で，持続可能な社会の実現を自分ごととして考え，行動することにつながっていくことを願っております。

　ここで，Development という言葉の訳について付言しておきたいと思います。本書では可能な限り，Sustainable Development を「持続可能な発展」と訳しています。一般的には「持続可能な開発」という訳が多く，外務省の公式文書等でもそう訳されています。あえて一般的な「開発」ではなく「発展」を用いているのは，発展という言葉には，内発的なニュアンスがあると考えるからです。国民や地域の住民，つまり生活者が主体となって，自らの手でしかも質的な豊かさを手に入れる，という行為主体性を「開発」という言葉よりも強く感じることができるからです。そのような意味合いで，できるだけ「発展」という言葉を使うようにしていることを付言しておきます。

2022年10月

関　正雄

目次

1 | 持続可能な社会とは何か

関　正雄

《**学習の目標＆ポイント**》　「持続可能な社会」や「持続可能性」の概念は，本講座の基本でありカギとなる重要概念なので，定義やその概念を正しく理解する。その中核命題は環境と開発であり，持続可能な社会の実現には長期的な視点と，環境・経済・社会の3要素を統合的にとらえる視点が重要であること，また，課題の根本的解決にはシステムレベルの大変革が必要であることを理解する。さらに，地域の課題解決にもこうしたグローバルな共通言語である持続可能な発展の概念理解や視点などが，必要かつ有効であることを理解する。

《**キーワード**》　ブルントラント委員会，持続可能な発展，成長の限界，環境と貧困，長期的ビジョン，システムレベルの大変革

1. はじめに

　持続可能な社会の実現は，SDGs（国連持続可能な開発目標）でもうたわれている世界の共通目標であり，重要な今日的課題である。この科目では，

・持続可能な社会とは何か
・グローバル規模で，そして地域において，持続可能な社会を実現するためには何が必要か。どんな視点が役に立つのか。
・政府・企業・NGOなどの各主体は，それぞれ単独で，また協働して，どのように役割を発揮すべきか。
・この問題は，私たちの一人ひとりの生活とどのようにつながっている

のか，私たちは，それぞれの置かれた立場でどう行動すればよいか。といった点について，さまざまな観点から学び，考えていきたい。

まず本章では，最も基本となる概念である持続可能な発展について述べる。

2. 持続可能な発展の概念

（1） ブルントラント委員会による定義

持続可能な社会を論じる前提として，まず持続可能な発展の概念を正しく理解しておくことが必要である。

持続可能な発展（Sustainable Development）は，近年では専門家や関係者だけではなく一般社会にも浸透しよく使われる言葉となった。しかし，市民権を得たとはいえ，その意味はさまざまな理解・解釈のもとに使われており，必ずしも共通理解が確立しているとは言えない。

持続可能な発展の定義づけは，これまでさまざまに試みられてきた。なかでも最も広く用いられ，課題解決に重要な示唆を与えてくれる定義は，国連ブルントラント委員会が1987年に発表した報告書「私たちの共通の未来」（Our Common Future）における定義である。現在でも，各国の政策立案や企業の戦略構築，ステークホルダー間での対話などにおける基本概念となっている。本書もこのブルントラント委員会の定義を基本にして話を進めていく。その定義は，「将来の世代の人々が自らのニーズを満たす能力を危険にさらすことなく，現状のニーズを満たす発展」というものである。

この定義には2つの要素が組み込まれている。まず前半にでてくる「将来の世代の人々が自らのニーズを満たす能力を危険にさらさない」とは，将来世代への必要な配慮を意味しており，すなわち将来世代を犠牲にしないということである。例えば自然資源を使い尽くしてしまう，

環境を汚染する，気候変動のリスクを拡大するようなことがないように，ということであり，将来世代に配慮した地球環境に関する責任ある行動を要請している，と解釈することができる。持続可能な発展という言葉は，環境問題と結び付けて用いられることが多いため，環境の持続可能性という考え方は，理解が容易でなじみやすいであろう。

　一方で，定義の後半には「現状のニーズを満たす発展」とある。この意味については，前半の将来世代に配慮した環境に関する責任に比べると，持続可能な発展という言葉から一般的にはあまり連想されることが少ないかもしれない。この定義の後半の中心命題は，「貧困問題解決に必要な発展」である。現状で満たされていないニーズといえば，典型的には途上国における貧困層の切実なニーズがある。食料・水・衛生・医療・教育・雇用など，ベーシック・ヒューマン・ニーズとも呼ばれる，人間として尊厳をもって生きていくために必要不可欠な基本的ニーズすら満たされていない，絶対的貧困と呼ばれる状況下にある今なお少なくない貧困層の発展のニーズ，と解釈すればわかりやすい。

　以上から，「持続可能な発展」とは2つの概念を含むものであり，わかりやすく端的に言い換えると「環境」と「貧困」という，2つのグローバル課題の解決を，同時に行うような発展のあり方，と考えられる。したがって，普通考えられがちな環境だけの原則ではない。また，二者択一ではなく2つの問題を同時に解決することが必要で，統合的に解決するような新たな発展のあり方の実現を目指すものだ。実際に，通常「ブルントラント委員会」と呼ばれている国連委員会の正式名称は「環境と開発に関する世界委員会」である。

　したがって，それはよく混同されがちな「持続的な成長（単に継続的に右肩上がりに経済成長する，発展する）」という言葉と同じ意味ではない。将来世代のニーズを損なわないだけではなく現世代内での満たさ

れていないニーズをも満たす，社会的に公正な発展という概念なのである。つまり，根底に倫理的な公正さ，社会正義と人間尊重の考え方があるということを忘れてはならない。この点は本科目を学ぶ上で鍵となる重要な点である。

　また，1987年の定義づけから長い年月を経て，この概念の必要性が薄れるどころかますます世界の共通の問題と結び付けて，より多く語られているのは，そのような発展の実現が決して容易ではなかったことを示している。一般的に経済成長は社会の進歩と生活の豊かさをもたらし貧困問題の解決につながる反面，資源の枯渇や地球の温暖化をもたらし，グローバリゼーションの進展とあいまって富の集中と格差を拡大して，社会的にネガティブな影響をももたらしてきた。環境と開発は，いずれも重要で両立は理想だが実際には実現困難と考えられ，ブルントラント委員会報告書から30年以上が経過しても目指すべき発展のあり方として人類共通の課題であり続け，むしろ課題の深刻化が進んできたのである。

　また，時の経過とともに，持続可能な発展の概念は，社会的包摂，人々の健康やジェンダー平等，ディーセント・ワーク（働きがいのある人間らしいまともな仕事）など，幅広いさまざまなテーマを構成要素として包含するようになり，概念の外延が広がってきた。それは，この概念が行為規範として有用であり多くの人々に受け入れられたからであり，概念の成長・進化の過程であったと言ってよい。そして，多くの観点を包含するようになったがゆえに中核が何であるかがぼやけてしまった面もある。しかし，その中核的命題は変わっておらず，「環境」と「貧困」，この２つの問題の統合的解決である。

（２）　ローマクラブの「成長の限界」

　持続可能な発展の概念を理解するうえで，ヒントを与えてくれるのが，

「成長の限界〜ローマクラブ『人類の危機』レポート〜」(1972) とい
う，この分野における古典的価値を持つ書物である。この書がコン
ピュータによるシミュレーションにもとづいて訴えていることは，人類
がこのままの人口増加，資源利用増加，工業化・環境汚染増大などを伴
う成長軌道を続けていけば，100年以内にその成長は限界に達し破滅的
な事態に至るとの，ショッキングな警告だった。例えば，地球上の人口
はねずみ算的に，あるいは幾何級数的に増えていく。ところがこれに対
して食料増産は幾何級数的な増加は難しく，前年比10％や20％増とい
う形で，つまり算術級数的に増えていく。このミスマッチによって，人
口の伸びに食料の増産が追いつかなくなるという事態がやってくる。長
期的には食料以外にも地球上の人口増加が与えるネガティブな影響は大
きい。

　我々がなすべきことは，長期的視点で地球の将来，人類の将来に関す
る想像力を持つということ，そして，危機的な状況を回避する行動をと
ることである。そして人類がそのような選択をし，社会のありようを変
革すれば，この危機を克服することが可能である，としている。

　この提言書において重要な指摘の1つは，私たちが意識して視野を拡
大することの必要性である。誰しもそうであるが，私たちの視野という
のは狭い。今日・明日のことや来月・来年のこと，あるいはせいぜい数
年先の自分の将来は考えるが，次世代のことまで考えるというようなこ
とは，あったとしても非常に稀である。

　同様に，自分の身の回りの家族，友人，職場の同僚，コミュニティの
ことは考えて気にかけるが，地球上さまざまな国の人のこと，例えば距
離的に遠い地球の裏側の国々の人のことなどは，これだけ移動や通信の
手段が発達しても，考えたり関心を持ったりする度合いは極めて少ない
のが通例であろう。

14

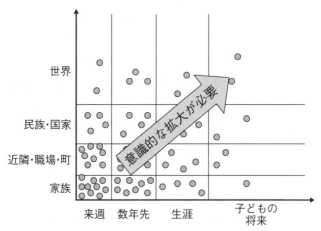

出典：成長の限界〜ローマ・クラブ「人類の危機」レポート〜 1972（関
が加筆）

図1−1　人間の視野の拡大

　図1−1に示すように，時間的・空間的に遠くなれば遠くなるほど私
たちの関心は薄れ，めったに考えなくなってしまう。これは世の常であ
り，それ自体を否定すべきものではない。ただ，関心の範囲を時間的・
空間的に拡大して，考え，意思決定し，行動していかないと，やがては
今の生活を維持することさえもできなくなってしまう。だから，意識的
に視野を拡大する必要があり，そしてできるだけ早く，社会を変革する
ための行動を起こすことが必要である，これがローマクラブの「成長の
限界」が鳴らした警鐘である。

（3）　私たちの生きる世界

　長い時間軸でしかも地球全体のことを考えてみると，いろいろなこと
がみえてくる。例えば気候変動である。異常気象や自然災害などさまざ
まな事象をもたらしている地球温暖化の原因は，人間の活動による CO_2

など温室効果ガス（GHG）排出量の増加である。GHG 排出量は，人類史上，産業革命以降に急増しており，とりわけここ数十年でほぼ倍増している。20世紀においてすでに17cm の上昇が観測されている海面上昇や，降雨パターンの変化による世界各地での豪雨による洪水の頻発，高温・乾燥による森林火災，台風の強大化などの事象はすでに実感されており，ますます顕著になっている。2021年に発表された IPCC（気候変動に関する政府間パネル）の第 6 次報告書[1]は，気温上昇は人間の活動によるものであると断じ，世界の気候科学者の一致した所見として，気候変動の速度は予想以上に速まっており，極端な気候現象が今後ますます著しくなると予測している。

　気候変動以外の環境問題も，グローバル規模でまた長期的に，問題をとらえる必要がある。現在，食料生産量の 3 分の 1 にあたる13億トンが毎年廃棄されているというフード・バリューチェーンの問題があり，また2050年には海の魚の総重量を海中の廃プラスチックの重量が上回るという予測に象徴される，地球規模に拡大した資源循環の問題がある。

　また，目にはみえにくいため気づきにくい事象であるが，驚くべきことに WWF（世界自然保護基金）の試算によれば，1970年以降のここ数十年で地球上の生物多様性がマイナス68％と，急速に失われているとされている。人類が享受してきた生態系サービスが急速に劣化し危機的な状況になっていることを示すものである。

　WWF の「生きている地球レポート」という報告書では，このような地球の現状をわかりやすく伝えている。同報告書によると現在，人類はすでに地球の生態系の許容量（バイオキャパシティ）を大きく超える状況を生み出してしまっており，人類は計算上，地球1.6個を必要とするほどの負荷をかけてしまっている，と警告している[2]。

1　2021年 8 月に発表された「気候変動に関する政府間パネル（IPCC）第 6 次評価報告書（AR 6）」の第 1 作業部会報告書における政策決定者向け要約（SPM）では，「人間の影響が大気，海洋及び陸域を温暖化させてきたことには疑う余地がない。」としている。
2　WWF の「生きている地球レポート2020」より。同レポートは 2 年ごとに発表されており，最新版の日本語訳は WWF ジャパンのホームページからダウンロード可能。

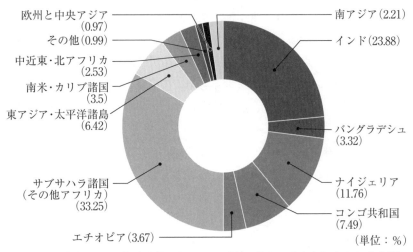

欧州と中央アジア
(0.97)

その他(0.99)

中近東・北アフリカ
(2.53)

南米・カリブ諸国
(3.5)

東アジア・太平洋諸島
(6.42)

サブサハラ諸国
(その他アフリカ)
(33.25)

エチオピア(3.67)

南アジア(2.21)

インド(23.88)

バングラデシュ
(3.32)

ナイジェリア
(11.76)

コンゴ共和国
(7.49)

(単位：%)

出典：世界銀行ニュース「１年を振り返って：14の図表で見る2019年」（データは2015年基準）

図1-2　貧困人口の国別内訳

　もう１つの地球規模の大きな課題は貧困問題である。世界銀行がいわゆる貧困ライン（poverty line）という概念を用いて，世界の貧困人口を集計している。１日1.9ドル以下で生活をしている人，というのが貧困の定義である。その定義に合致する人口は地球上で７億人にものぼり，その内訳をみると，グラフの通り上位５か国はインド，バングラデシュ，ナイジェリア，コンゴ，エチオピアであり，これらの国々で世界の貧困人口の半分を占めていることがわかる。

　また，貧困問題は必ずしも経済的な貧しさ，つまり金銭的収入の少なさだけを意味するものではない。さまざまな欠乏と恐怖の状態が問題なのである。例えば，世界人口のうち13％は現代的電力へのアクセスができない，つまり電気が使えない。８億人が飢餓状態もしくは食料不足という状況にあり，世界人口の10人に３人は安全な水を使えない。毎日1,000人近くの子どもが衛生や安全な水の欠如による下痢症で死亡して

いる。そして難民・避難民は8,200万人にのぼっている。こうした一人ひとりの人間が置かれている状況や，抱えている諸問題と結び付けて貧困問題をとらえる必要がある。

　ここで重要なことは，環境問題と貧困問題という持続可能な発展の2つの課題は，切り離された別問題ではないという点である。加速する気候変動による自然災害や，農業・漁業への影響などは，人々の収入や暮らしに大きなダメージを与える。そしてこうした気候変動による影響をより強く受けるのは，主に一次産業で生計を立てている人々や，より脆弱な貧困層の人々なのである。

　環境と貧困は解決しようとすると，トレードオフの問題と考えられがちだった。それはそれぞれを別問題ととらえ，解決方法もそれぞれの領域においてのみ考えようとすることが多かったからである。国連においても，長らく別の組織が所管し，それぞれの専門家が主に取り組んできたし，研究者やNGOなども含め，さまざまな分野で環境系・開発系などと区分することが多かった。

　しかし，それらの問題は実はつながっている。そうした気づきから，未来に向けて現代の社会の何をどう変えていかなければならないか，長期的な視点をもって根本原因への対処方法や統合的な解決手法を考えていかなければならないのである。

（4）　環境・経済・社会の3つの柱を統合する

　持続可能な発展を論じるときによく出てくるのが，環境・経済・社会という3つの柱である。2012年の国連持続可能な開発会議（リオ＋20）のロゴ・デザインは，葉っぱで環境を，階段で経済を，人で社会を表して，3要素の一体化をうまく表現していた。

　つまり，環境配慮が必要，しかし経済発展も必要，そして社会的弱者

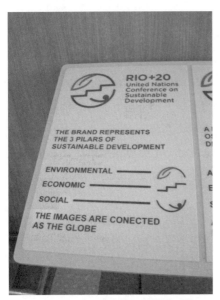

2012年　リオ＋20の会場にて（撮影は関）
図1-3　リオ＋20のロゴデザイン

への配慮や公正な社会の実現も必要，として，持続可能な発展に必要な3要素を表している。ここで，この3要素に関しては，3つのバランスが大事だとよく言われる。しかし，バランスをとり調整してほどほどのところを目指す，というのではなく，本来は経済も環境も社会も，統合的に，つまり同時に考えないといけない。これらの3要素は別々の問題としてではなく，不可分一体の要素として扱うべきなのである。すなわち，経済成長においては，環境や社会への配慮を組み込んだ持続可能な経済成長を目指す必要がある。例えば，成長の果実が広い層に行き渡るような，社会的に公正で包摂的な経済成長を目指す必要がある。環境問題も，経済とのトレードオフと考えるのではなく，例えば脱炭素社会実現への巨額な投資によって経済成長をもたらす方策を考えることが必要になってきている。つまり3分野の問題や解決策を切り離すのではなく，一体化してとらえ取り組んでいく必要がある。

3.　持続可能な未来への提言

（1）　2050年に実現すべき社会

　このような長期的視点で問題解決に何が必要かを訴えた重要な報告書として，WBCSD（持続可能な発展のための世界経済人会議）による提

言レポート，Vision 2050がある。示唆に富む提言書である。

　WBCSD は，1992年の国連リオ地球サミットに参加した企業人の有志が，その後1995年に立ち上げた産業組織である。持続可能な社会を実現するために企業としていかに役割を果たすかを議論し，行動で示すべくリードしてきた。また政府や消費者など世界に対する提言も積極的に行ってきた。現在，世界の有力企業約200社が参加し，国連においても産業界の声を代表する組織として認められ，その地位を確立している[3]。

　WBCSD では，2010年に Vision 2050という報告書を発表した。そこでは，2050年のビジョンを「90億以上の人々が，この地球の許容範囲内で豊かな暮らしをすること」と表現している。これは，ブルントラント委員会の「持続可能な発展」の定義を大変わかりやすく言い換えたものと言ってよい。

　そのために必要な，人口増加への対応と貧困問題の解決を実現しながらも，大幅に環境効率を上げて地球の許容量の限界を超えないようにする，これはどういうことか，考えてみたい。Vision 2050に掲載された，世界の国々の現状と目指すべき将来を 2 軸のグラフ上にプロットした図がある。横軸が 国連開発計画（UNDP）による人間開発指数（Human Development Index）であり，開発の度合いを示すものである。保健・教育・所得の 3 要素をもとに算出したもので，開発度合いは左のほうが低く，右に行くにしたがって高い。

　そして縦軸がエコロジカル・フットプリント，すなわち一人当たりの環境負荷を示す。例えば，グラフの右上の国々というのは，米国など，一人当たりの環境負荷が高く，人間開発指数も高い国々である。一方で，グラフの左下のほうは主にアフリカの国々が多く，人間開発指数は低く，環境負荷もまた低い，こういう国々の現状があるなかで，将来に向かって途上国の発展の軌道を考えたときに，右上へのシフト，つまり先進国

3　創設の中心となったステファン・シュミットハイニーは，1992年に「チェンジング・コース―持続可能な開発への挑戦」（ダイヤモンド社）を著して，企業の果たすべき役割を述べるとともに熱いメッセージで行動を促している。その内容は示唆に富んでおり，30年以上経った今でも色あせることがない。

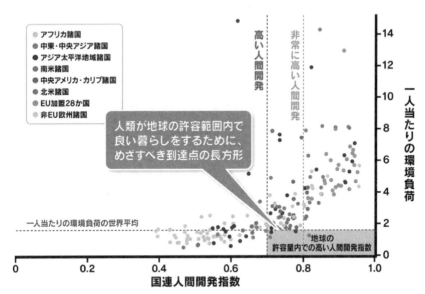

出典：National Footprint and Biocapacity Accounts, 2022 Edition, Global Footprint Network
Human Development Report, 2018, United Nations Development programme（関が加筆）
Source: Ecological Footprint per Capita (in global ha): National Footprint and
Biocapacity Accounts, 2022 Edition, Global Footprint Network. Human Development
Index: Human Development Report, 2018, United Nations Development Programme.

図 1-4　持続可能性の 2 つの目標の達成（高い人間開発と低い環境負荷）

のような高い生活水準を実現すると同時に環境負荷も大幅に増加する，
という事態になれば，地球の許容量を超えてしまい，地球がいくつあっ
ても足りない事態となってしまう。

　そこで，目指す目標はグラフ右下の長四角（長方形），つまり高い生
活水準と低い環境負荷が両立した状態，である。先進国も，途上国も，
あらゆる国がこの長方形に入るように努力する。「90億以上の人々が，
この地球の許容範囲内で豊かな暮らしをすること」という WBCSD の
ビジョンを，視覚的に表現したものがこの図である。持続可能な社会の

実現，つまり環境問題と貧困問題を同時解決した状態というのは，理想的には，途上国が環境負荷を上げずに開発指数を上げていく，水平方向へのシフトだ。また，先進国は逆に豊かな生活水準を維持しながら，環境負荷を劇的に下げていく，つまり垂直方向へのシフトだ。この両方が実現できたときに，はじめて人類は地球のキャパシティの範囲内で豊かな生活水準を皆が享受することができる，というものである。これはあくまでもビジョンであり，実現は決して容易ではない。しかしその実現のために我々は何をしなければならないのかを考えるための思考の枠組みとして有用性が高い。

　ポイントは，環境と経済をトレードオフにしない，ということである。特に，2050年に向けて人口増加が著しい途上国の経済成長政策に，今のうちから環境を組み込んでいくことが最も重要となる。予測される増加人口の98％は現在の「途上国」の人口だからである。実際，WBCSD は途上国政府との対話を繰り返し，中国をはじめ途上国の中長期的政策検討にアドバイザーとして入っていった。

　また，もう１つ重要なことは，長期的な視点から何をすべきかを導き出すことである。Vision 2050では，長期的な人口の都市への流入と都市人口の大幅な増加予測を前提に，都市インフラに関する提言を行っている。橋や道路・鉄道などのインフラは一度作れば数十年以上はもつ。ということは，2050年の都市インフラは，現時点の計画段階において2050年を想定して設計する必要がある。従来，企業は計画が固まってから建設を受注する立場であったが，今後はこうした背景を理解して，計画段階から参画し企業のもつ技術や提言力を長期的な都市計画に活かしていくべきである。実際に，こうした考え方に基づいて WBCSD は，都市計画づくりに企業として積極的に参画するイニシアチブである UII（Urban Infrastructure Initiative）をスタートさせた。

WBCSD が Vision 2050を発表した2010年当時は，40年も先の世界に関して産業界が提言書を発表することなどは，考えにくいことだった。WBCSD の内部でも，地に足の着いていない絵空事だという冷ややかな見方もあったことは事実である。しかし，その提言はのちのSDGs（国連持続可能な開発目標）に通じる考え方で，持続可能な発展の核心を正しくとらえており，今でも説得力をもっている。

（2）　システムレベルの大変革を

2010年のビジョン発表から10年，2021年の3月にWBCSD は Vision 2050の改訂版（Vision 2050 Time to Transform）を発表した。2010年当時とは世界の環境が大きく変わった。2015年のCOP21で，初めて先進国・途上国のすべてが合意した法的拘束力のある枠組み，パリ協定が採択され，脱炭素社会の実現は，共通命題となって，世界中の政府がコミットするまでになり，すでに脱炭素競争が始まっている。2015年にはSDGs が採択され，誰ひとり取り残さないという貧困撲滅への取り組みも，世界共通の目標として大きく掲げられた。

ローマクラブが鳴らした警鐘から50年以上が経過して，国連がSDGsを採択し，持続可能な社会の構築に世界が一致して取り組むようになった今，WBCSD は危機を回避するための戦略と具体的なシナリオを提言し，世に問うたのである。とりわけ，企業に対してリーダーシップを発揮することを要請した。

改訂版の Vision 2050では，気候（Climate），自然（Nature），人（People）を取り組むべき3つの中心テーマにあげている。持続可能な社会の実現のためにはSDGs が掲げた17の目標があるが，なかでも根本原因であり解決のカギを握る大きなテーマが，気候非常事態と生態系の損失，貧困や格差の拡大であることを端的に表現しているのである。

　この報告書では，あらゆるステークホルダーの参画のもとにシステム
レベルで社会を大変革することの必要性を強調している。現代社会が抱
える課題は，原因となる要素が複雑に結びついており，解決策もパッチ
ワーク的なものでなく根本原因に踏み込んだうえで，システム全体を変
革することが求められる。例えば世界が目指す脱炭素社会の実現には，
政策・企業行動・金融市場・消費行動などすべてを動員して社会・経済
システムを大変革（トランスフォーム）するしかない。

　そして，報告書では，この大変革（トランスフォーム）のために必要
な，具体的に取り組むべきテーマとして，エネルギー，交通・輸送とモ
ビリティ，生活空間，製品と物質・材料，金融商品・サービス，コネク
ティビティ，健康とウェルビーイング，水と衛生，食料，という9つを
「変革の道筋」として挙げている。例えば，食料を例に取れば，食料の
バリューチェーン全体を通して，気候（気候非常事態），自然（生態系
の損失），人（貧困と格差の拡大）という3命題すべてを考慮して，問
題解決につながるグローバルな食料システムの大変革を目指す必要があ
る。このように，9つの道筋は，社会・経済システム大変革のために取
り組むべき重点分野と考えることができる。

4.「グローバル」と「ローカル」

　ここまで，歴史的経緯も紹介しながら，持続可能な発展の概念をどう
理解すればよいかを述べてきた。持続可能な社会の実現には，まずはそ
の概念をこのように地球規模のスケール，長期的なスパンで考え，理解
することが必要である。

　とはいえ，私たち一人ひとりの日々の暮らしとこうした地球規模の課
題との間には，実感としては距離を感じるであろう。しかし，私たちの
日々の暮らしは，実際にはヒト・モノ・カネ・情報などを通じて直接・

間接に世界と深くつながっている。私たちが身近な行動を起こすことは可能であり，必要でもある。また，より身近な自らが暮らす地域の課題を解決するうえでも，持続可能な発展の概念は大いに役に立つ。課題のスケールは違っても，問題点や解決策には普遍性があり共通部分が多い。したがって，まずは持続可能な発展の概念をしっかりと理解したうえで，グローバルな，そしてローカルな課題解決に臨むことが必要である。

付記：本章は，関正雄（2018）「SDGs経営の時代に求められるCSRとは何か」第一法規の第1章をもとに大幅に加筆・修正を加えたものである。

参考文献

ドネラ H. メドウズ（1972）『成長の限界—ローマクラブ「人類の危機」レポート』ダイヤモンド社

大来佐武郎（1987）『地球の未来を守るために　—環境と開発に関する世界委員会』福武書店

ステフ ァン・シュミットハイニー，BCSD（1992）『チェンジング・コース　—持続可能な開発への挑戦』ダイヤモンド社

WBCSD（2021）「Vision 2050 TIME TO TRANSFORM」および，その和訳「ビジョン2050　大変革の時」いずれも WBCSD のウェブサイトに掲載。
https://www.wbcsd.org/Overview/About-us/Vision-2050-Time-to-Transform
（最終参照日　2022.08.31）

サンドリン・ディクソン＝デクレーブほか著（2022）『Earth for All 万人のための地球「成長の限界」から50年 ローマクラブ新レポート』丸善出版

2 │ SDGsとは何か

│ 関　正雄

《学習の目標＆ポイント》　2015年の国連サミットで採択されたSDGs（国連持続可能な開発目標）について，採択までの経緯，その基本理念，構成と内容，前身のMDGs（国連ミレニアム開発目標）と比較した場合の特徴，理解のポイント，進捗と評価，などについて学ぶ。特に，SDGsを理解するためには，その採択文書全文を読んで，SDGsの背景や思想をしっかりと理解することが最も重要である。

《キーワード》　SDGs，ターゲット，指標，トランスフォーメーション，誰ひとり置き去りにしない，バックキャスティング，SDGウォッシュ

1. SDGs 採択文書を読む

（1）　SDGs の採択文書

　SDGs（持続可能な開発目標）は，Sustainable Development Goals の略で，2015年9月の国連総会で，193か国の全会一致で採択された，2030年までに実現すべき世界共通の17の目標群である。具体的な目標には，「1. あらゆる場所のあらゆる形態の貧困を終わらせる」「13. 気候変動及びその影響を軽減するための緊急対策を講じる」など，貧困や不平等，気候変動をはじめ持続可能な社会を実現するために必要な，さまざまな課題の根本的解決に取り組むことが書かれている。

　各目標の下には，より具体的なターゲットとして，目標達成のための169の具体的なアクション項目が書かれている。ターゲットのなかには，2030年以外の到達目標年限や指標を定めたものもある。さらには，各

ターゲットには，全体で247に及ぶ，進捗を測定するためのインジケータ（指標）が定められている。なお，指標は国連統計局が公開しているものであり，採択文書自体には含まれていない。

　採択文書「我々の世界を変革する：持続可能な開発のための2030アジェンダ（TRANSFORMING OUR WORLD：THE 2030 AGENDA FOR SUSTAINABLE DEVELOPMENT）」は91段落からなる35ページの文書で，17の目標が出てくる前に，前文に引き続いて基本的価値，ビジョン，原則，今日の世界など，重要な点が述べられている。また，17の目標の後には，169の具体的ターゲット，そして実施手段とグローバルパートナーシップが書かれている。SDGs を正しく理解するためには，この採択文書全体をしっかり熟読することがどうしても必要である。国連のホームページに英語原文が，外務省のホームページに仮訳が掲載されているので，是非手にとって通読していただきたい。SDGs に関しては，国連の優れたコミュニケーション戦略によって，カラフルに美しくデザインされた17個のタイルをよく目にするようになった。SDGs といえばあの17の目標，と単純に理解している人々も多い。しかし，その背景や原則，取り組むうえでの考慮点などが書かれた採択文書全体こそがSDGs なのである。

　ただ，91もある多くの段落にはさまざまなことが書いてあるので，一体どんな点に注目して採択文書を読めばよいのか，重要なポイントを以下に紹介したい。

（2）　SDGs 採択文書に何が書かれているか

　では実際に採択文書を読んでみよう。

　まず，「人間 People」「地球 Planet」「繁栄 Prosperity」「平和 Peace」「パートナーシップ Partnership」という実現すべき5つの価値（5つ

のP）が書かれている。これらはまさにそもそも国連が実現しようとしている価値そのものである。

　そのあとには，前身のMDGs（2001年〜2015年の目標を定めた，国連ミレニアム開発目標 Millennium Development Goals）の総括と課題（パラ16），目指すべき「包摂的で持続可能な経済成長と働きがいのある人間らしい仕事を享受できる」世界像（パラ9），しかし現状は「機会，富および権力の不均衡は甚だしい」こと（パラ14），したがって「誰一人取り残さない」（パラ4）「脆弱な国々や脆弱な人々に特別の注意を払う」（パラ22，23）といった考え方が重要であることが書かれている。

　そして，人権尊重は取り組みの基礎となる原則であること（パラ19），気候変動はそれ自身最大の課題の1つであると同時に，人類の他の課題を増加させ悪化させること（パラ14），我々の世代が「貧困を終わらせることに成功する最初の世代になりうるとともに，地球を救う機会を持つ最後の世代になる」かもしれないこと（パラ50）などが書かれている。このあとにようやく17の目標と169のターゲットが記載されているのである。なお，採択文書は，各国は自国の状況に応じた独自のターゲットも定めるよう促している（パラ55）。

　ここまで紹介したように，採択文書には地球社会はどういう状況にあり，私たちの未来のために何をしなければならないのか。課題は何でそれらがどうつながっており，解決のための基本原則と考慮事項は何か，これらのことが縷々記述されている。以上をまず理解することが必要である。何のためのSDGsなのか，根底に流れている思想は何なのか，重視すべき価値とは何か，そうした重要な事柄の理解なしに「水を大切にしよう」，「食品ロスをなくそう」，などといきなり17の目標から入り，その達成に役立つ何らかのアクションをしていればそれでよい，という

28

SDGsのつまみぐいで自己満足してはいけない。そうならないように，まずは採択文書全体をじっくり熟読して理解してほしい。

（3） 17の目標はどのような構成になっているか

　表に掲げたとおり，目標1は貧困，2は食糧と飢餓，3は健康と福祉，4は教育，5はジェンダー平等，6は水と衛生を取りあげている。ここまでの目標1〜6は，いわゆる開発に関する目標であり，前身のMDGsの目標を継承した部分である。ただ，具体的な目標の記述をみると，「あらゆる場所におけるあらゆる形態の貧困」，「あらゆる年齢のすべての人の健康的な生活の確保」（下線は筆者）といった表現が多用されており，「誰ひとり置き去りにしない」というSDGsの重要な理念が鮮明に体現されていることがわかる。貧困人口半減の目標達成などMDGsでの一定の成果を踏まえつつも，なお解消しない貧困や，成長に取り残された人々への着眼が必要であることを強調しており，SDGsの重要な理念を示している部分である。

　目標7は持続可能なエネルギーへの普遍的アクセスの確保，8は経済成長とすべての人にディーセント・ワーク（人間らしい働きがいのある仕事）を，9は産業化とイノベーション，10は国内外での格差問題，11はレジリエントな都市，12は持続可能な生産と消費，目標7〜12は，いずれも経済に関連しており，経済に結び付けて解決すべき課題と目標を記述している。SDGsの大きな特徴と言える部分である。

　目標13は気候変動との戦い，14は海の生態系，15は陸の生態系，ここまではすべて環境に関する目標であることは明らかである。

　1から15までの目標は，取り組みの対象分野を示すものであったが，残りの目標16と17の2つは，SDGsを達成するために必要な実施手段や前提条件などを記載している。16は平和で包摂的な社会を実現するため

表2-1　SDGsの17の目標（下線は関）

目標1	あらゆる場所のあらゆる形態の貧困を終わらせる
目標2	飢餓を終わらせ，食料安全保障及び栄養改善を実現し，持続可能な農業を促進する
目標3	あらゆる年齢のすべての人の健康的な生活を確保し，福祉を促進する
目標4	すべての人に包摂的かつ公正な質の高い教育を確保し，生涯学習の機会を促進する
目標5	ジェンダー平等を達成し，すべての女性及び女児の能力強化を行う
目標6	すべての人々の水と衛生の利用可能性と持続可能な管理を確保する
目標7	すべての人の，安価かつ信頼できる持続可能な近代的エネルギーへのアクセスを確保する
目標8	包摂的かつ持続可能な経済成長及びすべての人々の完全かつ生産的な雇用と働きがいのある人間らしい雇用（ディーセント・ワーク）を促進する
目標9	強靱（レジリエント）なインフラ構築，包摂的かつ持続可能な産業化の促進及びイノベーションの推進を図る
目標10	各国内及び各国間の不平等を是正する
目標11	包摂的で安全かつ強靱（レジリエント）で持続可能な都市および人間居住を実現する
目標12	持続可能な生産消費形態を確保する
目標13	気候変動及びその影響を軽減するための緊急対策を講じる
目標14	持続可能な開発のために海洋・海洋資源を保全し，持続可能な形で利用する
目標15	陸域生態系の保護，回復，持続可能な利用の推進，持続可能な森林の経営，砂漠化への対処，ならびに土地の劣化の阻止・回復及び生物多様性の損失を阻止する
目標16	持続可能な開発のための平和で包摂的な社会を促進し，すべての人々に司法へのアクセスを提供し，あらゆるレベルにおいて効果的で説明責任のある包摂的な制度を構築する
目標17	持続可能な開発のための実施手段を強化し，グローバル・パートナーシップを活性化する

出典：「我々の世界を変革する：持続可能な開発のための2030アジェンダ」外務省仮訳

のガバナンス，17は実施手段とパートナーシップの強化に言及している。

　これらを踏まえて，17の目標を構造化してとらえなおすと，図 2-1 に示すように 1 〜 6 が社会（貧困と開発），7 〜12が経済（包摂的な経済成長），13〜15が環境（気候変動と生物多様性），16〜17が実施手段（ガバナンスとパートナーシップ），ということになる。

　さらに，これらの要素の関係を立体的に表現すると，スウェーデンのシンクタンクであるストックホルム・レジリエンスセンターが示している，SDGs のウェディングケーキのような図 2-2 を描くことができる。あたかも 3 段重ねのケーキのように，一番下の土台は環境，その上の 2 段目は社会，そしてその 2 つの土台に支えられているのが経済，ということになる。持続可能な発展の 3 要素は環境・社会・経済であるとよく言われるが，それらの要素はそれぞれが独立して並列的に存在しているのではなく，図のような位置関係にある。したがって，経済も健全な環境や社会がなければ成り立たないし成長もできない。気候変動リスクが

図 2-1　SDGs の構成要素

社会のリスク，経済のリスクに直結していることは，異常気象や大規模
自然災害の脅威としてすでに私たちの実感するところとなった。

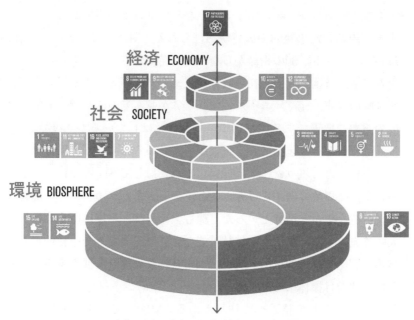

図2-2 SDGsのウェディングケーキ

2. SDGs を理解する

（1） MDGs と比較した場合の SDGs の特徴

SDGs は2012年の国連持続可能な開発会議（通称リオ＋20）に先立つ
地域準備会合でコロンビアとグアテマラが提案し，リオ＋20で策定が合

意されたものである。そしてそれは，前身としてのMDGsの後継，つまりポストMDGsとしての性格を持っている。したがって，MDGsと比較してその違いを理解することによって，SDGsの特徴をより理解しやすくなるであろう。特にポイントとなるのは以下の点である。

①まず，課題の対象範囲の広さがあげられる。MDGsは，8つの目標，21のターゲット，60の指標からなり，開発に焦点を当てていた。目標をみても，貧困・飢餓，初等教育，ジェンダー平等，乳幼児死亡率，妊産婦の健康，HIV／エイズ・マラリアが並んでいる。持続可能な発展の重要な要素である環境についても言及はしているが，「環境の持続性確保」という包括的な1目標が入っているにすぎず，開発に比べると全体に占めるウェイトは低い。これに対してSDGsでは，目標13〜15が直接環境に関する目標となっている。また，エネルギー問題や持続可能な生産と消費といった目標も含めれば，環境に関する目標は大幅に充実した。第1章の持続可能な発展の定義でみた中核的要素，環境と開発のバランスのとれた，つまり持続可能な発展の定義に沿った総合的な目標体系となった。

②新たな概念として格差への注目がある。MDGsでは絶対的貧困の半減が目標に掲げられた。結果的に目標は達成できたが，経済発展の恩恵にあずかることができずに取り残された人々は依然として数多い。また，富の集中と偏在，貧富の格差拡大は世界的な傾向であり，貧困問題は途上国だけの問題ではなくなってきている。SDGsではMDGsに比べて貧困をより普遍的な課題としてとらえているし，不平等是正の新たな目標（目標10）を設けて，格差縮小の視点を強調している。

③策定プロセスにも，大きな特徴がある。MDGsと比べて注目すべき大きな違いは，SDGs策定プロセスへの幅広いステークホルダーの参画である。例えば企業セクターもSDGs策定のプロセスに積極的に参

加した。企業は，国連グローバル・コンパクトやWBCSDといった企業セクターのイニシアチブを通じて，積極的に意見を述べた。それは企業として経済活動への制約になることを警戒してブレーキをかける意図ではなく，SDGs達成に向けて企業の力をより発揮できるように，という前向きな関与であった。

　積極的に関与したのはもちろん企業だけではない。例えば，有力な国際NGOであるセーブ・ザ・チルドレンは，検討初期段階の2013年1月にSDGsに含めるべき目標を包括的に述べた「私たちの世代で貧困に終止符を」と題する提言書を発表した。そこでは人間開発の基盤づくりとなる6つの目標と，それを達成するための環境づくりの4つの目標の合計10の目標および，それぞれの目標に関するターゲットと指標までを包括的かつ具体的に提言している。

　SDGsのとりまとめにあたった国連社会経済理事会事務局次長補（当時）のトーマス・ガス氏によれば，SDGsの策定プロセスでは500万件ものコメントが世界中から寄せられたとのことである[1]。2015年のSDGs発表直後には，17個の目標は数が多すぎる，何でもかんでも盛り込みすぎだ，との批判的な意見もあったが，それよりも，多様な視点，立場の違う多くの意見を取り入れていくことの重要性に目を向けるべきであろう。なぜなら，目標達成に必要な，先進国・途上国の幅広い参画，またさまざまなステークホルダーの行動を促すうえでは，こうしたプロセスにおける参画とその意見が反映されていることが欠かせないからである。

④経済の要素や企業の役割の重視も大きな特徴である。持続可能な発展の実現は，もはや政府だけの役割ではない。なかでも，民間投資や企業活動にも組み込んでいくことで，経済自体を持続可能で包摂的なものに変えていき，投資家や企業の力を目標達成に必要なトランス

1　2017年7月の経団連ミッションでニューヨークの国連本部を訪問した際のヒアリングから。

フォーメーション（大変革）の推進エンジンとすることが可能であり，必要だ。SDGs と MDGs との大きなそして重要な違いは，この目標達成に向けて民間セクター，特に企業が果たす役割に関する認識である。実際の企業行動も，MDGs に注目して取り組む企業の数は少なく，ごく一部の先進的企業が取り組んだにすぎなかった。非常に多くの企業が SDGs に関心を寄せて，寄付やボランティアなどの社会貢献活動としてではなく，事業戦略や日常の意思決定に組み込んで取り組んでいる今の状況とは大きく違う。

　また，SDGs には目標 9 で掲げた包摂的で持続可能な産業化，技術革新やイノベーションなど，産業と経済に関する記述が大幅に組み込まれた。環境・経済・社会の 3 つの柱のうち，MDGs ではみられなかったこの経済に関する明確な言及は大きな違いである。

（2）　SDGs に取り組むうえで理解が必要な基本理念

　SDGs の達成のために有効な取り組みを行うために必要なのが，実施における重要な考え方を理解することだ。その点で，①トランスフォーメーション，②誰ひとり置き去りにしない，の 2 つのキーワードが重要である。

①トランスフォーメーション

　採択文書の表題が "Transforming our World : 2030 agenda for Sustainable Development" となっていることからもわかるように，トランスフォーメーション（大変革）は最も重要なキーワードだ。トランスフォームとは，変容する，姿形が様変わりするという言葉である。よく使われる「イノベーション（革新）」をさらに超えた大変革，あるいは非連続的な変化，と言ってもよい。2030 年までに世界を作り変える，というほどの意気込みを示した言葉である。部分的・パッチワーク的な

解決策や，少しずつの改善を積み重ねるという漸進的な手法ではなく，長期ビジョンを描き，根本原因のレベルまで掘り下げて社会経済システムを抜本的に刷新することを意味する[2]。

わかりやすいのは気候変動であろう。脱炭素社会の実現は非常に難易度の高い目標であり，逐次改善型の取り組み手法ではとても実現できない。長期的に社会全体をシステマティックに変える必要がある。政策・金融・企業活動・私たちのライフスタイルなど，つまり市場メカニズム，経済の仕組みから人々の価値観まで，すべてが連動して，政府だけでなくあらゆるステークホルダーが同じベクトルで計画的に取り組んで初めて可能になる大きなテーマである。

他の17目標の多くも達成が容易ではない高い目標であり，従来の枠組みのなかで努力を積み重ねるだけでは不十分で，気候変動と同様にシステム全体での根本的な変化を社会に起こすことが求められる。

②誰ひとり置き去りにしない

SDGsが強調しているもう1つの理念は，誰ひとり置き去りにしない（Leave no one behind）である。

前身のMDGsでは貧困人口半減の目標は達成した。これまでの25年間で10億人が極度の貧困から脱出できたのは事実である。しかし，それは主に中国の経済発展によって国連の定義する貧困ラインを超える人口が一定数に達したからであり，世界的にみれば，発展に取り残されたままの人口は相変わらずまだ多い。そして，貧困，飢餓，疾病，水と衛生などの問題は，相変わらず最も貧しい国や人々のグループにおいて未解決のままなのである。そこで，前述のように各目標において，繰り返し「すべての」「あらゆる」「包摂的な」といった表現を繰り返し用いて，

2　WBCSDはトランスフォーメーションについて次のように解説している。「WBCSDは，大変革について『私たちが直面している社会的・環境的課題を生み出しているシステム全体の根本的な変化』と定義している。」（Vision2050 P.90）。なお，これと対置される漸進的な変化については，以下のように言及している。「慣れ親しんだ概念の上に構築される。」「既得権益をあまり脅かさない。」「より容易に行うことができる。変革を実現するうえで一定の役割がある。」「十分な進捗があるという印象を作り出し，現状を守る役割を果たしてしまうことがある。」（Vision 2050–Time to Transform P.90から関が要約）

この点を強調しているのである。

　また，貧困問題は途上国に限らない。先進国でも国内での経済格差が拡大し，貧困問題が大きな関心事項になってきている。日本国内でも，6人に1人と言われる子どもの貧困問題が社会問題化している。

（3）　SDGs理解のポイント

　SDGsを本質的に理解して行動するうえで，以上の2つの基本理念に加えて，以下の点の理解が特に重要である。

①バックキャスティング・アプローチ

　SDGsでは到達目標を掲げるだけで，具体的な取り組み方法や，各国，各主体の役割について取り決めているわけでもない。目標とターゲットを示して，各主体が創意工夫して取り組むことを期待する，「目標ベースのガバナンス」（蟹江：2020）という考えに基づいている。ここで必要なのは，まず掲げられた目標を起点として，その実現のためには何が必要か，何が有効かを考え，現時点に戻ってそのために何をしなければならないかを決定する，というバックキャスティング・アプローチである。もともと，スウェーデンのNGOであるナチュラルステップが提案し，同国の環境政策にも導入されている手法である。

　バックキャスティングの逆であるフォアキャスティングのアプローチだと，しがらみにとらわれ，現状のやり方を踏襲することになりがちで，イノベーションが生まれにくい。結果的に大きな目標を達成するには不足するという結果に終わりがちである。

②人間の尊厳と人権の尊重

　注意深く読むと，17の目標のどこをみても「人権」という言葉自体は出てこない。では人権は重要でないかというと全く逆で，17の目標を通じて最も訴えたいのは実は人権の実現であり，SDGsの根底には人権の

尊重，言いかえれば人間の尊厳を守る，という理念がある。

　MDGs 同様に SDGs が掲げる，貧困・飢餓・衛生などの諸問題の解決は，人権に関する最も基本的な文書である国際人権章典において位置づけると，国際人権規約の A 規約，すなわち経済的・社会的及び文化的権利の実現に関するものである。よって，これらはまさに人権問題そのものである。

　また，労働問題はとりわけ人権問題との関連が深い。ディーセント・ワーク（働きがいのある人間らしい仕事）という概念は，目標 8 にも明記されており SDGs における重要な概念の 1 つである。そのターゲットに記された児童労働，強制労働，現代の奴隷制，人身売買，移住労働者の劣悪な労働状況などは，まさに解決すべき人権問題そのものである。また，AI，ロボットの普及などによって生じるであろう，将来的な大きな労働環境の変化への対応も今後の重要な労働問題であり人権問題である。

　また，人権とは別問題とも思われる環境問題についても，もし解決できなければ人類の生存そのものを脅かし，人権の実現にも大きく影響する，その意味で，環境問題も実は人権問題である。また，環境汚染や気候変動などに影響を最も強く受けるのは，SDGs が特に注意を払うべきとする社会的・経済的に最も脆弱な層である。その意味においても，環境問題はすぐれて人権問題である。

　こうしてみていくと，全体として17の目標はいずれも，根底において人権の実現と深く関係していることがわかる。つまり，SDGs が標榜する持続可能な発展とは，つきつめて考えれば，「すべての人が尊厳をもって人間らしく生きることができる社会を実現すること」にほかならない，といえるのである[3]。

3　経団連ミッションで2017年 7 月に国連本部を訪れた際にインタビューした国連経済社会局次長補（当時）のトーマス・ガス氏は，「SDGs は人間中心の社会を構築することを目指し，グローバリゼーションに欠けていたこのピース（missing piece of globalization）を取り戻そうという試みなのだ」，と語っていた。

③目標間の相互関連

　3つ目は，SDGsは決して独立したバラバラの17個の目標を寄せ集めたものではない，ということである。目標は相互に関連している。このことは，採択文書でも繰り返し，強調されている。

　例えば，前述のように，環境問題は貧困問題の原因となると同時に，環境問題の根本解決を図りその影響に対処することは，貧困問題の解決にも役立つ。よって，例えば気候変動への取り組み（気候変動の緩和と気候変動への適応）を，貧困問題解決の文脈でも考えて，取るべき方策を練っていくことが重要である。

　また，環境問題の解決に役立つが開発など他の面で悪影響を生むケースもある。例えば，サトウキビやトウモロコシなど農作物を原料としたバイオマス発電は，化石燃料に比べて環境に優しい。ただ，人口増に伴う食糧不足という別の問題からみれば，大幅な拡大は好ましいとは言えない。

　逆の例として，海水の淡水化技術は，安全な飲料水を確保するのが困難な人々にとって福音となる。しかし，そのプラントは往々にして莫大なエネルギーを必要とするために，気候変動の観点からは必ずしも好ましくない。

　これらは考え得る例のごく一部だが，プラスの相乗効果やコンフリクトなど，さまざまな課題の相互関係や影響を考慮しながらベストの解決策を探さなければならない。17の目標の相互関連を認識し，取り組みにあたっては何がベストか，何か効果的で何を避けるべきかをよく考えることが必要だ。

④169のターゲットを理解する

　目標体系の構造もよく理解する必要がある。SDGsの17目標の下には，より具体的な取組項目を定めた169のターゲットがあり，さらにそれぞ

れのターゲットには進捗をはかる物差しとして指標が定められている。漠然と17の目標を眺めて何をすべきか考えるのではなく，169のターゲットと指標をよくみると，何をすべきか，何に力を入れどう取り組むべきかのヒントが得られる。

　例えば，目標3「すべての人の福祉と健康」の下には13のターゲットがある。そのなかには，3.1として「2030年までに，世界の妊産婦の死亡率を出生10万人当たり70人未満に削減する」，3.6として「2020年までに世界の道路交通事故による死傷者を半減させる」，などと書かれている。ここまで具体化されると，そのために何ができるかを検討しやすいし，自らの強みを生かすことのできるターゲットが見つかるはずだ。

　このように，SDGs の根底をなす理念，問題の所在や求められる視点などを理解したうえでアクションを起こすためには，繰り返しになるが，この採択文書全体を熟読することが必須である。

3．SDGs の進捗の把握と評価

（1）　国連や各国政府による評価

　SDGs の進捗の測定は，前述の国連統計局の示す指標によって行われ，全体の進捗状況は，国連から毎年発行される「持続可能な開発目標報告書」として公表される。そしてその進捗状況や課題について議論する，ハイレベル政治フォーラムという，国連総会直下の組織体があり，そこで定期会合が開催され議論される。

　また，そこでは各国が自国の取り組み状況について報告し，参加者によるレビューを受ける「自発的国家レビュー（Voluntary National Review）」という仕組みが導入されている。日本も2017年，2021年と2回にわたって自国の進捗を報告し，レビューを受けた。

　また，国連の SDGs 指標はすべての国に機械的に適用すべきものでは

ないので，各国や地域レベルで策定する指標によって補完することが奨励されている。

（2）　ベルテルスマン財団による評価

　国別のSDGs取り組み進捗状況のランキングとしてよく参照されるのが，ドイツの財団であるベルテルスマン財団と，研究機関である「持続可能な開発ソリューションネットワーク（SDSN）」によって毎年公表される，SDGsインデックスとダッシュボードである。

　国連の指標を踏まえつつ，各国の状況が多様であることを前提にデータの利用可能性やクオリティを考慮した独自の指標を加味して，各国の進捗を評価して毎年ランキングを発表している。2021年版で上位を占めるのは，フィンランド，スウェーデン，デンマークといった北欧諸国であり，日本は18位にランクされている。

（3）　評価をどう取り組み促進と改善に活かすか

　以上は国別の評価であるが，完璧に共通の物差しを確立するのは，多くの目標で困難である。また，そもそも途上国など統計が完備していない国も多いことからも，達成度合いの国別の厳密な評価や比較は難しい。それでもなお評価が必要なのは，SDGsが明確な目標を掲げている以上，達成度を見える化する必要があるからである。また，進んだ他地域の取り組みも参考にして，自国の取り組みの推進と絶えざる改善に役に立てる意義も大きい。

　評価の対象は政府だけではない。SDGsは各国内のそれぞれの地域の文脈での取り組みも重要である。日本国内でも，内閣府が主導して，SDGs未来都市や自治体モデル事業等の推進を行うとともに，共通のグローバル指標から国内指標125を導き，さらに地域独自の指標の設定も

含めた「地方創生 SDGs ローカル指標」の開発を行っている。また，企業の果たす役割が注目されるなか，SDG ウォッシュ（SDGs への取り組みをアピールするだけで，実質的に意味のある取り組みをしていないこと）と批判を受けないためにも，企業においても SDGs の取り組み評価に関する透明性の高い情報開示を求められており，それぞれの企業が工夫して開示するようになってきている[4]。

　SDGs が絵に描いた餅にならないようにするためには，政府・民間を問わず，またグローバル・ローカルを問わず，各主体における取り組み成果を見える化し，絶えざる評価と改善のプロセスを繰り返すことが必須である。また，取り組み成果の開示は，どのような変化を社会に生み出したか，つまり社会的インパクトを測定して開示することが望まれる。その観点からは，進捗測定と評価についての現状は，まだ道半ばである。

付記：本章は，関正雄（2018）「SDGs 経営の時代に求められる CSR とは何か」第一法規の第 3 章に大幅に加筆修正を加えたものである。

4　経団連は，2021年 6 月に「SDGs への取り組みの測定・評価に関する現状と課題」と題した報告書を発表して，SDGs への取り組みの効果に関する測定・評価の必要性，SDGs への取り組みを測定・評価するための手法，SDGs 達成に向けた測定・評価の課題等について，企業の立場からの提言を行っている。

参考文献

国連（2015）「我々の世界を変革する：持続可能な開発のための2030　アジェンダ」

United Nations（2015）"Transforming our world: the 2030 Agenda for Sustainable Development"（SDGs の採択文書，外務省による仮訳）https://www.mofa.go.jp/mofaj/gaiko/oda/sdgs/pdf/000101402_2.pdf（最終参照日 2022.08.31）

蟹江憲史（2020）『SDGs─危機の時代の羅針盤』岩波書店

蟹江憲史（2020）『SDGs（持続可能な開発目標）』中央公論新社（中公新書）

関正雄（2018）『SDGs 経営の時代に求められる CSR とは何か』第一法規

佐藤真久・関　正雄・川北秀人（2020）『SDGs 時代のパートナーシップ』学文社

塚本一郎・関　正雄（2020）『インパクト評価と社会イノベーション』第一法規

Raj M. Desai, Hiroshi Kato, Homi Kharas, John W. McArthur（2018）"From Summits to Solutions: Innovations in Implementing the Sustainable Development Goals" Brookings Institution Press

Jeffrey D. Sachs, Christian Kroll, Guillaume Lafortune, Grayson Fuller, and Finn Woelm（2021）"SUSTAINABLE DEVELOPMENT REPORT 2021" CAMBRIDGE UNIVERSITY PRESS

3 | 環境の持続可能性

関 正雄

《**学習の目標＆ポイント**》 気候変動をはじめとする地球規模の環境問題について，人類史的課題としてその本質を理解する。気候変動は最大のグローバルリスクであると考えられ，持続可能な発展における中心的課題でもある。本章では，気候変動問題への取り組みの歴史を理解し，脱炭素社会の実現に必要な考え方として，予防原則や科学的知見をベースに行動すべきであることなどを学ぶ。また，気候変動の緩和と適応や，生物多様性保全との一体的取り組みの必要性についても学ぶ。
《**キーワード**》 気候非常事態，リオ宣言，予防原則，IPCC 評価報告書，パリ協定，脱炭素社会，緩和と適応，生物多様性

1. 加速する気候変動と気候リスク

（1） 環境問題の 4 つのカテゴリー

多くの人にとって，地球規模の課題として真っ先に頭に浮かぶのは環境問題であろう。持続可能な発展における中心的な課題は環境問題である，と考える人も多いと思われる。しかし，一口に環境問題といっても多くの側面がある。ISO26000（社会的責任に関するガイダンス）では環境問題をさらに 4 つの課題に整理している。

①汚染の予防
②持続可能な資源の利用
③気候変動の緩和および気候変動への適応
④環境保護，生物多様性および自然生息地の回復

いずれも環境に関して現代社会が抱える重要課題であり，ISO26000
ではそれぞれについてすべてのステークホルダーが取り組むために，問
題の所在，原則，考慮点，お勧めのアクション，などのガイダンス（手
引き）を提示している。

　この4つの課題のなかで，本章では気候変動を取り上げてさまざまな
角度から考えてみたい。残念ながら気候変動は年々深刻度合いを増して
きており，人々の危機感も高まっている。世界経済フォーラム（通称ダ
ボス会議）に向けて発表されたグローバルリスク・レポートでは，さま
ざまなグローバルリスクがどう受け止められているかを調査して毎年発
表しているが，発生する可能性（横軸），発生した場合の影響の大きさ

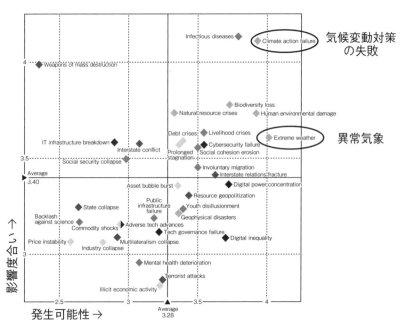

出典：World Economic Forum（2021）"Global Risks Report 2021"（関が加筆）

図3−1　気候変動は最大のグローバルリスク

（縦軸）の両軸でみると，2021年のレポートでは，数多くの課題のなかで「気候変動対策の失敗」が感染症と並んで最上位となっており，発生可能性の軸のみでみると「異常気象」がここ数年連続して1位にランクされている。

（2）　気候変動の負のフィードバック・ループ

　異常気象がもたらす自然災害は年々激甚化しており，重大なリスク事象であるとの危機感が高まっている。欧州，米国，中国，そして日本，その他至る所でこれまでにない豪雨によって多くの人々が被災した。一方では，高温と乾燥で，オーストラリア，米国，アマゾン，シベリアなど多くの地域で森林火災が発生している。

　また，グリーンランドや南極などの氷床，北極海の海氷などの融解が加速化しており，歯止めがかからない。温暖化とその影響は目に見える形で実感されており，もはや将来の可能性の話ではなく，今ここで起きている現実となってしまったのである。

　なかでも懸念されているのが，負のフィードバック・ループというメカニズムである。例えば，北極海の海氷の問題を考えてみよう。気温上昇は地球の全地域で一律なのではなく，高緯度地方で顕著だと言われる。近年北極海の氷が溶けて特に夏季の海氷面積が小さくなってきている。氷は色が白く太陽熱を反射する，しかし海面は濃いブルーで熱を吸収する。よって，海面の氷が溶けることによって余計に海が熱を吸収しやすくなるので，さらに温暖化が進む。するとますます海氷面積が小さくなり，海面が熱を吸収しやすくなる，という悪循環が生じているのである。

　もう1つ心配な負のフィードバック・ループは，シベリアのツンドラ地帯の永久凍土の融解である。温暖化の影響で，永久凍土が溶け始めて

いる。そのことによって，長い間地中に閉じ込められていたメタンガスが大気中に排出されるという現象が起こっている。メタンはCO_2の25倍もの強い温室効果を持つので，温暖化を加速してしまう。そしてそのことで，さらに永久凍土の融解が進んでメタン放出が進む。これも悪循環で，その甚大な影響が懸念されている。

　こうした一連の負のフィードバック・ループが始まり，いったんスイッチが入ると，気候システムが暴走を始めてしまい，もう私たち人類には止めるすべがなくなってしまうことが懸念されている。

（3）　地球温暖化から気候非常事態へ

　従来から，国内では「地球温暖化」という呼び方が一般的であったが，グローバルには条約の名称（気候変動枠組み条約）にも使われているように，「気候変動」という表現が一般的である。また，温暖化というと「徐々に影響が出てくる」というゆるやかな変化をイメージするが，気温上昇自体は徐々にであっても自然界のシステムへの影響は，ある閾値を越えたとたんに急激にあるいは加速化することがある。

　気候変動の現状にふさわしい表現としては，「気候リスク」であり，「気候の危機」であろう。さらに強い危機意識を込めた，「気候非常事態」という言葉もよく使われるようになった。現状は緊急事態であり残された時間は極めて少ない，今すぐ行動しなければ，との思いを込めた言葉である。世界中で2,000以上の政府・自治体などが「気候非常事態宣言」を行っており，日本でも自治体が先行し国も衆参両院で2020年11月に宣言を採択した。

　このように，事態の深刻化に伴ってより強いニュアンスの，そして私たちを行動に駆り立てる言葉へとシフトしてきているのである。そして，気候変動は人間の命と生活，社会の安定や安全にも甚大な影響を及

ぼす。英国は2006年に「気候安全保障」という概念を提唱し，国連安全保障理事会での公開討論も行われている。また今後，手に入りにくくなると予測される水や食料，農業生産適地などの奪い合いが激しくなり，争いが各地での内戦や紛争，戦争に発展するとも予想されることなど

・地球温暖化	Global Warming
・気候変動	Climate Change
・気候リスク	Climate Risk
・気候の危機	Climate Crisis
・気候非常事態	Climate Emergency
・気候安全保障	Climate Security
・気候戦争	Climate War

図3-2　課題のとらえ方の違い

から，気候変動がもたらす軍事的衝突を「気候戦争」という言葉で表現することもある。2007年，バン・キムン国連事務総長は，スーダンのダルフールで起こった戦争は気候変動による水不足が起こしたものであり，人類史上初の気候戦争だと発言した。

2. これまでの歴史的経緯とグローバル合意

（1）　国連における環境と開発に関する会議

　歴史的に振り返ると，後世の環境保護思想に大きな影響を与えた本が，1962年に出版されたレイチェル・カーソンの『沈黙の春』だとされる。農薬など化学物質の危険性を指摘して，環境保護への関心が高まるきっかけをつくり，1972年にストックホルムで開催され環境問題に関する初のハイレベル政府間会合となった国連人間環境会議の開催にもつながったとも言われる，歴史的な著作である。

　国連人間環境会議は，同じく1972年に発表されたローマクラブの「成長の限界」とともに，その後の世界の環境保全に大きな影響を与えた。そして，以降10年ごとに，環境と開発に関するハイレベルの世界会議が開催されることとなる。

その後1992年にはリオ・デ・ジャネイロで国連環境開発会議，通称リオ地球サミットが開催された。リオ地球サミットは，一連の国連の環境と開発に関する会議のなかで最も成功した会議とも称され，持続可能な発展にとって重要なマイルストーンとなった。この会議では，大きな歴史的成果として，リオ宣言，アジェンダ21など，その後も繰り返し確認・引用され各国の環境政策や人々の行動の原則となっている重要文書が採択された。また，リオ宣言を具現化するための，「気候変動枠組条約」「生物多様性条約」という，重要な環境分野の2つの国際条約が採択された。

リオ地球サミットで話題となったのが，会場リオ・セントロで行われた，カナダの12歳の少女，セヴァン・スズキの伝説のスピーチだ。総会の議場で各国の交渉官を前に，「私がここに立って話をしているのは，未来に生きる子どもたちのため，世界中の飢えに苦しむ子どもたちのため，そしてもう行くところもなく死に絶えようとしている無数の動物たちのためです。」として，「どうしたら直せるかわからないものを壊し続けるのはもうやめてください。」と落ち着いて，しかし気持ちを込めて雄弁に語った。

セヴァン・スズキのスピーチが伝説のスピーチとして評判になり，未だに動画サイトなどで数多く再生されているのは，そのスピーチ自体があまりにも堂々として立派なものであったからだが，リオ地球サミットが世界的に大きな注目を集め，また期待に応えて成果をあげたからでもある。この会合の成功の背景は，環境問題への関心の高まりに加えて，当時の国際情勢にもある。1989年のベルリンの壁崩壊に象徴されるように東西の冷戦が終結し，世界的に軍事的緊張が緩和された。その結果，地球規模課題の解決に一致協力して取り組もうという機運が高まり，軍事費削減によっていわゆる「平和の配当」としてこうした取り組みへの

財政的支出も可能な状況となったのである。

（2）　リオ宣言と予防原則

　リオ地球サミットの成果文書の１つに「環境と開発に関するリオ宣言」がある。1972年のストックホルム人間環境会議の宣言を発展させたもので、そこには、「開発の権利と環境保護」、「貧困の撲滅」、「共通だが差異ある責任」、「持続可能な生産と消費」、「予防原則」、「情報公開と市民参加」、「女性・若者の参加」、「平和、開発との不可分性」などの重要な考え方が含まれており、より具体的なほかの成果文書の基本となるものである。現在のSDGsの時代にも生き続けており、拠り所として多くの貴重な示唆を与えてくれる。

　本章では、そのなかから予防原則（または予防的アプローチ）を取り上げたい。予防原則を示したリオ宣言の原則15には「環境を保護するため、予防的方策は、各国により、その能力に応じて広く適用されなければならない。深刻な、あるいは不可逆的な被害のおそれがある場合には、完全な科学的確実性の欠如が、環境悪化を防止するための費用対効果の大きい対策を延期する理由として使われてはならない。」とある。予防原則は、科学的知見において確実性がない、確証が得られない場合でも、予防的措置を積極的に講じるべきである、という考え方で、ここでは国の政策上の指針として書かれている。

　例えば、地球の気温上昇は人間活動による温室効果ガス排出が原因であるとの説は、世界の最新の気候科学の知見を集大成したIPCC（気候変動に関する政府間パネル）の第6次評価報告書（2021年）[1]で断定され

1　IPCC（Intergovernmental Panel on Climate Change）は、1988年に国連環境計画（UNEP）などによって設立された国際機関で、世界中の気候科学の論文を精査して、国際的な環境政策の根拠となる科学的知見の評価報告書を、1990年以降数年に1回公表している。気候変動に関する最も信頼できる科学的知見を提供することで国際交渉や各国政府の気候政策にも大きな影響を与えており、2007年にはノーベル平和賞を受賞した。IPCCのウェブサイトには歴代の報告書や啓発資料などの関連資料が公開されており、この分野に関心を持つ人々の貴重な情報ソースとなっている。報告書概要などの日本語資料は環境省ウェブサイトに掲載されている。

るに至ったが，リオ地球サミットの当時はそこまでの科学的知見は確立していなかった。1990年の同第1次評価報告書では，まだ人間の活動による温暖化への影響について「科学的不確実性はあるものの，気候変動が生じる恐れは否定できない」としていた。しかし，もしも科学的知見が確立されるまで待つ，というスタンスで現在まで各国政府が温室効果ガスの排出削減策をとってこなかったら，一体どうなっていたであろうか？

　その後，予防原則は気候変動に限らず，環境汚染や人の健康への影響に至るまで，広く適用が試みられるようになった。また，この原則の適用対象は，各国の政策指針としてだけではなく，企業の環境対応に関する意思決定にも適用すべきだとされ，実際に多くの企業行動規範にも盛り込まれている。

　こうした原則というものは生き物である。社会において引用され，活用され，行動規範に組み込まれていくうちに新たな解釈が追加されたり拡張されたりしていくものである。その一例を，社会的責任のガイダンスISO26000の策定プロセスでの予防原則に関する議論にみてみることとしよう。ISO26000では，すべての組織に向けた行動指針としての予防原則をさらに拡張して盛り込んでいる。まず，もともとは国家政策の指針として掲

・国連グローバル・コンパクト（原則の7）
・OECD多国籍企業行動指針（V.環境の第4項目）
・社会的責任投資の企業評価基準（FRR:フランス退職年金準備基金）
・GRIスタンダード（一般開示事項102-1　予防原則または予防的アプローチ）
・ISO26000社会的責任ガイダンス（環境の原則6.5.2.1および消費者課題の原則6.7.2.1）

出典：関正雄（2010）「予防原則と企業経営」
　　　植田・大塚（2010）「環境リスク管理と予防原則」の第16章に所収

図3-3　予防原則が盛り込まれた企業行動規範

げられた原則を，民間企業などを含むすべての組織が行動原則とすべきとして，主語を「各国政府」から「すべての組織」に変更し，行動主体の範囲を拡張したのである。

　また拡張の2点目は，「環境または人間の健康に」として，環境だけではなく人間の健康にまで対象分野を拡大したことである。これにより，ISO26000においては，環境の章だけでなく，消費者保護に関する章にも重要な原則として明記されることになった。

　拡張の3点目は，「科学的確実性の欠如を，環境悪化を防止するための費用対効果の大きい対策を延期する理由とすべきではない」とのリオ原則での表現をめぐってである。ISO26000では「また，費用はその措置の短期的な費用だけでなく，長期的な費用及び便益を検討するのがよい」という表現を追記して，短期的な費用対効果で考えないようにとクギを刺している。この部分については，作業部会での議論の経緯を補記しておきたい。

　まず，積極的な予防的行動を支持するNGOや消費者グループから，「費用対効果の大きい」という限定を削除すべきとの意見が出された。これに対して，最新技術の製品化などの制約になることを避けたいという思いから予防原則の適用に慎重な産業界などからは「確立された国連の重要原則に手を加えるべきではない」として，原文のまま

6.5.2.1原則（「予防的アプローチ」）

予防的アプローチ　環境と開発に関するリオ宣言，並びにその後の宣言及び合意に基づく。これらの宣言及び合意は，<u>環境又は人間の健康に対する重大な害又は不可逆的な害が生じるおそれがある場合</u>，十分な科学的確実性がないことを理由にして環境劣化又は健康被害を予防する費用効果の高い対策を先延ばしにすべきでないとする考え方を前進させたものである。<u>組織がある対策の費用効果を考える場合には，その組織にとっての短期的な経済費用だけでなく，その対策の長期的な費用便益を考えるべきである。</u>

　　　＊下線は関。ISO26000での拡張を示す。
出典：JIS Z 26000：2012 社会的責任に関する手引

図3-4　ISO26000における予防原則

「費用対効果の大きい」を維持すべきとの反対意見がだされた。

　そこで，マルチステークホルダーからなる検討タスクチームを立ち上げて折衷案を検討した結果，原文の「費用対効果の大きい」は維持するとともに，前出の「長期的視点から費用対効果を評価するのがよい」，との文言を追記することになったのである。こうして，リオ宣言に基づきながらも，その適用範囲を拡張し，解釈文言を追加して，より幅広い主体に正しく解釈され，広く適用されることを狙ったのである。

　なお関連して，気候変動に関する費用対効果を長期的に評価すべきとの点について，ニコラス・スターン元世銀副総裁が英国政府の要請を受けて2006年に発表した報告書「気候変動の経済学」（通称スターンレビュー）がある。報告書では，気候変動対策を講じなかった場合のリスクと費用は，世界のGDPの5％から最大20％に及ぶこと。一方で温室効果ガス削減などの対策費用は，世界のGDPの1％程度で済む，としている。この，行動するときのコストと行動しなかった場合の両方のコスト比較に関しては，あくまでも長期的視点での評価が前提である。この点は，気候変動対策をめぐるコストの議論をする際に常に持たなければならない，重要な視点である。

（3）　パリ協定の概要とその意義・課題

　2015年，パリで開催されたCOP21（第21回気候変動枠組条約締約国会議）において，気候変動に関するパリ協定が採択された。先進国・途上国を問わずすべての国が参加する法的強制力を持った枠組みが，史上初めて合意・採択されたことの意義は大きい。その合意の要点は以下のとおりである[2]。

・世界共通の長期目標として2℃目標の設定。1.5℃に抑える努力を追求すること。

2　出典：外務省ホームページ（パリ協定の概要）
https://www.mofa.go.jp/mofaj/ic/ch/page1w_00119.html（最終参照日　2022.08.31）

・主要排出国を含むすべての国が削減目標を5年ごとに提出・更新すること。
・すべての国が共通かつ柔軟な方法で実施状況を報告し，レビューを受けること。
・適応の長期目標の設定，各国の適応計画プロセスや行動の実施，適応報告書の提出と定期的更新。
・イノベーションの重要性の位置付け。
・5年ごとに世界全体としての実施状況を検討する仕組み（グローバル・ストックテイク）。
・先進国による資金の提供。これに加えて，途上国も自主的に資金を提供すること。
・2国間クレジット制度（JCM）も含めた市場メカニズムの活用。

　長い間，先進国と途上国の利害の対立などから温暖化の国際交渉は難航してきた。京都で開催されたCOP3において採択された削減目標は，先進国に限定されたものであったし，しかも米国は京都議定書から離脱した。また，コペンハーゲンで開かれたCOP15では，ポスト京都の新たなグローバル枠組み合意に世界が大きな期待を寄せたが，やはり先進国・途上国の対立が原因で失敗した。

　パリ協定では，先進国・途上国を問わず，世界中すべての国が2℃の長期目標に合意したこと，その長期目標に整合する削減目標を各国が必ず提出し，実施状況のレビュー・検証を受け（プレッジ＆レビュー），5年ごとにより高い目標に更新することに合意したことに大きな意義がある。目標を各国の自主目標とする，いわばボトムアップのルールとすることによって，協定への参加のハードルを下げ，全員参加が実現したのである。

　しかし，問題は，図3-5で示すように，世界全体で達成すべき1.5℃

54

という目標レベルと，各国が現時点で提出済みの削減目標レベルとの間に，大きなギャップがあることである。各国の2030年目標のレベルから計算すると3℃の上昇が予測され，1.5℃目標はとても達成できない。そこで，5年ごとのグローバル・ストックテイクと各国の目標再提出（より高い目標の提出が義務づけられている）が重要になってくる。このメカニズムがうまく機能することが，パリ協定で合意された目標達成の必要条件となる。

　すでに120か国以上が長期的なカーボンニュートラル（温室効果ガスの排出を，森林吸収や除去する量などを差し引いて実質的にゼロになるようにすること）にコミットし，日本政府も2020年10月に2050年カーボンニュートラルを宣言した。しかし，目標と計画とのギャップは解消されておらず，一方で残された時間は少ない。各国が目標の大幅な上積みを行うこと，そしてそれを強い意思を持って実現することが必要である。前出のグローバルリスク・レポートの第1位が「気候変動対策の失敗」であることの意味をよく考える必要があろう。

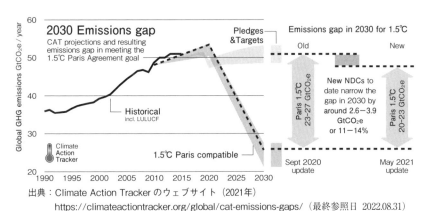

出典：Climate Action Tracker のウェブサイト（2021年）
https://climateactiontracker.org/global/cat-emissions-gaps/（最終参照日 2022.08.31）

図3-5　1.5℃目標達成に必要な削減レベルと各国の目標レベルとのギャップ

（4）　科学的知見をベースに

　2021年に発表されたIPCCの第6次評価報告書では，人間の活動が大気，海洋，陸域の温暖化を引き起こしていることに疑いはない，と断定し原因論争に終止符を打った。そして，科学者の一致した見解として，世界の平均気温は，産業革命からすでに1.09℃上昇しており，大気，海洋，雪氷圏，生物圏に，かつてない広範で急速な変化が生じていること，そして，今後数十年間で温室効果ガスの大幅な削減がなければ，今世紀中に我々が目標としている2℃を超える気温上昇となってしまうと警告している。

　また，第6次報告書に先立って2018年に発表された，IPCCの1.5℃特別報告書によれば，2.0℃と1.5℃という気温上昇の0.5℃の違いで影響度合いは大きく異なる。そして報告書は現在の排出ペースが続けば，早ければ2030年に1.5℃上昇に到達してしまうこと，1.5℃に抑えるには，2030年までに2010年比でCO_2を45％削減し2050年には排出を実質ゼロにする必要があること，2030年より前に世界の排出量が減少し始めることで，リスクや対策コストが下がること，エネルギー，土地，都市，交通やインフラ，産業システムなどにおいて急速・広範囲なかつてない規模の脱炭素化が必要であり，そのための投資を大幅に拡大することが必要であること，などを述べている。また，国に加えて，地方自治体・市民社会・民間部門・先住民族・地域社会などの非国家主体の役割が重要で，それらの主体が気候変動対策をとる能力を強化することが必要としている。

　大切なことは，国も，非国家主体も，意思決定を以上のような科学的知見に基づいて行うことである。すでに，そうした動きが企業の間で広がりつつある。企業のCO_2削減目標を科学的知見に基づいて設定することを推進する，SBT（Science Based Target）というイニシアチブである。このイニシアチブを推進するWWFなどの専門家グループの審査に合格して認定されると，企業は科学に基づいた目標を設定し真剣に気候変

動に取り組んでいる，というお墨付きがもらえる。気候変動への責任ある行動をステークホルダーから強く求められ，自らのリスクとオポチュニティととらえることが必須とされている企業セクターにとって必要なことであり，多くの日本企業もこの認定の申請を行っている。

（5） 若い世代が世界を動かす

　2018年，当時15歳の高校生だったスウェーデンのグレタ・トゥーンベリは，こうした状況に危機感を抱いて，たった一人でストライキを始めた。金曜日の午後，国会議事堂の前に座り込んで，議員に対して必要な気候変動政策を断行するように強く求めた。IPCC 報告書をはじめとする気候科学をよく学んだうえでの，科学に基づいた主張であった。また，この抗議行動は SNS を通じて瞬く間に世界中に広がり，2019年９月の国連気候ウィーク中に世界中で行われた若者のデモには，400万人以上が参加したと言われる。若者だけではなく共感は大人にも広がり，国連や欧州議会，世界経済フォーラムなどのさまざまな会議の場で，冷静にしかし強い口調でとるべき行動を促すグレタ・トゥーンベリのスピーチは多くの人々に影響を与えた。

　セバン・スズキとグレタ・トゥーンベリ，２人のスピーチには共通点も多い。しかし大きく違うのは，後者においては，SNS を通じて世界中の若者が連帯して行動を起したことだ。脱炭素社会の実現という明確な国際目標が合意された今，それは人類にとっての必達目標である。達成に向け強い意志を持って行動し，結果を出すことが求められている。社会経済システムの大変革という，トランスフォーメーションなくしては実現できない脱炭素社会。その困難を乗り越える勇気と大きな力を与えてくれるのが，こうした若い世代の声と行動である。その力を過小評価すべきではないであろう。

3. 今後に向けて

　最後に，気候変動に今後取り組んでいくにあたって考慮すべき点や，今後重要性を増す事柄について言及する。

（1）　気候変動への適応の重要性

　気候変動を抑止するための取り組みを「緩和」といい，その影響に的確に対処することを「適応」という。これは車の両輪であり，どちらかがより重要だとか，どちらかだけでいいということはない。両方とも重要で同じように力を入れなければいけない。また，気候変動の影響分野は農林水産業，水環境や水資源，自然生態系，自然災害，健康，国民生活・都市生活など多岐にわたり，地域性が高く一律の対策では済まない。脱炭素社会を目指して最大限努力するのと並行して，地域における気候変動の長期的・短期的影響をよく分析して計画を立案し，対策に力を入れていく必要性がますます強まっている。

　適応については，緩和と同じように，政府だけではなくさまざまなステークホルダーが参画してレジリエントな（変化やダメージへの対応力があり回復が早い）社会づくりを目指さなければならない。この課題に社会全体で取り組むうえで，重要な点を表に掲げた。表の中で，柔軟で順応的なアプローチというのは，影響の予測は容易ではなく，最初から完璧な計画を立案するのは難しい。策定した計画でとにかくまずは対策を始め，状況に応じて変更したり対策を積み上げたり，といった状況に順応した取り組みが望ましいという意味である。適応に関する計画も，策定したらいつまでもその通りにというのではなく，定期的に見直して軌道修正や改善をしていく必要がある。

　また，すでに述べたように，リスクの特定や対策は地域の特性に応じ

1. 「緩和」と「適応」の両輪による気候変動対策
2. 適応策推進の課題と解決に向けた提言
   （1）予防的アプローチ
   （2）柔軟で順応的なアプローチ
   （3）マルチステークホルダー・プロセス
   （4）トップダウンとボトムアップ
   （5）各主体において「適応」を主流化する
3. 企業はリスク＆機会として「適応」に取り組む

出典：関正雄（2014）「適応の推進に向けた提言」
西岡・植田・森杉（2014）「気候変動リスクとどう向き合うか」きんざいの第4章に所収

図3-6　気候変動に強い社会を築く

て行うことが必要である。計画策定や実施にあたっては，司令塔としての地方自治体の役割と，さまざまなステークホルダーの参画が極めて重要である。実際に国内でも，長野県をはじめ各県がいち早く適応計画を策定し，取り組みを本格化させている。長野県の場合では，市民が参加型モニタリングを実践し，適応する主体自らが関わることで気候変動へのアンテナを高くすることを目指すなど，工夫を凝らしている。また，オーストラリアでは，連邦政府の計画に基づきクイーンズランド州が「気候変動適応センター」を設立して，円卓会議への企業の参加，優れた取り組みの表彰，自然災害発生時のボランティア事前登録制度など，地域のさまざまなセクターの活動を総合的に推進している[3]。

　そしてこの適応に関しても，緩和についてと同じく，企業など非国家セクターの役割が期待されている。また企業の立場からすると，適応策は自らの経営を守り事業継続を確保する守りの対策であると同時に，社会のレジリエンス向上に資する商品・サービスを開発し，ビジネス・ソリューションとして提供することが収益向上につながる。こうした適応ビジネスの視点をさらに広げていく必要がある[4]。また，国内だけでは

---

[3]　詳細は西岡・植田・森杉（2014）『気候変動リスクとどう向き合うか』を参照。長野県の事例は同書の3-1-5「長野県における適応策の取り組み経緯とモデルスタディ」に，オーストラリアの例は第4章に記載されている。

[4]　経済産業省はこの問題意識から「適応ビジネス研究会」などを設け企業の取り組みを後押ししている。参考資料として，経済産業省（2018）「企業のための適応ビジネス入門」，同（2022）「日本企業による途上国における適応グッドプラクティス事例集」などがある。

なく，気候変動に脆弱なアジア地域などの国々でのレジリエンス向上に
も目を向ける必要があろう。

（2）　生物多様性との統合的取り組み

　気候変動枠組み条約と対になる生物多様性条約の締約国会議（COP）
も，並行して行われてきた。2010年に愛知県で開催された生物多様性の
COP10では，2011年から10年間の戦略計画として，「自然と共生する世
界を実現する」という2050年までの長期目標と，「回復力があり，また
必要なサービスを引き続き提供できる生態系を確保するため，生物多様
性の損失を止めるための効果的かつ緊急の行動を実施する。」という
2020年までの短期目標が採択された。

　そしてその下に2020年までに達成すべき20の個別目標（愛知目標）が
採択された。しかし，条約事務局の評価によれば，10年間での進捗はみ
られるものの，完全に達成した項目は１つもない[5]。

　今後の取り組みに関しては，急激に進んできた生態系の劣化を何とか
食い止め，2030年までに回復軌道に乗せること，生態系の健全性を確保
して環境や社会の課題解決にもつなげるような，自然をベースにした解
決策（Nature-based Solutions）の考え方を広めること，気候変動と同
様に生態系保全・回復を社会・経済システムのなかに組み込むこと，そ
してより取り組み可能で明確な目標を設定すること，などの必要性が議
論されている。

　今後，特に重要なのは，気候変動と生物多様性を一体としてとらえて
取り組むことだ。国連では条約に関する会議が別々に開かれ，気候変動
と生物多様性は別問題と考えられがちだが，実は深くつながっている。
例えば，森林は重要な CO_2 の吸収源だ。アマゾンの熱帯雨林は地球の肺
にあたると言われてきた。たびたびアマゾンの森林破壊問題を報じてい

5　環境省自然環境局（2021）「地球規模生物多様性概況第５版」（条約事務局による英語
原文 "Secretariat of the Convention on Biological Diversity（2020）Global Biodiversity
Outlook 5" の和訳版）

るBBCの2020年2月12日の報道によれば，1980年代には推定で年間20億トンものCO₂を取りのぞいていたと考えられている。しかし1970年以降，アマゾンの森林面積は17％減少し，森林減少と森林劣化によって現在その吸収量は年間10－12億トンにまで減少している。同ニュースは，森林火災や森林開発によって排出量が吸収量を上回る地域が増えており，アマゾンの熱帯雨林全体の最大5分の1でそうなっているとの研究結果も報じている。

劣化の原因の1つは気候変動だ。気温上昇と乾燥で森林が劣化してきている。加えて，牧畜用の餌を育てるための森林開発・野焼きなど，人為的現象による劣化がある。そして牧畜業はメタンを排出する[6]。その結果，温暖化が進み，それがまた森林劣化に拍車をかける。

森林劣化を食い止めることは，CO₂の吸収源を確保する気候変動対策として極めて重要であるし，逆に気候変動対策は生態系の劣化を防ぐうえでも重要だ。気候変動と生物多様性は，その取り組みも，国連の条約も専門家のコミュニティも，別物として存在している。しかし両者は本来不可分であり，一体的に取り組む必要がある。

気候変動に比べて注目度の低かった生物多様性も，その危機的状況の認識が広がるなか，ようやく脚光を浴びつつある。また，単に保護するだけではなく社会・経済システムに生物多様性への配慮を組み込むことの重要性も共有されるようになった。第1章で述べたように，WBCSDはVision 2050のなかで，取り組み課題はClimate, Nature, Peopleだとして，気候変動と同じ重みでしかも一体化して統合的に取り組むべきと主張している。

またVision2050のなかでは，Regenerative（再生力のある）という言葉も繰り返し使っている。生態系にダメージを与えない，という消極的スタンスだけでなく，積極的に関与し生態系が本来持っている再生力

6　牛は反芻の際に，胃のなかにいる微生物の働きでCO₂の約25倍の温室効果をもたらすメタンガスを発生させ，ゲップとして大気中に排出している。1頭の牛は日々300Lのメタンガスを発生させると言われ，世界全体でみると家畜のゲップに含まれるメタンは温室効果ガスの4％を占めるとも推計されている。

を引き出すことで，低下した生態系サービスを回復させる，といった意味合いだ。そしてそれは，経済的にもプラスの価値を生む。

　自然保護というと，希少生物の保護のように倫理的に，あるいは慈善事業的に行うものと考えがちであるが，本質的には人類の生存基盤を確かなものにすることであり，また大きな経済損失を回避することでもある。世界経済フォーラム（WEF）のレポート「自然とビジネスの未来」2020年[7]では，自然を喪失することで世界のGDPの半分以上にあたる44兆ドルの経済価値を失う可能性がある，と示した。

　IPCCの1.5℃特別報告書が指摘するように，脱炭素社会への移行プロセスでは，気候対策以外の目標との相乗効果を考慮することが重要である。生態系の回復，貧困撲滅，健康と福祉，雇用の確保など，倫理や社会的衡平性をも考慮し，より広い視野を持って持続可能な開発目標（SDGs）の達成を目指す取り組みは，同報告書が言うように，脱炭素社会のよりよい実現につながるであろう。

参考文献

国連環境開発会議（1992）「環境と開発に関するリオ宣言」
気候変動に関する政府間パネル（2021）「IPCC第6次評価報告書」
植田和弘・大塚直監修（2010）『環境リスク管理と予防原則―法学的・経済学的検討』有斐閣
関正雄（2011）「ISO26000を読む」日科技連
西岡秀三・植田和弘・森杉壽芳（2014）『気候変動リスクとどう向き合うか』きんざい
堅達京子（2021）『脱炭素革命への挑戦』山と渓谷社

[7]　WEF (2020) "New Nature Economy Report Ⅱ : The Future of Nature and Business"

4 | 社会の持続可能性

関　正雄

《学習の目標＆ポイント》　人間の尊厳，人権尊重などの基本的価値や，SDGsが強調する「誰ひとり置き去りにしない」包摂的な社会の理念など，社会及び「人」に着目した持続可能性について考える。社会の持続可能性とは何か，貧困・格差拡大の解決には何が必要か，そしてとりわけ，社会の持続可能性における中核的課題としての人権と労働の重要性や，国連「ビジネスと人権に関する指導原則」がグローバルに重要性を増してきている状況とその背景などを理解する。そのうえで，私たち一人ひとりや社会全体の人権意識の向上が重要であることを認識する。
《キーワード》　格差の拡大，包摂的な社会，貧困の撲滅，貧困の罠，ディーセントワーク，サプライチェーン，ラギー・フレームワーク，ビジネスと人権に関する指導原則

1. 社会の持続可能性とは何か

（1）　拡大する格差の現状

　社会の持続可能性に関して近年懸念が増大している問題に，格差の拡大がある。国際NGOオックスファムは，2020年の世界経済フォーラムに向けて発表した「Time to Care（関心を向けるとき）」と題した報告書で，世界のわずか2,153人の億万長者が，地球の人口の60％を占める46億人の富の合計よりも多くの富を持っていることを明らかにした[1]。経済格差と富の偏在を象徴的に示す数字である。

　富の集中と格差の拡大が年々進んでいることは，時系列データでも示

1　OXFAM (2020) "TIME TO CARE－Unpaid and underpaid care work and the global inequality crisis"

されている。オックスファムによれば，2016年時点で世界で最も裕福な62人が所有する資産は，世界人口の貧しい方から下半分の36億人が保有する資産と同じ，と発表したが，この62人という数字の推移をみると，2010年には388人，2012年には159人，2014年は80人，そして2016年は62人と，年々その人数が減り続けているのである。

　SDGsにおいても，目標10に「各国内および各国間の不平等を是正する」とあり，格差の問題を取り上げている。ターゲットとしては，すべての人々の能力強化と経済的・政治的包摂を進めること，税制・賃金政策・社会保障などの政策面，金融・貿易などの国際ルール，ODAなど途上国支援，といった対策を掲げている。目標1から6までのMDGsにおける開発目標の継承に加えて，格差に着目し解決のための社会経済システムの改革を盛り込んだところが，SDGsの新たな視点である。

　さらに，格差の問題は富の偏在だけではない。新型コロナ感染症では，ワクチン格差や医療格差など，脆弱な人々が置き去りにされている現実が露わになった。2021年のオックスファムのレポートはタイトルに「格差というウィルス」を掲げ，コロナ禍がより一層経済格差を拡大させるという点にも焦点を当てた。地球上で最も裕福な1,000人はコロナ禍での経済損失をわずか9か月以内に取り戻したが，世界の最貧困層が立ち直るには10年余りかかる恐れがあると述べ，公正・公平で持続可能な経済を確立する必要性を論じている[2]。

（2）　格差と貧困の問題の解決に必要なこと

　格差問題は構造的なものであり，小手先の対策だけでは解決できない。根本原因にまで踏み込んで，より包摂的で持続可能な資本主義へと経済・社会体制を大きくトランスフォームしていく必要がある。長期・短

2　OXFAM (2021) "THE INEQUALITY VIRUS – Bringing together a world torn apart by coronavirus through a fair, just and sustainable economy"

期，グローバル・ローカル，政府・民間，あらゆる対策の総動員が必要である。そして，その根底にある貧困問題への解決にも，やはり，そうした構造的理解と原因を除去する多面的な対策が必要である。いわゆる「貧困の罠」にとらわれ悪循環のなかで貧困から脱出するための梯子に足をかけることができない貧困層は，さまざまな「欠乏」の複合状態にある。問題の構造を理解して，それらの原因を取り除き人々を貧困の罠から解き放つためには何が必要なのかを分析して，解決のために効果的な対策を講じていく必要がある。

　さまざまな欠乏状態に置かれた人々の現実を示す国連の統計がある。それによると，7億7,100万人が，安全な水を自宅近くで入手することができない。17億人が，安全で衛生的なトイレを使えず，うち屋外での排泄をしている人は4億9,400万人にのぼる。また，5,900万人の子どもたちが小学校に通っておらず，その半数以上の3,200万人が，サブ・サハラ地域の子どもたちである[3]。

　これらの個々の欠乏の問題は，それぞれが切実であるとともに，多くの場合互いに影響し合って連鎖的に他の問題も引き起こしている。逆に言えば，1つの欠乏状態の解決は，他の欠乏状態の改善にもつながり，波及効果を生む場合がある。

　例えば，家の近くで衛生的な水が得られず，家族全員が一日に必要な量の水を入手するために，朝・夕2回，遠くまで歩いて水汲みに行かなければならない少女がいる。すると学校に通う時間も，気力も体力も残らない。教育機会を逸すれば，将来よりよい仕事を手にする機会も失う。井戸を掘って身近で衛生的な水を手にすることができれば，少女は学校に行けるようになる。そして，家族の健康も改善し，ジェンダー平等の推進にもプラスとなるであろう。水問題に取り組むNGOウォーターエイドは，水と衛生環境の改善は20年間で途上国に数兆ドルの経済効果を

3　統計の出所は，ユニセフのホームページおよび，ユニセフ・WFPほかによる2020年版「世界の食料安全保障と栄養の現状」報告書。食料・水・トイレの数字は2020年時点，教育は2018年時点。

協力：AC ジャパン

図4-1 ランドセルの代わりにポリタンクを背負う子どもたち

もたらす，と試算している[4]。また，水は平和をももたらす。2019年に，不幸にも現地で凶弾に倒れたペシャワール会の中村哲医師は，自ら陣頭指揮をとって井戸を掘り灌漑設備を整備して，農業を再生することで人々の暮らしを向上・安定させ，アフガニスタンに平和をもたらそうと取り組んでこられた。

こうした「貧困の罠」から人々を解き放つことに，企業もその強みを活かし事業を通じて貢献できる。蚊を媒介とする感染症であるマラリアは，アフリカでの大きな問題の1つだ。一家の大黒柱が罹患してしまうと働けず医療費はかさみ，家族の生活が困窮してしまう。住友化学が開発した防虫効果のある成分を練り込んだ蚊帳が，このマラリア撲滅に大きく貢献した。さらに，同社ではタンザニアの企業にライセンスを供与して現地生産し，新たな雇用も創出した。これは感染症予防という保健衛生上の問題解決であるが，人々の生計安定や雇用拡大の観点からも，プラスの効果を生んだのである。

このように考えていくと，その社会の抱える課題の何を解決するのが貧困撲滅に効果的なのかがみえてくる。欠乏状態を改善するためのさまざまな主体によるソリューションの提供は，人々を貧困の罠から救う対策としても，そして平和構築のためにも，重要なのである。

4　WaterAid（2021）"Mission Critical: invest in water sanitation and hygine for a healthy and green economic recovery"

（3） 社会の持続可能性の達成とは

次に，社会の持続可能性を達成するとはどういうことか，現状からではなく視点を変えて，将来それが達成された状態をイメージして考えてみたい。WBCSD の vision 2050では，人類が取り組むべき緊急かつ重要な課題を「気候（Climate）」「自然（Nature）」「人（People）」だとしている。もちろんこの3課題はつながっているが，社会の持続可能性の実現は主としてこの「人」の領域である。そこでは，人々が真に豊かに生きられることの意味を「すべての人の尊厳と権利が尊重され，基本的なニーズが満たされ，すべての人に平等な機会が存在する」と表現している。より具体的には，2050年までに実現すべき社会を図4-2のように描いている。こうして到達点からバックキャストしてみることで，必要なアクションもみえてくるだろう。

vision 2050には，図4-2のように「自由・平等・尊厳の権利」，「健康と幸福」，「コミュニティの繁栄と結束」，「誰ひとり取り残さない」，「機会と志に満ちた世界にアクセスが可能である」という項目を立てて，2050年に達成すべき社会像が描かれている。

リオ原則の第1原則に「人類は，持続可能な開発の中心にある。人類は，自然と調和しつつ健康で生産的な生活を送る資格を有する」と書かれているように，人間こそが持続可能な発展の中心である。その「人」の観点から持続可能な社会が何であるかを考えると，つまりは，

・生命の安全，思想の自由や尊厳が保証され，
・生きていくうえで欠かせない安全・水・衛生・食糧・医療・教育などが誰にも確保されたうえで，
・機会の平等・自己決定権が確保され，
・働きがいのある人間らしい仕事（ディーセント・ワーク）が得られ，
・生み出される富が公平に分配されている

```
自由・平等，尊厳の権利
・国際人権章典に示された人権が，世界中で根付い
　ている
・ビジネスと人権に関する指導原則が根付き，すべ
　ての国と企業が義務と責任を果たしている
・ビジネスモデルと戦略が，脆弱な労働者，コミュ
　ニティ，消費者にもたらすリスクを回避する
・強制労働，現代の奴隷制，人身取引，児童労働の
　撲滅にマルチステークホルダーで取り組んでいる
・公正な賃金を含めたバリューチェーン全体での労
　働者の尊重
・人権擁護者の安全の確保

健康と幸福
・健康で幸せで，自己決定権のある生活
・安全で栄養価の高い食糧が，手ごろな価格で手に
　入る
・水と衛生に対する人権が確保されている
・エネルギーへのアクセスが確保されている
・安全でレジリエントな住戸
・教育，医療と社会的保護への普遍的アクセス

コミュニティの反映と結束
・先住民の権利の尊重
・農村が魅力的な場所である
・コミュニティ同士を結び付けるモビリティ・ソ
　リューションへのアクセス
・デジタル通信技術への普遍的なアクセス

誰ひとり取り残さない
・人種・出自・性的指向・性自認・地位や信条で差
　別されない，機会の平等
・女性と女児のエンパワーメントとジェンダー平等
・経済成長の恩恵が公平に分配されること
・富裕層と貧困層の格差の是正，貧困の終焉

人々は機会と志に満ちた世界にアクセスが可
能である
・すべての人が，働きがいのあり意義のある仕事に
　アクセスできる
・仕事が経済面での安心・自尊心・自己啓発の機会
　を与える
・個人は必要なスキルを身に着けることができる
・仕事に必要な教育やトレーニングを受けることが
　できる。成長する機会ももてる
・職場の文化。共感と成長に基づく
・企業は人々と経済が成長する機会を提供する
・職場は人々の新進の健康を守り，育む，有意義な
　つながりを培う安全な場所
```

出典：WBCSD（2021）Vision 2050から関が要約

図 4 - 2　WBCSD が描く，達成すべき社会像

社会，と要約することができよう。これは人間の生命，生活，尊厳を守ることであり，とりもなおさず，人権の保障にほかならない。持続可能な発展と人権は切っても切り離せない関係にあるのである。

（4）　日本における社会の持続可能性

　ところで，ここまでは，地球規模での貧困や格差の問題を中心に考えてきた。それは主として途上国が抱える問題であるが，同じ課題は先進国にも存在しており共通の普遍的問題としてとらえるべきである。

　さらに，日本社会特有のあるいは顕著な課題も考える必要がある。例えば，SDGsの目標3には「あらゆる年齢のすべての人々の健康的な生活を確保し，福祉を促進する」とある。ところが，具体的なターゲットをみると，そこには日本において大きな課題となっている，超高齢化社会の到来に伴う諸問題は書かれていない。しかし介護サービスへのアクセス確保，健康寿命の延伸など，人口の高齢化に伴う社会問題は，将来多くの国でも解決すべき重要課題となることは間違いないので，本来SDGsの目標3のターゲットに含めておくべきであった。ただ，SDGsは各国・地域でそれぞれの実情に合ったターゲットを追加することを奨励しているので，日本はSDGsに書かれていなくても，世界に先駆けてこれらの課題に取り組み，ソリューションを提示すべきであろう。

　本書においても，日本国内での優先度が高く，また実際に国内のさまざまな地域で先進的な取り組み事例が生まれている課題について，第11章と第12章で取り上げている。この2つの章ではそれぞれ「生活を軸とした地域防災などの，安全安心でレジリエントな社会づくり」，「少子高齢化の時代に対応した，持続可能な地域づくりのための新たなガバナンス構築の試み」といったテーマを取り上げ，地域に根差した課題解決への取り組み事例も紹介しながら掘り下げることとしている。

2.　中核的課題としての人権と労働

　1の（3）でみたように，社会の持続可能性にはさまざまな側面があり解決すべき課題が多いが，なかでもますます重要性を増しているのが，人権と労働の問題である。国連は，これまで主として平和・開発・環境，そして人権という問題領域に取り組んできた。その取り組み課題を体系化した文書としてのSDGsの理念をよく検討してみると，第2章でも述べたように，根底には「すべての人が人間らしく尊厳を持って生きる」

社会を目指すということがあり，そのための権利の保障すなわち人権の
実現こそが解決の道筋であると言うことができる。国連の歴史において
人権はますます実現すべき優先順位の高い価値として位置づけられてき
ていることは，SDGs の理念や具体的目標・ターゲットをみても理解す
ることができる。

　本節では，社会の持続可能性を高める観点からみた人権の問題，特に，
そのなかでも重要な労働の問題について，グローバルなサプライチェー
ンにおける人権・労働に関する具体的な動きとともに考えてみたい。企
業活動のグローバル化が人権に与える影響は大きな問題として受け止め
られ，ビジネスと人権は企業自身の社会における存続に関わるだけでは
なく，社会の持続可能性に大きく関わるテーマとなっている。

　グローバリゼーションの進展によって，原材料の調達から最終製品の
販売まで，いわゆるバリューチェーンは世界中に拡大した。そして，グ
ローバリゼーションの影の部分と言われる途上国のサプライチェーンに
おける劣悪な労働条件，奴隷労働，人身売買，児童労働，強制労働といっ
た人権侵害に加担していると企業が批判されるケースも生まれている。

　また，労働は人権の重要部分を占める。労働は単に金銭的対価を得る
ためのものではなく，自己実現や自己の成長，社会とのつながりなど，
人の一生にとって大きな意味を持つ。SDGs の目標 8 にあるように，
「働きがいのある人間らしい雇用（ディーセント・ワーク）」をすべての
人に，という課題はこれからの社会でますます重みを増すであろう。

（1）　人権・労働に関して基本となる国際規範

　まず，具体的な動きを理解する前提として，人権・労働に関する確立
された国際規範についてよく理解する必要がある。

　人権に関して最も基本となるのが，1948年に国連で採択された「世界

人権宣言」であり，のちの1976年に発効した国際人権規約（社会権規約，自由権規約および選択議定書）と合わせて，国際人権章典と称される。人権に関して最もよりどころとすべき国際規範である。さらにはその人権章典の下に，各分野に関する核となる7つの人権条約が存在する。それらは，人種差別，女性の差別，拷問など残虐な刑罰の禁止，子どもの権利，移住労働者の権利，障がい者の権利，強制失踪からの保護，の各条約である。

　また，労働に関しての基本文書としては，ILOの中核的労働基準がある。これは，ILOが定めるさまざまな条約・勧告・議定書からなる国際労働基準のうち，現代社会において最低限順守すべき基準として位置づけられる5つの分野の10条約を指す。それらは，結社の自由及び団体交渉権，強制労働の禁止，児童労働の実効的な廃止，雇用及び職業における差別の排除，安全で健康的な労働環境，の5分野および関連する10条約である。中核的労働基準は，1998年のILO第86回総会で採択され定式化され，2022年の第110会総会では安全で健康的な労働環境が追加された。

　この国際人権章典とILOの中核的労働基準が，確立され広く受け入

国際人権章典（International Bill of Human Rights）とは，世界人権宣言，国際人権規約（A規約，B規約および選択議定書）を指す。

・世界人権宣言（1948年）
・経済的，社会的および文化的権利に関する国際規約（社会権規約，A規約）（1976年）
・市民的および政治的権利に関する国際規約（自由権規約，B規約）（1976年）
・選択議定書
　自由権規約の第1，第2選択議定書（死刑廃止など）
　社会権規約の選択議定書（個人通報制度）

図4-3　国際人権章典

表4-1　ILO の中核的労働基準

分野	ILO 条約
結社の自由及び団体交渉権	87号（結社の自由及び団結権の保護に関する条約）
	98号（団結権及び団体交渉権についての原則の適用に関する条約）
強制労働の禁止	29号（強制労働に関する条約）
	105号（強制労働の廃止に関する条約）
児童労働の実効的な廃止	138号（就業の最低年齢に関する条約）
	182号（最悪の形態の児童労働の禁止及び廃絶のための即時行動に関する条約）
雇用及び職業における差別の排除	100号（同一価値の労働についての男女労働者に対する同一報酬に関する条約）
	111号（雇用及び職業についての差別待遇に関する条約）
安全で健康的な労働環境	155号（職業上の安全及び健康並びに作業環境に関する条約）
	187号（職業上の安全及び健康を促進するための枠組みに関する条約）

れられている最も重要な国際規範であり，人権や労働に関して考える際に，まずは基本としてその内容を理解しておく必要がある。

（2）　ラギー・フレームワークとビジネスと人権に関する指導原則

　それらをベースとして，人権と労働に関する新たな国際規範として確立したきわめて重要な文書が，2011年の「ビジネスと人権に関する指導原則（以下指導原則と言う）」である。ハーバード大学のジョン・ラギー教授は，2005年にコフィー・アナン国連事務総長から「人権，多国籍企業およびその他の企業活動に関する特別代表」に指名され，企業と人権に関する諮問内容についてまとめ国連人権理事会に報告するように要請された。その報告書が，2008年の国連人権理事会に提出された，通

称「ラギー報告」であり，そこに示された枠組み，つまり基本的考え方が「ラギー・フレームワーク」である。さらにその枠組みを運用するための具体的なガイダンスとして内容を充実させた文書が，2011年に国連人権理事会で支持された上記指導原則である。法的拘束力はないが，国際的に広く浸透し支持されて，この分野で社会的規範として最も強い影響力を持つに至っている。

　企業活動がグローバル化し，環境だけではなく人権・労働など社会的に与えるインパクトが増大するにつれて，企業と人権という問題にどう対処すべきかについても，長い間議論されてきた。政府が果たすべき役割と，企業が果たすべき役割の違いは何で，どこに境界線を引くべきか，企業が人権侵害を回避するための自主的・主体的な努力を尊重すべきなのか，あるいは企業を動かすには罰則を伴う法律で強制力を持たせる必要があるのか，などの論点があった。これらの議論を整理して関係者の間に共通理解をもたらしたのが，このラギー・フレームワークと指導原則である。特に，長い間続いていた，自主的対強制的の主張の対立に関しては，ラギー・フレームワークと指導原則が，正統性と影響力を持つ国際規範の確立・浸透による問題解決という，新たな「解」を提示したと言える。

　指導原則の中核は，ラギー・フレームワーク（ないしは，保護・責任・救済のフレームワーク）と呼ばれる，ラギー報告で示された以下のフレームワークである。

・国家は人権を保護する義務がある。

・企業は人権を尊重する責任がある。

・人権侵害の被害者を救済する手段の実効性を高める。

　人権に関して，国家と企業の果たすべき役割を，それぞれ「保護する義務」と「尊重する責任」という言葉で明確に定義づけている。これは必

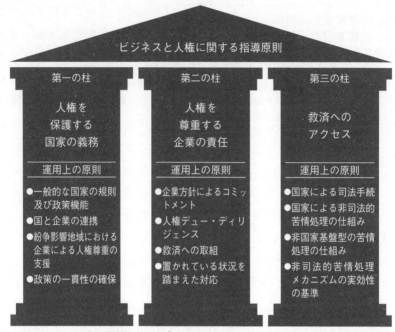

出典：外務省（2020）「ビジネスと人権とは（パンフレット）」

図4-4　ラギー・フレームワーク

ずしも企業の役割使命を減じるものではない。むしろ社会的な責任を果たすことは，法定義務を果たすことを超えて社会からの要請・期待に応えることであり，そのための能力を不断に高めることを意味するからである。指導原則では，具体的に企業がとるべきアクションとして，人権デューディリジェンスを中心に位置づけている。人権デューディリジェンスとは，自らの事業活動に関連した人権に対する負の影響を回避・軽減するため相当な注意を払うことである。つまり人権侵害を未然に防ぐための仕組みを組織内に浸透させ定着を図ることであり，具体的には人権方針の策定，人権リスクの洗い出しと特定，そのリスク事象が実際に

74

自らの事業活動に関連した人権に対する
負の影響を回避・軽減するために，相当
な注意を払うこと。

⇒要するに，人権尊重は精神論ではなく，
具体的なマネジメントの問題である，
ということ。人権侵害を未然に防ぐた
めのPDCAサイクルを確立して運用す
ることが必要。

図4-5　人権デューディリジェンスとは

起こらないようにする予防
対策の手順化と実施，実施
状況のモニタリングと改善，
外部への情報開示と説明責
任の履行，といった一連の
PDCAサイクルをまわす
ことである。人権尊重はお
題目でも精神論でもなく，
仕組みとして企業のマネジ
メントに組み込み，常に継続的な改善を行うべきテーマなのである。

　また，国家も企業も，人権侵害を未然に防止するための行動が重要で
はあるが，人権侵害が発生した場合にはすみやかに救済措置を講じる必
要がある。それが3点目の救済手段の実効性を高めることなのである。

　指導原則が広く浸透した理由として，数多くの有力な国際基準に採用
され組み込まれていったことがあげられる。例として，ISO26000社会
的責任に関するガイダンス，OECD（経済開発協力機構）多国籍企業行
動ガイドラインにもそのままの内容が導入された。

　例えば，ISO26000においては，人権と労働はそれぞれ重要な課題と
して7つの中核主題の一角を占めている。また，人権尊重はガイダンス
全体を貫く基本的原則の1つにも位置づけられている。持続可能な発展
を実現する上で，人権の実現は基本原則でもあり取り組むべき中核的課
題でもある。いわば縦軸と横軸両方に位置づけられコーナーストーンと
も言うべき重要な意味づけが与えられている。そして人権の章には，ラ
ギー・フレームワークや，デューディリジェンスについてもそのままの
内容が記載されている。

　なお，ISO26000はすべての組織のためのガイダンスであり，また指

導原則の対象も実は企業だけではない。政府，自治体，労働団体，消費者団体，市民社会組織などあらゆる組織という組織は，自らの社会的責任を果たすため，同様に人権を尊重し人権デューディリジェンスを行う必要があることを付け加えておく。

　指導原則は，国連人権理事会で支持されたとはいえ，条約でもなく各国政府が交渉し協議して策定した文書でもなく，その意味で法的正統性を持つわけではない。そのような文書が影響力を獲得して浸透していったのはなぜであろうか？　その答えは，フレームワークづくりや指導原則開発のプロセスにあるといえよう。ラギー教授は検討段階において，膨大な量の実態調査やいわゆるコンサルテーションと呼ばれるさまざまなステークホルダーとの対話を繰り返していった[5]。したがって，取りまとめられた報告書は，自ずと実社会の現実やマルチステークホルダーの意見が反映され，受け入れやすい内容となっていた，と言うことができる。これが，ビジネスと人権に関する社会的規範としてデファクト・スタンダードとなり，基準文書として世界中に受け入れられた大きな理由であり，正統性の根拠である。

　こうして，指導原則はこの分野における確立された規範的プラットフォームとなった。政府・企業・市民社会といったステークホルダーからの支持を獲得することによって，また国連やその他の国際機関が承認し各種の基準にも広く組み込まれることによって，条約でも実定法でもないにもかかわらず，ソフトローとして責任ある行動を導く世界の共通規範となったのである。

（3）　政治リーダーのコミット

　その後，ビジネスと人権は，G7やG20といった会議で政治リーダー

5　ラギー教授は，著書『正しいビジネス』（2014）の序文「日本語版の読者へ」のなかで，指導原則開発のプロセスを振り返って「その過程における旅のなかには，5大陸で50回にわたる国際協議，個別の企業や地域社会への数えきれないほどの現地調査，膨大な量の調査研究，そして鍵となる提案についての現場テストという試験プロジェクトがありました。」と述べている。

写真提供：ユニフォトプレス

図4-6　ラナ・プラザの崩落事故

が議論するアジェンダにもなっていく。そうした動きの大きなきっかけとなった出来事が，2013年にバングラデシュで発生したラナ・プラザ事故である。世界の著名なアパレルメーカーが製造拠点として生産を委託するダッカ近郊の工場，ラナ・プラザというビルで起きた出来事である。

　2013年4月24日の朝，突然縫製工場のビルが崩落し，なかで働いていた1,000人以上の労働者が命を落とし，2,500人以上が負傷するという大変痛ましい事故が起きた。8階建てのこのビルは違法な増築を繰り返し，壁には亀裂が生じていて大変危険な状態であった。しかし工場経営者に促されていつものように職場についた労働者は，崩落したビルの下敷きになって，尊い命を落とすことになった。この工場はビルの安全管理だけでなく，低賃金および劣悪な環境での労働を強いていたことも明るみに出た。痛ましいニュースは世界中を駆け巡り，グローバル企業のサプライチェーンにおける労働の実態に，多くの人が目を向けることとなったのである。

　2015年にドイツで開催されたG7エルマウサミットでもこの問題が取り上げられ，責任あるサプライチェーンを作るために政治リーダーとしてコミットする，という宣言が採択され，その後各国がビジネスと人権

に関する国別行動計画を策定するという流れができた。劣悪な労働環境で働く途上国の労働者の人権を守ることに政治リーダーがコミットし，「ビジネスと人権」は世界共通の政策アジェンダとなったのである。そしてその政策の中核は，指導原則の浸透を推進することである。各国政府によるアクションプラン策定は進み，日本政府も2020年に策定し発表した。そのポイントは以下の3点である。

1．国連「ビジネスと人権に関する指導原則」を踏まえて策定されたものであること。

2．今後政府が取り組む各種施策のほか，企業に対する人権デューディリジェンス導入促進への期待を明記していること。

3．行動計画が，人権の保護・促進に貢献するとともに，日本企業の企業価値と国際競争力の向上，およびSDGs達成への貢献につながることを期待していること。

（4）　動きだした企業と今後の課題

　企業もすでにいち早く動きだし，サプライヤーへの要請と指導を行い工場への立ち入り監査を行うなど，人権リスクの排除に取り組んでいる。また，業界全体で共通の基準を作ったりすぐれた取り組み事例を共有したりと，1社だけではなかなか解決できない難しい課題の解決に取り組んでいる。

　指導原則に従った人権デューディリジェンスの実施状況を，サステナビリティ報告書などで情報開示する企業も増えてきている。他社に先駆けて2015年に，指導原則に準拠した人権報告書（Human Rights Report）を発行したのは，英国に本社を置くユニリーバであった。英国の小売りチェーンであるマークス＆スペンサーも，2016年に人権報告書を発行している。それは同社が毎年発行してきたサステナビリティレポート（同

社は PLAN A REPORT と称している）とは独立した別の報告書で，サステナビリティレポートを超えるページ数で，また中身も濃いものであった。

　サプライチェーン管理の対象を直接の委託先だけではなく，さらにその先のサプライヤーにまで拡大する努力も続けられている。例えばたばこメーカーが葉たばこ農家の労働実態を調査したり，タイヤメーカーが天然ゴムの採取現場をチェックしたりと，最上流の原材料生産者にまで及ぶこともある。

　なお，生産委託先の契約工場における人権侵害やスウェットショップは，基本的にはその工場経営者の責任であり，法律上の責任が委託元の大手企業にあるわけではない。それでも企業が改善に取り組むのは，それが法的義務を超えた社会的責任だからである。そのような社会的責任の履行を促すものが，ステークホルダーからの要請であり，それを基準文書にまとめ上げた指導原則なのである。

　また，ビジネスと人権というと企業の努力だけが期待されがちであるが，そもそも本来的に，人権問題の解決は企業だけでできるものではない。政府が「人権を保護する義務」を不断に，よりよく果たすことが大前提であることは言うまでもない。果たすべき政府の役割は，大きく分けて３つある。１つは自ら主体として果たす役割で，例えば，ガバナンスに問題のある途上国の人権問題の解決には，政府の外交努力や国際援助などの積極的関与が必要であるし，また，政府や地方自治体が自らの調達（いわゆる公共調達）の基準にも人権配慮を組み込むべきである。２つめは，指導原則に則って人権に取り組む企業に対して支援することである。例えば，海外進出企業に対して在外公館などを活用して途上国の人権リスク情報を提供することや，十分なリソースを確保することが難しい中小企業への支援や，人権デューディリジェンスを実施する企業

へのインセンティブ付与などの政策的支援がある。

　3つめの，そして重要な課題は，社会全体の人権意識の向上である。日本国内においては，そもそも人権に関する国民的理解が十分ではない。とりわけ国際的な人権基準に関する理解は不足している。人権に関する固定観念をもったり，身近な問題にしか関心を向けず狭い理解に留まっていたり，という場合も多い。そこで，政府が主体となり，企業・市民社会組織・メディア・教育機関など，あらゆる主体が参加して国民の啓発に力を入れることも重要な推進策となる。企業へのアンケートでも，指導原則に則って取り組む企業の声として，日本国内での人権に関する社会的関心が低いことが要改善事項としてあがっている。なぜビジネスと人権が世界的な関心テーマになっているのか，それが社会の持続可能性とどう結びつくのか，これらの問題への国民的理解の浸透を推進策の基盤に据える必要がある。

参考文献

ジェフリー・サックス（2006）「貧困の終焉：2025年までに世界を変える」早川書房

国際連合（2011）「ビジネスと人権に関する指導原則：『保護，尊重及び救済』枠組　実施のために（A/HRC/17/31）」

ジョン・ジェラルド・ラギー（2014）『正しいビジネス　—世界が取り組む「多国　籍企業と人権」の課題』岩波書店

中村哲（2013）「天，共に在り　アフガニスタン三十年の闘い」NHK 出版

中村哲（2020）「希望の一滴　中村哲．アフガン最期の言葉」西日本新聞社

World Inequality Lab（2021）"World Inequality Report 2022"

堤未果（2008）「ルポ 貧困大国アメリカ」岩波書店

5 | 人間の安全保障

関　正雄

《**学習の目標＆ポイント**》　伝統的な国家安全保障を補完する概念として提起
された，人間の安全保障という考え方について学ぶ。新型コロナウイルス感
染症などのパンデミック，自然災害，経済危機，紛争と難民，など人間をと
りまく脅威を包括的にとらえ解決する必要性を理解する。とりわけ，持続可
能な発展に取り組むうえで右肩上がりの発展論だけではなく，下降リスクと
いう視点を持つことの重要性など，概念としての今日的な意味と有用性を理
解する。
《**キーワード**》　人間の安全保障，恐怖からの自由，欠乏からの自由，国家安
全保障との関係，下降リスク，保護と能力強化，予防的対応，イノベーショ
ン，民間セクターの役割，ソーシャルビジネス

1. 人間の安全保障とは

　持続可能な発展に取り組むうえで有用な考え方の１つに，「人間の安
全保障」という概念がある。安全保障といえば，通常は軍事力を充実さ
せて外部侵略から領土・国民を守るといった，国家安全保障を思い浮か
べるであろう。しかし，人間の安全保障の考え方は，国家ではなく視点
を人間に置き，一人ひとりの人間を取り巻くあらゆる脅威に着目する。
これはそれらの脅威を包括的にとらえて取り組みを強化するために役立
つ重要な考え方である。

　現代社会に生きる人間はさまざまな脅威にさらされている。例えば，
貧困，飢餓，気候災害，内戦，難民化，麻薬，人身売買，感染症，テロ，

金融危機などがあり，それ以外にも考えられるすべての脅威を含む。こうした脅威は，一人ひとりの個人にとっての脅威の問題であるだけではなく，地域，国家，ひいては国際社会の安全が脅かされる結果をももたらすことがある。これらの脅威は，紛争・内戦やテロといった「恐怖」と，食料，水と衛生，医療へのアクセスなどが十分満たされない「欠乏」の2つの要素を包含している。そして，恐怖と欠乏の2つの要素は互いに原因と結果になり深く関連している。紛争は経済の疲弊や地域社会の崩壊を招いて貧困や生活の困窮を生むし，欠乏は争いや暴力を生んで紛争の原因となる。こうした「恐怖からの自由」と「欠乏からの自由」のいずれをもすべての人に保障することが重要であり，そのために何をすればよいかを示唆してくれるのが人間の安全保障という概念である。

　人間の安全保障は，途上国の人々だけが対象ではない。先進国に住む私たちも多かれ少なかれ，直接または間接的に，こうした脅威にさらされている。ヒト・モノ・カネそして情報が国境を越えて瞬時に行き交い，人々や国々が結びついているグローバル化の時代に，もはやこうした脅威をすべて国境で遮断して影響を食い止めることは不可能だ。課題の解決には国際的な協調体制の下での取り組みが欠かせない。

　人間の安全保障は，伝統的な国家安全保障とは異なる新しい概念であるという意味で，「非伝統的安全保障」と呼ばれることもある。この2つは図5-1に示したように対比できるが，これを相対立する概念ととらえるのではなく，人間の安全保障は伝統的な国家安全保障を補うものと考えるべきであり，安全保障の概念をより拡張し豊かにし，新たな解決策のインスピレーションを与えてくれるもの，と考えるべきであろう。また，人間の安全保障は人間の自由や尊厳を守り，脅威に立ち向かうために必要な自己決定権やその機会・能力を増進することを目指すもので

82

	国家安全保障	人間の安全保障
何を（守る対象）	領土や国家	一人ひとりの人間
何から（脅威）	他国からの国家主権侵害	飢餓・自然災害・感染症など人間を取り巻くさまざまな脅威
どうやって（手段）	外交，武力行使	非軍事的なあらゆる手段
担い手は	国家	あらゆる組織（政府・国際機関・市民社会・企業など）
国連の担当組織は	安全保障理事会	経済社会理事会

図 5 - 1　国家安全保障と人間の安全保障との違い

あり，世界人権宣言や国際人権規約（社会権規約，自由権規約）の内容とも深く関わっている。つまり人間の安全保障は，人権の中核的な部分に関わる考え方だ。

2. 国連での検討の経緯

(1)　UNDP の「人間開発報告書」(1994)

　この概念は，1994年に UNDP（国連開発計画）が発表した「人間開発報告書」で初めて明確な形で提起されている[1]。UNDP は，国連創設のころは正しく認識されていた人間にとって欠かせない2つの自由，「恐怖からの自由」と「欠乏からの自由」のうち，国連の関心は次第に前者に集中し，安全保障は国家安全保障の文脈でのみ語られるようになってしまった。しかし今こそ後者の視点に立って，人間の安全保障というより包括的な概念に移行すべきと訴えた。具体的には，安全保障に関する考え方を「領土偏重の安全保障から，人間を重視した安全保障

1　報告書の第2章，「『人間の安全保障』という新しい考え方」にまとまった形で書かれている。報告書の「はじめに」では，翌1995年のコペンハーゲン「社会開発サミット」に向けて「人間の安全保障」の推進を提言し，次のように述べている。「人間を中心に据えた開発を促進しなければ，平和，人権，環境保護，人口増加の抑制，社会的な統合などの重要な目標を達成することはできないことを改めて明言するときでもあります。事態に消極的に対応するより，早期に積極的な行動をとるほうが出費が少なく，はるかに人道的であるという点を，すべての国が認識するべきだと思います。」

へ」,「軍備による安全保障から『持続可能な人間開発』による安全保障
へ」と切りかえなくてはならないとした。報告書では,人間の安全保障
の基本概念について,4つの特徴を挙げている。

・「世界共通」の問題であること。先進国・途上国を問わずあらゆる国
　の人々に関係がある。
・構成要素が「相互依存」の関係にあること。飢餓・病気・麻薬取引・
　テロ・民族紛争などは単独の問題ではない。
・「早期予防」が効果的であること。後手の介入よりコストも小さい。
・「人間中心」でなければならない。その人の置かれた状況,何を必要
　としているかなど,「人」に着目して考えなければならない。

　また,人間の安全に対する脅威として,7つの安全保障の必要性を挙
げている。それらは,「経済,食糧,健康,環境,個人,地域社会,政
治」の安全保障である。さらに地球規模でみた場合の人間の安全保障上
の課題として,爆発的な人口増加,経済機会の不公平,国際間の過度な
人口移動,環境の悪化,麻薬生産と取引,国際テロ,の6項目を挙げて
いる。そして必要な政策行動として,予防的行動をとるうえで欠かせな
い「早期警告指標」,社会の分裂を食い止め誰もが能力を発揮できるよ
うな「社会統合政策」の2つを提言している。

　当時は,長く続いた東西の冷戦がベルリンの壁崩壊(1989年)に象徴
されるように終結し,地球環境問題など世界共通のかつ非軍事的な課題
解決に協調して取り組もうという機運が高まっていた頃だ。1992年のリ
オ地球サミットが,気候変動と生物多様性に関する2つの重要な条約を
生み成功裏に終わったのも,こうした時代的背景があった。人間開発報
告書1994でも,ポスト冷戦時代における「平和の配当」として,軍事支
出の削減分を今後は環境や開発という非軍事的な社会的・経済的問題の
解決にまわそう,と訴えている。ちなみに,同報告書の表紙(図5-2)

84

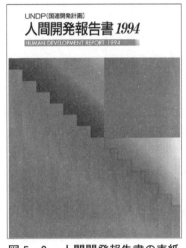

図 5-2　人間開発報告書の表紙

のデザインは，軍事支出減少の実績を示す右肩下がりの棒グラフをモチーフにしたものである。

（2）「人間の安全保障委員会」報告書（2003年）

　国連では，この概念の理解を広げ，各国の政策立案・実施に活かし，具体的な行動計画を示すことを目指して「人間の安全保障委員会」を設置し，最終報告書（2003年）を発表した。ちなみに，この委員会の共同議長は，国連難民高等弁務官やJICA（国際協力機構）理事長などを務めた緒方貞子氏，アジアで初のノーベル経済学賞を受賞したインドの経済学者，アマルティア・セン氏の2人が務めた。日本政府はこの概念を支持し，国連（2000年9月の国連ミレニアム・サミット）において当委員会の設置を提案するとともに，概念の普及に至るまで一貫して積極的に主導してきた。そして，こうした人間中心のアプローチによる平和構築への貢献を，外交政策の主要な柱の1つとしてきたのである。

　この分野での日本政府のリーダーシップをよく物語っているのが，人間の安全保障をテーマに日本政府の提案で1998年12月2日に開催された，「アジアの明日を創る知的対話」における小渕首相の演説である。小渕首相は，「21世紀は，人間中心の世紀としていく必要がある」として，当時のアジアの経済危機を乗り越えるには人間の安全保障の考え方に立って社会的弱者に配慮しつつ対処していくことが必要である，と述べた。また，人間の安全保障の問題は一国のみでは解決が困難であり国際

社会の一致した対処が不可欠であること，これらの問題は人間一人ひとりの生活に密接に関わることから，NGOなど市民社会との連携・協力が重要であること，なども述べている。そして，人間の安全保障の考え方については「私は，人間は生存を脅かされたり尊厳を冒されることなく創造的な生活を営むべき存在であると信じています。『人間の安全保障』とは，比較的新しい言葉ですが，私はこれを，人間の生存，生活，尊厳を脅かすあらゆる種類の脅威を包括的にとらえ，これらに対する取り組みを強化するという考え方であると理解しております。」としている[2]。

「人間の安全保障委員会」報告書では，世界各地で恐怖からの自由，欠乏からの自由が脅かされ，人間を取り巻く脅威がますます増大するなかで，人間の安全保障の考えを理解して各国が関連政策を強化すべきであると強調している。

同報告書では，人間の安全保障を「人間の自由と自己実現を推進するようなやり方で，すべての人の人生における極めて重要な中核を保護すること（翻訳は関）」と定義している。そして，人間の安全保障は人間の基本的自由，生存，生計，尊厳を守ることのできる政治的・社会的・環境的・経済的・軍事的・文化的なシステムを一体として構築していくことを意味する，とする。また報告書では，以上のような抽象的な定義と解説にとどめ，あえて人間の安全保障の具体的な要素項目を列挙していないのは，何が守るべき「極めて重要な中核」なのかは，個人によって，また社会によって異なるであろうからあえて挙げていない，としている。このため，人間の安全保障は「外延があいまいであり，何でも含まれてしまう。理論として未成熟で緻密さを欠く。」といった批判を呼ぶこともある。しかし，時代とともに脅威の内容は変わっていくであろうし，そもそも一人ひとりの人間が置かれた状況は多様である。さまざ

2 出典：小渕総理大臣演説「アジアの明日を創る知的対話」（平成10年12月2日）外務省ホームページ

86

- 暴力的な紛争から人々を保護する。
- 武器の拡散から人々を守る。
- 移動する人々の人間の安全をサポートする。
- 紛争後の状況下での人間の安全保障移行資金を設立する。
- 極度の貧困層に利益をもたらす公正な貿易と市場を推進する。
- どこでも最低限の生活水準を提供する。
- 基本的な医療への普遍的なアクセスに高い優先順位を置く。
- 特許権のための効率的で公平なグローバルシステムを構築する。
- より強力なグローバルおよび国家的な努力によって基礎教育をすべての人々に普及することで人々の能力を強化する。
- 多様なアイデンティティと帰属を持つ個人の自由を尊重するとともに、グローバルな人間のアイデンティティの必要性を明確にする。

出典：国連「人間の安全保障委員会」報告書 (2003) "HUMAN SECURITY NOW - COMMISSION ON HUMAN SECURITY"（翻訳は関）

図5-3　人間の安全保障を実現するための政策提言

まな時代・地域に概念として適用できる柔軟性を備えたことは，この定義の強みでもあろう。

　また同委員会報告書では，多様なセクターの役割にも言及し，公的部門，民間部門，市民社会が共通の理解のもとにネットワークを構成し，ともに行動すべきであることや，人間の安全保障というコンセプトがこうした各主体の取り組みを相互に関連づける触媒としての役割を果たすことも期待している。この点は極めて重要な指摘である。

　そして報告書では，結びとしての人間の安全保障を実現するための政策提言として，図5-3に示す点を挙げている。

（3）　国連総会決議（2012年）

　その後，国連では2012年に日本を含む25か国が共同提案国となって，人間の安全保障に関する国連総会決議が行われ，概念理解のコンセンサ

人間の安全保障の概念に関する共通理解は以下を含む。

(a)人々が自由と尊厳の内に生存し，貧困と絶望から免れて生きる権利。恐怖からの自由と欠乏からの自由を享受する権利。

(b)人々及びコミュニティの保護と能力強化に資する，人間中心の，包括的で，文脈に応じた，予防的な対応を求めるもの。

(c)平和，開発及び人権の相互連関性を認識し，市民的・政治的権利，経済的・社会的及び文化的権利を等しく考慮に入れる。

(d)保護する責任及びその履行とは異なる。

(e)武力による威嚇，武力行使または強制措置を求めるものではない。国家の安全保障を代替するものではない。

(f)国家のオーナーシップに基づくものであること。地域の実情に即した国家による対応を強化するものであること。

(g)政府は一義的な役割及び責任を有する。国際社会は政府の能力強化に必要な支援を提供し補完する。政府，国際機関及び地域機関並びに市民社会の更なる協調とパートナーシップを求める。

(h)国家主権の尊重と不干渉。国家に追加的な法的義務を課すものではない。

出典：2012年「人間の安全保障に関する国連総会決議（A/RES/66/290）」から筆者作成

図5-4　人間の安全保障に関する国連決議（2012年）の内容

スが確立した。この間，人間の安全保障論に関して途上国からは，保護に名を借りた先進国による内政干渉や武力介入を招く，との懸念が表明され警戒のスタンスがとられるなど，逆風もあった。そうした途上国の懸念に配慮して，この決議では，人間の安全保障が国家主権を尊重し，国内管轄権内にある事項に干渉することなく進めるものでなければならないことを明記している。いずれにせよ，総会決議という形で，概念の有効性を認めその内容を確認し，今後も継続して議論していくことを国際合意として明確にしたことは大きな意義がある。

3. 人間の安全保障の特徴と意義

（1） 人間の安全保障論が提起したポイント

　以上のような経緯で国連において確立された概念となった，人間の安全保障の重要なポイントをまとめると以下の通りである。

①人間の安全保障は，基本的に伝統的な国家安全保障を補完するものであって，否定したり代替するものではない。安全保障の概念を拡張し，より深みがあり豊かなものとする考え方である。

②人間の安全保障の実現に取り組むうえで，重要とされるのが「保護」と「能力強化」であり，どちらか一方ではなく両者を総合的に進めることである。例えば，難民支援では保護のために食料・水など人道上の緊急支援が不可欠である。しかし，長期的にみれば避難先の異国の社会で職を得て暮らしていけるように，語学教育などの支援策が必要となる。また，一般的に言って，さまざまな脅威に対するレジリエンス（強靭性）を高めるうえで教育が貢献できる度合いは高い。特に女性への教育，初等教育の徹底が重要であると言われている。

③人間の安全保障の概念には他にない重要な特徴がある。成長のみに注意を向けがちな，右肩上がりで上昇傾向・拡大傾向の強い「人間的発展」の概念を，人間の安全保障論は効果的に補うことができる。「上昇傾向」の実現だけに力を入れるのではなく，同時に「下降リスク」に特別な関心を向けることの必要性を強調しているのである。例えば，保健医療水準の向上に取り組むことは有益であるが，感染症・パンデミックとの闘いはそれとは別物と考え，対策に力を入れなければならない。

④予防的措置は重要である。例えば，気候変動への対応では様子をみながら影響が現れたら対処するという，事後的な対応では間に合わない。

　普段から温暖化の抑制つまり緩和策に力を入れると同時に，温暖化の悪影響を最小限に抑えるために社会の脆弱な部分に適応策を講じておくことが必要であり，対応コストも小さい。この予防的措置の重要性は，他のさまざまな人間を取りまく脅威にも当てはまり，社会のレジリエンス向上には欠かせない視点である。

⑤特に危機的な状況に陥っている，または陥りやすい，脆弱なグループに特別な関心を向ける必要がある。脆弱なグループに含まれるのは，貧困層，女性，子ども，障がい者，高齢者，先住民族などである。新型コロナウイルス感染症では，先進国と途上国との間で大きなワクチン格差がみられた。気候災害では，低地や急傾斜のスラム街などに住まざるを得ない人々がより犠牲になりやすい。人身売買や物理的・社会的暴力にさらされている人の多くは，女性，子どもたちである。

⑥人間の安全保障を担う主体について，国家安全保障と明らかに異なるのは，主体が多種多様であることである。国家安全保障の担い手は国家である。これに対して，人間の安全保障に国家が果たす役割はもちろん重要であるが，国家だけが担うのではない。人間の安全保障の概念は，人間をとりまく脅威を減らし人権を促進するのに役立つ，すべての制度や組織に向けられたものである。したがって政府や国際機関はもとより，市民社会，民間企業，機関投資家，財団，メディアなどのあらゆる非国家主体が重要な担い手となる。

（2）　持続可能な発展や SDGs との関係

　2002年にヨハネスブルグで開催された持続可能な開発に関するサミット（WSSD）は，その10年前のリオ地球サミットが環境のサミットだったと言われるのに比べると，開発の側面をより強調したことで知られている。そのヨハネスブルグ宣言においては，人間を取り巻く脅威は持続

可能な発展にとって深刻な脅威であるとしている[3]。持続可能な発展と人間の安全保障とは関連が深く，人間の安全保障は持続可能な発展に重要かつ不可欠な要素であることを，宣言は再確認させてくれた。したがって，持続可能な社会を実現するための目標体系であるSDGsにおいても，人間の安全保障は重要な要素であるし，以下の点で取り組みの実効性を高めるメリットをもたらしてくれる。

① 人間を取り巻くさまざまな脅威に着目し，それが持続可能な発展にとって深刻な危機をもたらすものであることに気づかせてくれること。

② さまざまな人間を取り巻く脅威の現実から目をそらさずに，その脅威によって最も大きな影響を受ける脆弱な層の置かれている状況に目を向けさせてくれること。SDGsの重要理念である「誰ひとり置き去りにしない」を具現化するために欠かせない視点である。

③ SDGsの多くの目標は，改善・上昇を目指す「人間的発展」の考え方に基づいているが，下降リスクへの対策を怠ると，あっという間に目標達成は遠のいてしまうと教えてくれること。

④ 自国優先，孤立主義の傾向が強まり，国家によって分断される現代の国際社会にあって，国際連帯の必要性を訴えるものであること，そして日本としてこれまで国連を舞台に主導し推進してきた概念であり，外交政策の柱の1つとして重視してきたものであって，今後も，日本が国際社会に貢献できる分野であること。

⑤ グローバルな持続可能な発展や人間の安全保障の実現において，私たちは客体ではなく主体であると理解させてくれること。

3　ヨハネスブルグ宣言のパラグラフ19には，「深刻な脅威に優先して注意を払う」として以下のような記述がある。「我々は，人々の持続可能な開発にとって深刻な脅威となっている世界的な状況に対する闘いに特に焦点を置き，また，優先して注意を払うとの我々の約束を再確認する。これらの世界的状況には，慢性的飢餓，栄養不良，外国による占領，武力衝突，麻薬密売問題，組織犯罪，汚職，自然災害，武器密輸取引，人身売買，テロリズム，不寛容と人種的・民族的・宗教的及びその他の扇動，外国人排斥，並びに特にHIV／AIDS，マラリア及び結核を含む風土病，伝染性・慢性の病気が含まれる。」

（3）　新たなソリューションの試み

　人間の安全保障というと，主として政府や，国連をはじめとする国際機関の仕事と思いがちである。国連の議論も，いかに各国政府が共通の理解のもとに協調して政策を進めるかが中心であった。しかし，すでに述べたように，政府や国際機関はもとより，多様な非国家主体もそれぞれ人間の安全保障の重要な担い手となる。

　非国家主体のなかでも，NGO の果たす役割は大きい。次章で述べるように，脆弱な人々に寄り添って人道支援を行う NGO や，国際的なルールの変更を求めて政策提言を行う NGO などが，早くから大きな存在感を示して活躍してきた。それに比べると，民間企業や投資家，またソーシャルビジネスなどが人間の安全保障に関わることはイメージしにくいだろう。しかし，実はそれらの主体もこれまでもさまざまな形で直接・間接に貢献してきたし，特に近年では SDGs 達成のために，イノベーションをもたらすビジネスの力に対する期待が高まっている。人間の安全保障においても，人々の命や暮らしを守り，社会のレジリエンスを向上させるために，ビジネスは大きく貢献できる。ここでは，こうしたビジネスの課題解決力に着目して，これまでに行われた，また現在進行中のいくつかの事例を紹介したい[4]。

①新興国にみる社会的課題解決のためのビジネスモデル

　人間の安全保障に資するビジネス・ソリューションとはどのようなものか，ヒントを与えてくれる，インドとメキシコの社会起業家によるソーシャルビジネスのケースを紹介したい。いずれも，筆者自身が WBCSD 年次会議の際に設けられたフィールド・トリップの機会に視察で訪れた。

・インドでは，ソーシャルビジネスのモデルケースとしても名高い，アラビンド・アイ・ホスピタルの経営者を2016年に訪問した。この眼科

4　本章で紹介する事例以外にも，ソーシャルビジネスの解説と国内事例を第13章の4節で取り上げているので，あわせて参照されたい。

病院は，インドから「不要な失明（手段を講じれば避けることのできる失明）」を一掃しようという思いをもって，Dr. Govindappa Venkataswamy（通称ドクターV）が創業した。ドクターVは，野心的目標の達成のため，マクドナルド方式を参考に画期的な「大量・高品質・低コスト」の医療ビジネスモデルを考案した。白内障の治療を受けないために失明に至る人々が多いことから，低廉な白内障手術を一人でも多くの人々に提供するために工夫を凝らしたのである。手術に必要な白内障用のレンズは当初米国から輸入していたが，メスなどの手術器具などとともに内製化して調達コストの大幅削減を図った。また，次から次へと手術を行う医師の動線に無駄がないような手術室のレイアウトを考案し，医師一人当たり一日数十件もの手術をこなせるようにした。その結果，1976年の設立以来780万件もの白内障手術の実施が可能となり，費用は劇的に下がったほか，貧困世帯はバス送迎付きで無料の治療が受けられるようにもなった。同病院では，医療スタッフ全員へのミッション共有のための教育に力を入れている。また，このビジネスモデルをインドからアフリカほか世界各地に移植しようと取り組んでいる。

・メキシコでは，2017年にフードロス削減を貧困層の支援につなげる活動を行っている BAMX というフードバンクへのインタビューを行った。メキシコは国民の約4割，5,000万人もが1日3.2ドル以下の貧困状態にあると言われる。この問題の解決に多くの社会起業家が取り組んでおり，本格的な起業家育成プログラムやインパクト投資など新たな金融手法の導入も進んでいる。BAMX では，農家からは規格外の野菜を，企業からは廃棄前の食品の提供を受けて，貧困家庭に栄養バランスのとれた食材を低価格で配付するための大掛かりなロジス

ティックスを構築し，年間150万人もの人々を支援している。野菜の
入手先の農家には，仕入れ代金に代えてそこで働く農場労働者の賃金
を政府の雇用支援金を活用して支払っている。栄養バランスの偏った
食生活であまり野菜調理をしてこなかった貧困層には，料理のレシピ
も一緒に配り，栄養と健康の改善もねらっている。あわせて，飢餓と
貧困のサイクルを断ち切るためのスキルや機会の提供も行っている。
野菜の購入代金を支払えない貧困層には，BAMX での配送などの仕
事をしてもらい，雇用機会を提供している。

　どちらの事例も，100万人を超える人々を対象とする大規模なソー
シャルビジネスであり，ビジネスが社会的課題を解決し社会をトランス
フォームする（一変させる）だけの力を持ちうることを示している。一
般的には，対象者数など解決すべき課題の規模の大きさは取り組みを難
しくする。しかし，もしそれを克服できれば逆に極めて大きなビジネス
機会であるし，大きな社会的価値を創造することができる。このように，
人間の安全保障に資する，民間セクターならではの解決策を生み出しス
ケールアップすることは可能であると，2つの事例は教えてくれる。

② UNDP が進める日本企業との協働プログラム

　国連開発計画（UNDP）は，途上国の課題解決において，イノベー
ションを生み出す企業の力を最大限生かそうと，近年企業との連携に力
を入れている。SDGs への取り組みにおいて，UNDP は2018年に経団連
との間で MOU（協力覚書）を交わすなど，企業の力を大いに期待して
連携を深めているのである。この覚書に記された具体的な協力内容の1
つが，SDGs の達成に資するプロジェクトのアイディアとビジネスとの，
つまりニーズとシーズのマッチングである。

　UNDP は世界各地でこれまでにない新たな革新的アプローチで途上

国の開発や貧困撲滅，レジリエンス向上，教育の普及などの課題解決に取り組む人々を支援するプロジェクトを立ち上げた。世界91か所にUNDP Accelerator Labs（略称 A-Labs）を展開し，国ごとに解決したい開発課題を決め，現地政府・企業・市民等が合同で地域に根ざした革新的な解決策を実践する。さらに，各国同士で経験を共有し学び合う仕組みである。

　日本でも，日本企業がもつ技術力と，途上国でのニーズをマッチングして，共同で開発課題の解決を図る機会を設けている。それが，内閣府の拠出金を原資に2020年度に初めて実施された Japan SDGs Innovation Challenge for UNDP Accelerator Labs という取り組みである。2020年度の実施事例のなかから，以下の2件を紹介する[5]。

・A-Lab インドでは，7億人と言われるインドのスパイス農家の収入を向上するために，スパイスの品質確保とトレーサビリティ向上に役立ち，農家・加工業者・小売など関係者間のスパイス流通・市場に関する情報格差を埋めるための方策を模索していた。そこでNEC インドがブロックチェーン技術を提供し，インド商工省香辛料局が構築したスパイス取引プラットフォームに同技術を導入し，農家が情報を入力するアプリを開発した。

・A-Lab フィリピンとベトナムでは，河川から海に流れ込むプラスチックをはじめとする海洋ごみの問題の解決のために，ごみの流出スポットを正確に把握できるシステムを必要としていた。有人宇宙システム（株）が，衛星画像と，ドローン等で撮影した画像を比較して，衛星画像によるプラスチックごみの検出モデルを構築し，マニラ都市圏とダナン市においてこのモデルを活用してプラスチックごみ流出のホットスポットを特定した。今後，これらの地域のゴミ管理対策に活用されることが期待されている。

5　出典：経団連・UNDP 共催ウェビナー「SDGs ビジネス共創の機会」における UNDP Acceralator Labs のプレゼン資料（2021.08.03）

　いずれの事例も，日本企業が持つデジタル技術を中心とした最新技術とノウハウを生かした，新たな課題解決策の検討と検証，そしてビジネスモデルの構築を，UNDP と日本企業が共同で行った試みである。

　まだスタートして間もない実験的な試みではあるが，途上国で課題解決に取り組む国際機関，政府，民間企業が一体となって，革新的技術を用いてこれまでになかったソリューションを生み出そうという，意欲的なプロジェクトである。今後の新たな社会課題解決へのアプローチとして，大きな可能性を秘めた試みであると言えよう。

付記：本章は，関正雄（2018）「SDGs 経営の時代に求められる CSR とは何か」（第一法規）の第 2 部 Topic3 をもとに大幅に加筆・修正したものである。

参考文献

UNDP（1994）「人間開発報告書1994」国連開発計画

国連人間の安全保障委員会（2003）「人間の安全保障委員会報告書　HUMAN SECURITY NOW」（英語）

アマルティア・セン（2002）『貧困の克服　―アジア発展の鍵は何か』集英社

アマルティア・セン（2006）『人間の安全保障』集英社

長有紀枝（2021）『入門　人間の安全保障　増補版』中央公論新社

塚本一郎・金子郁容（共編著）（2016）『ソーシャルインパクト・ボンドとは何か ファイナンスによる社会イノベーションの可能性』ミネルヴァ書房

緒方貞子（2011）「人々を取り巻く脅威と人間の安全保障の発展」日本国際問題研究所（『国際問題』7 ／ 8 月合併号）

JICA 緒方貞子平和開発研究所（2022）「今日の人間の安全保障 vol.1 March 2022 創刊号　人間の安全保障を再考する」

国連開発計画（2022）「人新世の時代における人間の安全保障への新たな脅威：より大きな連帯を求めて（概要）」

https://www.undp.org/ja/japan/publications/renxinshinoshidainiokerurenjiannoan quanbaozhanghenoxintanaxiewei-yoridakinaliandaiwoqiumete（最終参照日　2022. 08.31）

6 | 市民社会組織の役割

関　正雄

《学習の目標＆ポイント》　持続可能な社会の実現を担う重要な主体の１つとしての，市民社会組織（NPO／NGO）に焦点を当てて，その役割の特色・歴史・分類・活動事例・今後の課題等について学ぶ。特に，持続可能な発展に必要とされる，問題の根本的解決につながるようなアドボカシー活動の意義と重要性を理解する。

《キーワード》　市民社会組織，NPO と NGO，CSO，ミッション，アドボカシー，Climate Action Network，クラスター爆弾禁止条約，セーブ・ザ・チルドレン，権利ベースのアプローチ

1. 市民社会組織とは何か

（1）　市民社会組織の定義

市民社会組織は，通常，NPO（Non-profit Organization：非営利組織）または NGO（Non-governmental Organization：非政府組織）と呼ばれている組織を指す。

厳密に定義づけることは難しいが，いずれの組織にも共通に当てはまる重要な組織の特性は，「非政府かつ非営利の立場に立って，市民等が主導して自発的に公益的な活動を行う組織体」であると言うことができる。すなわち，以下のすべての性格を備えた組織が市民社会組織であると言えよう。

①非政府性
②非営利性

③自発性

④公益性

⑤組織性

したがって，単なるボランティア活動は市民社会組織ではない。永続的な活動を目指す事業体として組織化されていなければならない。また，事業による収益を得ることはかまわないが，それは事業の維持・拡大のために再投資されなければならず，出資者や個人に配分することはできない。そして活動目的には公益性がなければならない。例えば，1998年に施行された「特定非営利活動促進法（いわゆる NPO 法）では，NPO の法人格取得の要件として，まちづくり，災害救助，環境保全など列挙した20の分野で公益の増進に寄与することを目的とするもの，と定めている。

（2）　NPO と NGO の違い

NGO は元々国連用語で，その名の通り政府代表以外を総称的に指す言葉であった。国連と協力関係にある非政府の主体を指し，宗教団体，社会運動団体，労働団体から経済・業界団体までを広く含む概念であった。やがて，なかでもとりわけ前述の性格を備えた民間の非営利団体を NGO と呼ぶようになってきた。

他方，NPO は米国を中心に使われてきた言葉である。欧州における政府の桎梏から脱した人々が建国した，自由の国である米国の理念は「小さい政府」であり，政府に頼らず社会課題を市民の力で解決しようとする志向が強かった。事実，さまざまな民間の団体の活動が盛んであり，寄付の文化が根づいている社会でもある[1]。そうした伝統を背景に，米国では企業のサステナビリティ報告書に「よき企業市民」を信条とする "Corporate Citizenship Report" という名称を使う企業が多かった。

1　内国歳入法では，さまざまな民間団体のうち，税制優遇を受けられる公益的な非営利団体の資格要件を501(c) 3 に定めている。

98

NPO と NGO は，実際には厳密に使い分けられているわけではない。しかし，世界では，多くの国々で，また国際会議の場などでは，NGO という呼称が一般的である。日本国内では，逆に包括的に NPO と呼ぶのが一般的であり，使い分ける際には，国際的な課題に取り組む団体をNGO，国内の問題に取り組む団体を NPO，と称することが多い。また，非政府性を強調するときは NGO，非営利性を強調するときは NPO，という使い分けをする場合もある。

（3）　CSO という言葉が意味するもの

NPO，NGO と同義ではあるが，特に市民性やミッション性を強調した言い方として，CSO（Civil Society Organization：市民社会組織）という言葉がある。NPO と NGO も，この CSO に含まれることになる。

NPO，NGO とも，「非」営利，「非」政府，という否定形で組織の性格を表現している。CSO という呼称は，こうした消極的な表現ではなく，より積極的に「市民社会」という自己のアイデンティティを強調した表現となっているのがその特徴である。

ここで言う「市民社会」については，その解釈につきさまざまな議論がなされてきたが，国際政治学の立場から坂本義和は「人間の尊厳と平等な権利との相互承認に立脚する社会関係がつくる公共空間」と定義している。そして「そうした規範意識をもって実在している人々が市民なのである[2]」と述べている。

民法学の立場から星野英一は，規範概念としての市民社会とは「一人一人がかけがえのない存在である，自由，平等で自立した人間が自由意思によって取り結ぶ社会」であり，その社会的意義は，政治権力や経済的支配力からの独立性を保ちつつ「自由で平等な人間の，人間らしい生活，人間にふさわしい真善美聖等の価値の探求，広く現在・将来の社会

2　坂本義和（1997）『相対化の時代』岩波書店　p.43

（国際社会を含む）の福祉を求めて連帯する，各方面における団体・財産体とその活動という点にある。」とする[3]。

　つまり，今日的な解釈を加えて言うならば，グローバル化が進むなかで，根源的・普遍的な価値として人間の尊厳や平等といった理念を共有しつつ，包摂的で持続可能な社会の実現を目指して，自発的連帯の下に政府・企業などの主体と共に行動する市民組織群と，その行動を支持する市民によって形成される自律的な公共空間を，「市民社会」ととらえることができる。

　環境保護や貧困の撲滅といった地球規模の課題に取り組むうえで，領域国家中心のウェストファリア体制の限界が露呈し，国家の相対的な弱体化が進んだ。また一方で，経済はボーダーレス化をさらに加速させており，企業が地球規模で自然資本や社会資本に与えるポジティブ・ネガティブ両面でのインパクトはますます大きくなってきている。

　政治，経済の領域空間やそれぞれの主役としての政府，企業だけでは解決できないグローバル社会における問題について自ら取り組むとともに，規範意識に基づき政府や企業に対峙してあるいは協力して能動的に働きかける存在が，市民社会という領域空間であり，活動主体である市民社会組織なのである。したがって，今やまさに普遍的価値となった持続可能な発展のために，つまりはSDGsの達成のために，地球市民として他の主体との相互作用を通じ

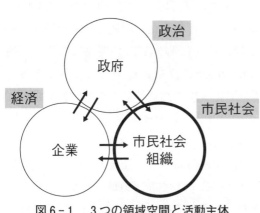

図6-1　3つの領域空間と活動主体

3　星野英一（1998）『民法のすすめ』岩波書店　p.120

て社会の大変革（トランスフォーメーション）を促進するのが，市民社会組織の今日のとりわけ重要な役割であると言えよう。

　以上の理解を前提として，以降では，地球規模課題の解決に取り組む市民社会組織，つまりNGOに焦点を当ててその実際の役割を考察していく。

2. NGO の歴史

（1）　NGO の歴史

　NGOは元々国連用語であり，公式文書としては1946年の国連憲章に初めて登場している。国連憲章第71条では，「経済社会理事会（ECOSOC[4]）は，その権限内にある事項に関係のある非政府組織（Non-governmental Organizations）と協議するために適当な取り決めを行うことができる」としている。これは，NGO協議制度と言って，一定の要件を満たすNGOに協議上の地位（consultative status）を付与したものである。国連のミッションを実現するうえで欠かせないパートナーとしてのNGOの役割への期待を示すものである。

　その後，東西冷戦終結で地球規模の諸課題への関心が高まった1990年代前半の国連会議には，NGOを広く召集した。国連と地球市民的思想に基づいて行動するNGOとは，いわばWin-Winの関係にある。国連は，市民参加により新たな政治的正統性を獲得することができる。NGOの側でも，国連との協働で正統性を高め社会からの信頼を得ることができる。実際，1992年の国連リオ地球サミットには1,400ものNGOが参加資格を得て，会議の準備段階から積極的に参画していった。

　NGOは自国政府を通さずに，国連の場で市民社会の主張を直接国際政治に伝えることができる。やがて，国レベル，地域レベル，グローバル・レベルでNGOのネットワーク化が急速に伸展し，その影響力は増

4　ECOSOCは United Nations Economic and Social Council の略語。

NGO代表は，国連会議での指定席を持ち発言権がある

国連気候変動枠組条約締約国第15回会議（COP15）
コペンハーゲンにおいて関が撮影
図6-2　気候変動 COP15における NGO

していく。NGO のネットワーク化が進んだ背景には2つの要因があっ
た。1つは冷戦終結という情勢変化および「地球市民社会」概念の台頭
であり，もう1つは情報通信技術の飛躍的な進展である。

3. NGO の分類と活動事例

（1）　NGO の分類

　NGO には，大別して事業型，アドボカシー型，ネットワーク型とい
う3つの活動類型がある。
　事業型 NGO は，草の根 NGO とも言うべき，支援を必要とする人々
に寄り添って途上国などの現場で活動する NGO である。被災者や難民
への人道支援活動などの緊急支援だけではなく，医療・教育・農業など
それぞれの専門分野で人材育成に携わったり，政府開発援助や国際協力
機関のプログラムに加わって活動したりする。主に，得意分野において

シングル・イシューでの支援活動を行う。

　アドボカシー型 NGO は，各国政府や国際機関などに働きかけて政策提言を行ったり，企業に対して情報公開を求めたり，場合によってはキャンペーン活動を行って働きかけたりする。専門性の高いスタッフを擁して調査提言の報告書を発表するなど，社会への問題提起や市民の啓発を行うのも重要な役割である。欧米諸国では豊富な資金と人材で，社会に対して大きな影響力を持つこのような NGO がいくつも存在する。

　ネットワーク型 NGO は，深刻化する地球規模課題などに対する活動の影響力を強めるために，複数の NGO がグループとして活動する形態である。人的，物的，資金的なリソースを共有することで，国内外において大きなプレゼンスを示すことができる。個々の会員 NGO を束ね，その活動を支援したり，共同メッセージを出したりという活動を行う，いわゆる中間支援団体（日本では日本 NPO センター，国際協力 NGO センターなど）もこの範疇に属する。

　ただし，個々の NGO はこのうちの1つだけの型に当てはまるとは限らない。WWF，オックスファム，セーブ・ザ・チルドレン，といった強大な国際 NGO は多機能型であり，草の根の事業も行いながらアドボカシーに力を入れ影響力を発揮している。ネットワーク型 NGO も，意見を取りまとめて政策提言を行う場合が多い。

（2）　NGO の実際の活動事例
事例1：気候変動国際交渉における CAN の役割

　気候政策や国際交渉において大きな存在感を発揮している，CAN（Climate Action Network）という世界の環境 NGO のネットワーク組織がある。1989年に設立され，130か国，1,500を超える NGO が参加している。日本からは，高い専門性を持つアドボカシー型 NGO である気

出典：eco のホームページ
https://climatenetwork.org/resource/
eco-9-cop25-english/（最終参照日 2022.
08.31）

**図6-3　CAN が気候変動国際
会議で発行するニュースレター**

候ネットワークが，古くからの CAN の
一員として参加している。

　毎年開催される気候変動枠組条約締約
国会議（COP）での CAN の存在感はと
ても大きい。例えば，開催期間中に数多
く並行して開かれる分科会に手分けして
参加し，交渉経過などを把握して毎日
「eco」という新聞を独自に発行してい
る。交渉で何が起きているか，何が注目
すべき動きなのか，NGO の目からみて
の論評や主張を交えて報じている。各国
政府の交渉担当官などの会議参加者に
とっても，大変有用な情報ソースとして
幅広く読まれ活用されている。また，大
人数の代表団を送ることができない小国
は，同時開催される分科会のごく一部に
しか参加できないので，CAN のメンバーが代理として参加して他の会
議内容を報告するなど，途上国政府代表の仕事を補佐することまでやっ
ている。

　また，各国の代表団を叱咤激励する意味を込めて，有名な「化石賞」
の表彰を行っている。これは「化石燃料」と「生ける化石」という皮肉
を込めた，不名誉な賞である。交渉過程において後ろ向きな発言や行動
をした国を，名指しして化石賞授与の表彰式を行うパフォーマンスは，
メディアでも取り上げられるので，各国政府にとってプレッシャーとな
る。残念なことに，日本政府もこの化石賞を過去何度も受賞してきた。

　会議全体に対する抗議の意思表示としては，例えば COP19 ワルシャ

ワ会議で，交渉が遅々として進まないことに抗議して，参加 NGO が一斉に会場の外に出るウォークアウト（walkout）というパフォーマンスを行った。こうして COP 会議における政府間交渉を前進させるために，いろいろな形で深く関わってきたのが，ネットワーク NGO である CAN である。

　なお，CAN はメンバー NGO の数を増やしてきたが，近年は人権や開発系の NGO が加盟する動きが目立ってきた。専門領域が違うのに，と思いがちだが，人権問題の解決を考える場合にその根本原因にまでさかのぼってみると，そこに気候変動の悪影響がある。そして，そうした悪影響に対してとりわけ脆弱な人々や国々の立場に配慮する必要がある。よって人権 NGO も気候変動問題の交渉に積極的に関わるべきだ，との考えが強まっているのである。

事例 2 ：クラスター爆弾禁止条約と CMC

　NGO の活動が新たな条約の採択・発効につながるという成果をあげた例がある。2010年 8 月 1 日に発効したクラスター爆弾禁止条約（オスロ条約）だ。クラスター爆弾の人道上の懸念に対処するための包括的な条約で，初めてクラスター爆弾の国際的な定義とその禁止が定められた。

　クラスター爆弾は，コンテナーと呼ばれる入れ物に数個から数百個の子爆弾が入った爆弾である。このコンテナーが航空機から投下されたり地上の大砲やロケットで発射されたりすると，コンテナーの蓋が空中で開き，子爆弾をばらまく仕掛けになっている。この兵器の問題は，以下の点である。

　①広範囲に散らばる無差別兵器であり，多くの民間人を巻き込むこと。
　②子爆弾は片手でひろえるほど小さいので，子どもが犠牲になりやすいこと。

③不発率が高いため，地雷同様，紛争後も危険な状態が長く続くこと。

④不発弾の除去は大きな危険を伴うので，年月と多くの費用がかかり
　復興の足かせになること。

条約化の発端は，NGO がクラスター爆弾の非人道性を告発したこと
である。ヒューマン・ライツ・ウォッチ，ランドマイン・アクションな
どが，コソボ紛争での実態調査などの報告書を1999年から2000年にかけ
て発表した。

その後，米・ロ・中などクラスター爆弾を多数保有する大国の反対で
行き詰まる政府間国際交渉をみて，NGO 有志が2003年にクラスター兵
器連合（CMC：Cluster Munition Coalition）をハーグにて立ち上げる。
CMC は禁止に関心をいだく中堅諸国を招いて，ブレーンストーミング
会議を実施した。そのなかで，ノルウェー政府がイニシアチブを発揮し
て NGO との協働方式による条約づくりに乗り出した。

2007年2月にオスロで開催された会議では，クラスター爆弾の禁止を
目指す「オスロ宣言」が採択され，オスロ・プロセスが始まった。その
後，数回の会議が開かれ，2008年5月にクラスター爆弾禁止条約（通称，
オスロ条約）が採択されたのである[5]。

CMC は，その後もクラスター爆弾禁止条約を世界に広め，その完全
実施によってクラスター爆弾の危険から市民を守るために活動している。
80か国の300以上の団体がメンバーとなっており，日本の JCBL（特定
非営利活動法人 地雷廃絶日本キャンペーン）は CMC の設立当初から
のメンバーである。

以上のように，クラスター爆弾禁止条約策定のきっかけをつくり，ノ
ルウェーなどと協力して条約発効にまでこぎつけた NGO の役割は大き
かった。クラスター爆弾を大量に保有する超大国が条約を批准していな
い，という意味で条約の実効性に限界があるのも事実であるが，この条

[5]　経緯などは，参考文献にあげた目加田（2009）「行動する市民が世界を変えた」に詳し
い。当初条約に反対だった日本政府の姿勢を変えた NGO の影響力などにも言及している。

約化の一連のプロセスを通じて，軍事大国間の軍縮交渉によるのではな
く，中堅国家と NGO が主導するという全く新たな枠組みで，理念を条
約という形で具現化できたことの意義は大きい。

　また，クラスター爆弾に関しては，NGO は条約化という国際政治へ
の関与だけではなく，経済にも働きかけた。ベルギーの投資禁止法成立
に関わった NGO の活躍である。オスロ・プロセスに先立って，クラス
ター爆弾の製造と投資に関する会合が開催された。2005年，ベルギーの
NGO，HI ベルギーがクラスター爆弾全面禁止キャンペーンをスタート
させた。ヒューマン・ライツ・ウォッチなどの NGO とともに，金融機
関対象のセミナーを開催して，責任ある投資の観点から金融機関や市民
へ強く働きかけ，その結果，クラスター爆弾製造企業への投資を停止す
る参加金融機関も出てきた。2007年，ベルギー議会は議員立法で，世界
で初めてクラスター爆弾への投資を禁ずる法律を成立させ，その動きは
フランスやニュージーランドなどにも広がったのである。

　また，北海油田からの収入を原資とし世界最大級の政府年金基金であ
る，ノルウェー政府年金基金グローバルは，オスロ・プロセスに先駆け
て，クラスター爆弾の製造・販売などに関わる企業を投資先から除外す
る行動をとっていた。同年金基金は，クラスター爆弾以外にも核兵器な
どの非人道的兵器に関わる企業，児童労働や森林破壊に関わっている企
業などを政府の倫理委員会の決定に基づいて投資先から排除しており，
いわゆるネガティブ・スクリーニングの手法を早くから採用してきた代
表的な機関投資家である。全世界の企業の株式の１％を保有するとも言
われ，大きな影響力を有している。また，オスロ条約は，他の欧州各国
の公的年金が同様の投資方針を採用することにも影響を与えた。

　条約化やこうした投資家の行動は，実際に企業の行動変容をもたらし
た。米国やシンガポールの企業がクラスター爆弾の製造から撤退する，

という結果につながったのである。このように，政府や企業・金融機関に対して働きかけ，条約という国際ルールをつくり，経済活動を変えさせる力を持っていることを示したのが，クラスター爆弾をめぐるNGOの動きである。

事例3：セーブ・ザ・チルドレンのケース

　セーブ・ザ・チルドレンは，世界最大級のネットワーク団体として，120か国で活動している。1919年にエグランタイン・ジェブという女性によってイギリスで創設された。創設者は，第一次世界大戦後の飢えに苦しむ子どもたちの惨状を何とかしようと，妹のドロシー・バクストン

出典：セーブ・ザ・チルドレン・ジャパンのホームページ
https://www.savechildren.or.jp/about_sc/history/index.html（最終参照日 2022.08.31）ⒸNational Portrait Gallery, London
図6-4　セーブ・ザ・チルドレンの創業者

と活動を開始した。2人は「敵に食料を与える」ことへの批判を乗り越え，戦争で荒廃しきったヨーロッパの子どもたちを救うため，食料と薬を送った。

　セーブ・ザ・チルドレンの哲学は世界中に広がり，志を同じくする人々によって，同じ名前を冠した団体が世界各国で作られることとなった。セーブ・ザ・チルドレンは，子どもたちはただ援助を待つだけの「無力な存在」ではなく，独自の考えと能力を持った「まだ若い人間」であるとみなす。つまり支援の客体ではなく，権利の主体であるととらえて，大人は子どもたちの権利行使を妨げている障害を取り除き，権利を実現する義務がある，とするのである。こうした考え方

を「権利ベースのアプローチ」と言う。

　1923年に「子どもの権利宣言」を起草したのは，セーブ・ザ・チルドレンの創設者であるエグランタイン・ジェブである。そのなかで，子どもは，満足のいく生活を送る権利を持ち，それを子どもに与える義務を持つのは政府や家族，大人たちであるとした。1924年，この宣言は国際連盟によって採択され，続いて1959年には，国連憲章の一部として国連によって採択された。その後，条項が見直され，1989年11月20日の国連総会において条約として全会一致で採決された。条約では，「生きる権利，育つ権利，守られる権利，参加する権利」の4つを，子どもの権利の4つの柱としている。この「子どもの権利条約」は，現在最も広く認知された国際法であり，世界のほとんどの国が批准している。

　また，セーブ・ザ・チルドレンは子どもの権利だけではなく，より広い視点でSDGs策定にも積極的に関わって，まとまった提言を行っている。第2章で触れたように，「私たちの世代で貧困に終止符を」は，ポストMDGsに向けて2013年1月に発表されたセーブ・ザ・チルドレンのビジョン提言書である。そこには包括的な10の目標と各目標の具体的なターゲットまでが提案されている。ポストMDGsはのちに2015年にSDGsとして国連で採択されるが，当時はまだ国連ハイレベルパネル（諮問委員会）が議論している段階であった。できあがった草案に意見するのではなく，こうした初期段階から，目標とターゲット，指標まで明らかにした体系的かつ具体的な提言書を自ら発表することも，NGOの政策提言活動として重要なアクションの1つである。

　なお，セーブ・ザ・チルドレン・ジャパンは1986年に設立され，日本のNGOにおいては極めてまれな，アドボカシー専任のグループを持っており，世界共通のアドボカシーテーマや日本独自のテーマに取り組んでいる。セーブ・ザ・チルドレンによるアドボカシーの定義は，「子ど

もたちの生活にポジティブな変化をもたらすために，子どもたちとその
家族，地域の人々と直接活動している経験と知見に基づき，外部の政策
や行動に影響を及ぼすための組織的活動」である。ここで重要なのは，
アドボカシーのバックグラウンドとして，セーブ・ザ・チルドレンが世
界最大とも言われるネットワークと活動現場を持っている点である。そ
の豊かな経験に裏打ちされているからこそ，説得力があり実効性が高い
解決策を提言できるのである。

　セーブ・ザ・チルドレンの数多くのアドボカシー活動の具体例として，
「子どもの権利とビジネス原則」の策定および普及への努力がある。同
原則は，子どもの人権への負の影響を予防し対処するために企業がとる
べき行動と，子どもの権利の推進と実現のために企業がとることが推奨
される方策，の２つの観点からまとめられている。国連ビジネスと人権
に関する指導原則に基づいており，2012年に国連グローバルコンパクト，
ユニセフとの連名で発表された。10の原則からなっており，原則１が経
営に組み込むための基本的行動，残りの９つの原則は，原則１を踏まえ
て職場・市場・地域社会と環境の各分野で具体的にとるべき行動を明示
している。セーブ・ザ・チルドレン・ジャパンは，国内でこの原則の普
及に力を入れるとともに，日本独自の「子どもに影響のある広告及び
マーケティングに関するガイドライン」を策定し，当事者である企業や
消費者などのステークホルダーを巻き込みながら，普及活動を行ってい
る[6]。

4. 今後の課題と展望

　以上，グローバルな課題の解決に取り組む NGO の，果たすべき役割
と活動の実際をみてきた。とりわけ，問題の根本的解決を目指すアドボ
カシー活動の意義と重要性に焦点を当ててきた。こうした活動を今後さ

---

[6]　セーブ・ザ・チルドレンの活動については，同団体のホームページでの公開情報と，
アドボカシー部長の堀江由美子氏のご講演資料および同氏へのヒアリング内容を参考にさ
せていただいた。

らに強化するための，市民社会組織の課題とは何なのかを考えてみたい。

（1）　市民からの支持の拡大

　市民社会組織は，地球規模の課題を解決し持続可能な発展を実現する
うえにおいて不可欠の存在であることは間違いないが，同時に，その役
割を理解して，何らかの形で活動に参加したり，共感を持って活動を支
えたりする一人ひとりの市民の力が大きな意味を持っている。その意味
で，市民社会組織のパワーの源泉は市民からの支持なのである。

　環境分野，開発・人権分野などで強い存在感と影響力を持って活動す
る欧米の強大なNGOの多くは，政府からの資金支援も受けているが，
膨大な数の個人会員からの会費や寄付の収入に支えられている。この点
は，その多くが規模が小さく財政基盤も十分ではない，日本のNPO，
NGOにとっては以前から抱えている大きな課題である。

　市民からの支持が市民社会組織の正統性の源泉であるのと同時に，安
定した年会費収入は組織の運営基盤として極めて重要である。強固な財
政基盤があって，はじめて優秀な人材の安定的確保も可能となるし，ひ
いては社会的影響力と社会的信頼の獲得も可能となる。

　また，NGOへの市民の支持を高めるためには，NGOがもっと自分た
ちの理念や活動を市民にわかりやすく伝える必要がある。身近な地域の
問題解決に取り組むNPOと比べると，遠い非日常の世界での活動と受
け止められがちなNGOにおいては，特に必要な点である。それととも
に，市民側にも，市民社会という公共空間の重要性と自分がその構成要
素であることを自覚し，NGOの活動に関心を持って意識と行動を変え
ていく努力が求められる。

（2）　自らのアイデンティティ再確認と他者との連携強化

　現代は，第14章で詳述するように，政府・企業・市民社会などが一体
となってマルチステークホルダーで課題解決に取り組むことの必要性が，
強く叫ばれている時代である。市民社会組織は，こうした連携の結節点
となり大きな変化への触媒ともなって，連携を促進する役割を果たすこ
とができる。それは，世界共通の普遍的理念に立脚しているからこそで
あり，自らの市民社会というアイデンティティを守り・強化していくこ
とが極めて大切である。政府や企業と交わりつつも，緊張感を生み出し
カウンターバランスをとる存在として，自らの原点とその役割を見失っ
てはならない。そのうえで，市民社会組織は，政府や企業等への働きか
けにおいて，より成熟度を高めた連携を目指す必要がある。

　また，これまで協力関係を築いてきた国連をはじめ国際機関との連携
はさらに強める必要があるし，それぞれが専門分野の活動に没頭しがち
だった他の NGO との間での，分野や地域を超えたネットワーク型の連
携も深めていく必要がある。力をつけ存在感を増してきた途上国の
NGO（いわゆる南の NGO）と，先進国の NGO（北の NGO）との間で
の連携強化も重要なテーマである。その他，メディアや研究機関，労働
者，消費者などこれまで以上に多様な主体との協働を働きかけていく必
要がある。とりわけ今後は，影響力を強めグローバルな存在感を増して
いる企業および投資家との連携が，極めて重要である。社会との関係を
みつめ直し，自社のパーパス（存在意義）を持続可能な発展とシンクロ
させようとする企業が増えてきており，それを求める投資家の声も強
まっている。市民社会組織は，単にウォッチドッグ（番犬）として警告
を発し批判するだけでなく，共に社会を変えていく存在としてそれらの
力を引き出すための，自らの専門性を活かした建設的な提案型の行動が
ますます求められている。

1．明確なミッションを持って，継続的な事業展開をしていること
2．特定の経営資源のみに依存せず，財政面で自立していること
3．事業計画・予算の意思決定において自律性を堅持していること
4．事業報告・会計報告などの情報を積極的に公開していること
5．組織が市民に開かれており，その支持と参加を集めていること
6．最低限の事務局体制が整備されていること
7．新しい仕組みや社会的な価値を生み出すメッセージを発信していること

出典：日本NPOセンターのホームページ

図6-5　信頼されるNPOの7つの条件[7]

（3）　能力向上，ガバナンスとアカウンタビリティ

　効果的な活動を行うためには，市民社会組織は自らを磨くことが必要である。アドボカシーの能力向上，人材・財源の確保など，課題はいろいろある。また，NGOとしての基本的能力と言うべき，批判的精神と建設的な提言力，行動力，対話力，交渉力などの向上は，どれも欠かせない。特にこれからは，異なる立場，多様な意見のステークホルダー間での対話を促進する，ファシリテーター役としてのスキル向上も，求められる重要な能力であろう。

　また大前提として，自らの組織力，特にガバナンスとアカウンタビリティの強化・充実が求められる。社会からの信頼と支持を得るためには，自らのガバナンスとアカウンタビリティを確立しなければならない。この点は，日本においても，NPOの中間支援組織である日本NPOセンターやNGOの中間支援組織である国際協力NGOセンター（JANIC）も，重要性を認識して等しく力を入れている分野である。例えば日本NPOセンターは，信頼されるNPOの7つの条件を策定して浸透を図っている。JANICも，会員NGOの組織力向上を目指して情報提供

7　「各条件の詳細については下記URLを参照されたい。
https://www.jnpoc.ne.jp/?page_id=9878」

やコンサルティングなどの支援メニューを充実させるほか，支援の質とアカウンタビリティ向上を目的とした NGO の国際的なネットワーク活動にも参加している。

　以上の課題に取り組むことで，市民社会という公共空間の重要性を示しつつ，地球市民として普遍的な価値の実現を働きかける NGO は，その役割をこれまで以上に発揮することができる。そして，私たちが目指す，誰ひとり置き去りにしない未来社会へのトランスフォーメーションを実現するための，真の原動力になり得るであろう。

参考文献

山岡義典編著（2005）『NPO 基礎講座（新版）』ぎょうせい

田尾雅夫・吉田忠彦（2009）『非営利組織論』有斐閣

功刀達朗・野村彰男編著（2008）『社会的責任の時代―企業・市民社会・国連のシナジー』東信堂

坂本義和（1997）『相対化の時代』岩波書店

星野英一（1998）『民法のすすめ』岩波書店

目加田説子（2009）『行動する市民が世界を変えた―クラスター爆弾禁止運動とグローバル NGO パワー』毎日新聞出版

美根慶樹編（2011）『グローバル化・変革主体・NGO―世界における NGO の行動と理論』新評論

今田克司・原田勝広（2004）『連続講義　国際協力 NGO―市民社会に支えられる NGO への構想』日本評論社

Michael Edwards（2020）"Civil Society― 4th edition" Wiley

外務省・JANIC（2022）「NGO データブック2021　数字で見る日本の NGO」JANIC ホーム ページ　https://www.janic.org/blog/2022/04/22/ngodatabook 2022/（最終参照日　2022.08.31）

イアン・スマイリー（著）笠原清志（監訳）立木勝（訳）（2010）「貧困からの自由―世界最大の NGO-BRAC とアベッド総裁の軌跡」（明石書店）

7 | 消費者・生活者の役割

| 関　正雄

《学習の目標＆ポイント》　持続可能な社会構築のための重要なアクターである，消費者・生活者の役割に焦点を当てる。消費者保護から自立した消費者へという，消費者の権利と責任をめぐる議論の展開を理解しつつ，今後求められる持続可能な社会に向けた消費者の役割・責任とは，そしてそれを支えるステークホルダーの役割とは何かを理解する。

《キーワード》　消費者の権利と責任，消費者市民社会，倫理的消費，フェアトレード，認証ラベル，持続可能な生産と消費，企業の果たす役割，システム変革

1.　消費者の権利と責任に関するグローバルな規範

（1）　ケネディ大統領が示した4つの権利

　　まず，消費者と社会との関係について，権利と責任の2つの観点から歴史的推移を振り返っていきたい。議論の出発点は消費者の権利である。消費者の権利については，1962年にケネディ大統領が「消費者の権利保護に関する大統領特別教書」で示した「安全への権利」，「知らされる権利」，「選ぶ権利」，「意見を聞いてもらう権利」の4つの権利が，その後の国際的な議論や日本の消費者保護基本法（1968年）などに大きな影響を与えた。

（2）　国際消費者機構が定める8つの権利と5つの責任

　　各国の消費者運動組織の連合体でありグローバルな影響力を持つ，国

際消費者機構（CI: Consumer International）は，ケネディ大統領が示した 4 つの権利をベースにした消費者の 8 つの権利を提案するとともに，消費者の 5 つの責任を加えて1982年に発表した。消費者の責任には，社会的関心を持つこと，環境への自覚を持つこと，行動する責任などを挙げている。権利に加えて，いち早く責任にも言及して世界に広めようと動いたのが消費者団体自身であったことに注目すべきであろう。

8つの権利	5つの責任
安全が確保される権利	批判的な意識を持つ責任
選択する権利	行動する責任
情報が与えられる権利	社会的関心を持つ責任
意見が反映される権利	環境への自覚の責任
消費者教育を受ける権利	消費者として団結する責任
被害の救済を受ける権利	
基本的生存の権利	
健全な環境で暮らす権利	

図 7-1　CI による消費者の 8 つの権利と 5 つの責任

　なお，権利と責任は裏腹の関係にある。権利を守るためにも消費者は批判的精神や関心を持って行動する責任があるし，逆に社会や環境への責任を果たす行動をとるためには，消費者が十分な情報を得る権利や教育を受ける権利が欠かせない。

（3）　国連消費者保護ガイドライン

　国連消費者保護ガイドラインは，1985年に国連総会において全会一致で採択された，消費者保護において最も重要な国際文書である。このガイドラインも，もともとは消費者の権利に基づいて，消費者を保護するための加盟国の政策指針を定めたものであった。しかし，1999年に拡充

(a) 消費者による必需品・サービスへのアクセス

(b) 脆弱で恵まれない消費者の保護

(c) 健康と安全に対する危害からの消費者の保護

(d) 消費者の経済的利益の促進及び保護

(e) 消費者の個々の希望やニーズに従い，十分な情報に基づく選択を可能にするための十分な情報へのアクセス

(f) 消費者の選択の環境，社会，経済への影響に関する教育を含む消費者教育

(g) 効果的な紛争解決及び救済策が利用可能なこと

(h) 消費者及びその他の関連団体または組織を結成する自由並びに当該組織に影響を与える意思決定のプロセスにおいて見解を示す機会

(i) 持続可能な消費形態の促進

(j) 電子商取引を利用する消費者への保護の水準が，その他の形態の商取引を利用する場合に与えられる保護の水準を下回らないこと

(k) 消費者のプライバシー保護及び情報のグローバルかつ自由な流通

出典：消費者庁による仮訳

図7-2　国連消費者保護ガイドライン

され，図7-2の(i)にあるように持続可能な消費に関する条項が追加された。その後，2015年には電子商取引やプライバシー保護などの原則が追加され，さらなる充実が図られている。

　この国連ガイドラインの変遷において注目すべきは，1999年の持続可能な消費の追加である。ガイドラインではその概念として，「持続可能な消費には，物品・サービスに対する現在及び将来の世代のニーズを，経済的，社会的及び環境的に持続可能な方法で満たすことが含まれる。」としている。表題にある「消費者保護」の範疇を超え，より広い社会課題解決の視点を持って，持続可能な消費形態を実現するために加盟国の

なすべきことを述べているのである。

　また，重要な点として，責任主体に関しても従来の「加盟国が取るべき行動の原則」という枠組みを拡大している。同ガイドラインにおいては，加盟国政府がなすべきことも定める一方で，持続可能な消費に対する責任は社会におけるすべての人々及び団体によって共有されるとして，消費者，加盟国，事業者，労働団体，消費者団体や環境団体を例示しながら，特定の主体だけの役割ではないことを強調している。

　以上，グローバルな規範の変遷を追ってみると，保護の対象としての消費者とその「権利」の実現という元々からの視点に加えて，みずからの行動の社会的影響を考えた「責任」ある自立した主体としての消費者像へと，視点が広がり進化してきており，他の主体とともに持続可能な社会を実現する，消費者の社会的「役割」の視点が欠かせない要素として組み込まれるようになってきたのである。

2. 日本の消費者政策の変遷

（1） 保護の対象としての消費者から，自立して行動する消費者へ

　以上のグローバルな流れは日本国内においても同様である。1968年の消費者保護基本法においては，弱い立場の消費者を保護することが立法の主眼であったが，2004年には改正され名称から保護が消えて「消費者基本法」となった。内容的にも，消費者政策の基本理念を拡張して「保護」から，消費者の「自立」とそのための支援を含むものへと大きな転換を遂げている。その後，2009年の消費者庁の創設でも，自立した消費者・生活者が主役となる社会を実現することがうたわれた。さらに2012年には，議員立法により「消費者教育の推進に関する法律」いわゆる消費者教育推進法が成立した。同法では，「消費者市民社会」という理念が強調されている。自らの権利を守るとともに責任を持ち，求められる

役割を果たす消費者であるためには，消費者教育が極めて重要であるとして「消費者市民教育」の重要性を訴えた。

（2）　消費者市民社会および消費者市民教育

　すでに2008年の消費者白書においても「消費者市民社会」という用語自体は用いられていたが，消費者教育推進法で，法律において初めて「消費者市民社会」が定義されることとなった。同法第2条第2項では，消費者市民社会を「消費者が，個々の消費者の特性及び消費生活の多様性を相互に尊重しつつ，自らの消費生活に関する行動が現在及び将来の世代にわたって内外の社会経済情勢及び地球環境に影響を及ぼし得るものであることを自覚して，公正かつ持続可能な社会の形成に積極的に参画する社会」と定義している。また同第2条第1項ではそうした消費者市民社会をつくるために必要な消費者市民教育に言及している。すなわち「この法律において『消費者教育』とは，消費者の自立を支援するために行われる消費生活に関する教育（消費者が主体的に消費者市民社会の形成に参画することの重要性について理解及び関心を深めるための教育を含む。）及びこれに準ずる啓発活動をいう。」として，これまでの消費者の自立を支援する教育という概念を拡張して，消費者市民社会を構成する一員として主体的に行動しその発展に寄与する，つまり，能動的によりよい社会づくりに参画する消費者を育てることを目指しているのである。

　消費者市民社会（Consumer Citizenship）は，ノルウェーをはじめとする北欧を中心に形成され深められていった概念であり，研究者のネットワークなどを通じて消費者市民社会を実現する必要性や，そのための消費者教育の方法・内容などの議論がなされてきた。2010年に発行された社会的責任の国際規格ISO26000（第14章で詳述）の作業部会におい

ても，消費者課題に関する原案は，当初は消費者の保護および消費者の権利が記述の中心であった。日本から「持続可能な消費」，「教育と啓発」，の2点を含めることを提案し，CI も含め参加したマルチステークホルダー構成の作業部会メンバーからの賛同を得た。そこでさらに，ノルウェーの代表からは，「持続可能な消費」を，「消費者市民社会」と変更するよう提案があったが，これは通らなかった。しかし，こうした議論がなされたこと自体，持続可能な発展のために責任ある行動をとる主体としての消費者像への注目が高まっていることを示すものであった。

　その後，消費者庁では持続可能な消費を促進する動きである「倫理的消費」に注目し，調査研究会を設けて，その普及に向けての議論を報告書（2017年）にまとめている。最終報告書の副題は「あなたの消費が世界の未来を変える」であり，まさに「消費者市民」として責任ある消費を行う主体としての消費者の意識および行動に焦点を当てたものであった。例えば，倫理的消費の一形態であるフェアトレードに関して，この分野の先進地域である欧州と日本の認知度の大きな差をあげて，国民の間での幅広い議論や学校教育を通じた消費者の意識向上などを提言している。事業者やメディアなども参加した社会全体でのムーブメントの重要性も指摘しており，消費者の行動だけでなくその行動を促進するために社会全体としてとるべき方策を探るものであった。実際に，国内でも若い世代を中心に倫理的消費はエシカル消費という言葉で浸透してきており，「エシカルファッション」をはじめ消費行動やライフスタイルの変革を呼びかける団体の活動も盛んになっている。

　以上，グローバルおよび国内での一連の流れをみていくと，そもそもは消費者を被害から守るための「保護」と「権利」に力点が置かれていたが，次第に自立した消費者としての「責任」も併せて論じられるようになり，さらには消費行動が社会に与える影響に着目して持続可能な社

会を実現するうえでの消費者の能動的役割発揮を期待する「消費者市民社会」の概念が注目されるようになってきたことがわかる。

（3） 消費者市民としての活動事例

　消費者市民社会の実現を目指して，消費者が積極的に役割を果たすべく活動に取り組む事例の1つとして，日本各地で活動している生活協同組合の1つである，生活クラブの例をあげたい。

　同生協の活動は，1965年に牛乳の共同購入からスタートし，安全で健康によい食品の共同購入がそもそもの事業の柱であったが，やがて地域農業と日本の食糧を守る活動，再生可能エネルギーの共同購入や地域での福祉の自給ネットワークづくりなどへと，事業の幅を広げていった。さらに現在では，エネルギーや気候変動，平和と核廃絶などに関する，市民の啓発および政策提言などのアドボカシー活動も行っている。自らの行動原則として，消費材の10原則，生活クラブのエネルギー7原則，福祉・たすけあい8原則，などを定めており，社会的課題をとらえる視野の広さと目線の高さがその特徴である。

　2022年6月には，「第二次生活クラブ2030行動宣言」を発表し，これまでのSDGsへの取り組みをパワーアップすることを目指している。この新たな行動宣言は，よくありがちなSDGsと自らの既存の活動を単に紐づけるというものではなく，生産者ほかとともに達成困難な課題にも取り組み，バックキャスティングのアプローチで社会を変容させることに，これまで以上に能動的・積極的に関わる意思を明確に示したものである。過去の活動実績をベースにさらにステップアップを図り，消費者が起点となって社会的課題の解決を目指す動きとして注目される。

　なお，「生活と自治」という，生活クラブの活動を直近の時事問題などと関連付け，広い社会的視点に立って記事化している情報誌がある。

毎月発行される「生活と自治」は，広告を掲載せず読者の購読料で経費
をまかなっているクオリティの高い情報誌である。地域社会の課題から
グローバルな課題まで幅広く取り上げて，特集記事や連載エッセイなど
を通じて問題を掘り下げわかりやすく伝えている。生活者一人ひとりが
視野を広げ，消費者市民として考え，声を上げ，行動することを促して
いるのである。

3. 企業は持続可能な消費にどう取り組んできたか

　持続可能な消費は，消費者のみが責任を果たせばよいものではない。
SDGsの目標12にあるように「持続可能な生産と消費」としてセットで
取り組む必要があり，企業はその持続可能な生産と消費の両方に深く関
わっている。その観点から，企業の好取り組み事例を取り上げてみたい。

（1）　ユニリーバのサステナブル・リビング・プラン

　英国に本社を置くグローバル企業のユニリーバは洗剤などの日用品や
食品を世界各地域で消費者に提供している世界的な企業である。また，
サステナビリティへの取り組みで世界をリードしており，多くの企業の
ベンチマークとされている。

　同社は2010年に「ユニリーバ・サステナブル・リビング・プラン」と
いう，消費者を巻き込んだ持続可能な発展に関する企業戦略を打ち出し
ている。企業としてのパーパス（目的・存在意義）として「サステナビ
リティを暮らしの"あたりまえ"に」を掲げ，取り組みの3つの柱とし
て「10億人以上の人々のすこやかな暮らしに貢献する」，「製品ライフサ
イクルからの環境負荷を半減する」，「数百万人の経済発展を支援する」
を定めて取り組んできた。2021年3月には，10年間の取り組みを総括し
た報告書を公表している[1]。

1　Unilever（2021）"Unilever Sustainable Living Plan 2010 to 2020 Summary of 10
years' progress" https://assets.unilever.com/files/92ui5egz/production/16cb778e4d31b81
509dc5937001559f1f5c863ab.pdf/USLP-summary-of-10-years-progress.pdf（最終更新
日 2022.08.31）

同社の取り組みの大きな特徴は，バリューチェーン全体を通じてサステナブルな社会に貢献する戦略を貫いたこと，なかでも消費全般に着目し，消費者の行動変容を促すことに力を入れたことである。例えば，製品のライフサイクルにおける環境負荷について分析して，自社製品の温室効果ガス排出量がどのフェーズで一番多いかを調べた。その結果，例えば製造工程での排出は2％にすぎず，消費段階で61％も排出されていることがわかった[2]。例えば，シャンプー・コンディショナーの場合，使用段階でお湯を使うためエネルギーを消費する。したがって消費段階における排出抑制には，製品設計においてシャワーで洗い流す時間を短くするために，泡切れがよい製品を開発する戦略が合理的である。消費者もその製品の特長を理解して正しく使うことが必要になる。企業の製品開発と普及に，性能を理解して正しく使用する消費者の行動が伴わなければならないのである。そこで，同社はさまざまな製品において消費者の啓発や巻き込みなど，積極的な働きかけを強めてきた。

しかし，10年の取り組みを総括して，ユニリーバはこの消費者の行動変容が難しかったことを率直に認めている[3]。別表に掲げるように，温室効果ガス，水，廃棄物とも，消費フェーズでの環境負荷削減の実績は，自社の製造工程における大幅な削減実績に比べて大きく見劣りする。これは，同社の計画遂行が不十分であったと言うより

	温室効果ガス	水使用量	廃棄物
製造工程	-75%	-49%	-96%
製品ライフサイクル全体	-10%	0%	-34%

出典：Unilever（2021）"Unilever Sustainable Living Plan 2010 to 2020 Summary of 10 years' progress" P.4のサマリーを元に関が作成

図7-3　ユニリーバのサステナブル・リビング・プランの取り組み総括より[4]

2　UNILEVER（2015）"UNILEVER SUSTAINABLE LIVING PLAN — SUMMARY OF PROGRESS 2015" p.5
3　「私たちは，大多数の消費者の行動を変え，よりサステナブルなライフスタイルを実現することが，こんなに難しいとは予測していなかった。」同上レポートのp.5にある，10年間で学んだこと（Key learnings）の記述から（翻訳は関）。
4　製造工程は，生産量1トンあたり，製品ライフサイクル全体は消費者の使用1回あたりの数字。

も，それだけ困難な課題に果敢にチャレンジしたことを示すもの，と解釈すべきであろう。野心的な目標を設定しその取組結果を透明性高く開示することは，まさに企業として取るべき行動である。

　ユニリーバは，10年間の取り組みで得られた教訓として，以下の点などを挙げている。

・サステナビリティは消費者にとっては多くの判断要素の１つにすぎず，それへの寄与が容易な，つまり多くの努力を必要とせずしかも楽しいと感じられる製品を開発する必要がある。引き続き，行動科学でいうナッジ（nudge：肘でそっと突く）効果を追求していく。

・環境に優しい行動をより容易に，魅力的にすることに関して，多くの学びがあった。

　また，今後に向けて必要なこととして，以下のように述べている。

・なぜ行動変容が重要なのか，そして同社がどんな行動変容を消費者に求めているかを明確に訴え続けることが必要。

・セクターの垣根を超えて協力し働きかけ，システム全体をトランスフォームする努力にさらに力を入れることが必要。

　とりわけ，システム全体を変革することの重要性と，企業がその変革の推進者となることの必要性については，別項目を建て，再エネの拡大を例にとって以下のように記述している。

・再エネ発電にも自ら取り組んだが，１社の努力ではシステム変革はできない。他の業界にも働きかけるとともに，市場に再エネ化を求める需要があることを示し，再エネ推進政策の意思決定者が勇気をもって社会の変革を進められるようにしていくことが重要。

・政策アドボカシーチームによる働きかけをさらに強め，サステナビリティにおいて最もクリティカルな「システムの変革」を後押しする[5]。

5　以上の総括も，前出レポートのp.5にあるKey learningsの内容を関が訳し，再構成したもの。

つまり，消費者への行動変容への働きかけをさらに工夫して強める一方で，その行動変容を意味のあるものとするためにも，よりマクロ的な視点で企業が大きな社会経済システムの変革に能動的に関わることの重要性と，今後に向けた決意を明確に述べているのである。脱炭素以外でも，例えば海洋プラスチックごみ問題が深刻化しているが，同社は容器の素材変更や自らの販売量を上回るプラスチック容器の回収に取り組むなどの個別アクションを行うだけでなく，目指すべき完全な資源循環型社会をつくるために何をすべきか，多くのステークホルダーとともにシステム全体の変革に取り組む意思を明確に表明し，政府など関連するステークホルダーに協働を働きかけている。

4. 消費者向けの情報やツール

（1） 認証ラベル

消費者が身近な買い物を通じて持続可能な消費を実践するための情報として有用なものの1つが，認証ラベルである。これは，商品が環境や人権・労働など求められる社会的基準を満たしているかどうかを，専門機関が調べて認定した証として商品に表示されるラベル（マーク）である。商品によってさまざまな認証ラベルが開発され運用されている。例えば，木材や紙に関する FSC 認証，海産物に関する MSC「海のエコラベル」，パーム油に関する RSPO 認証，チョコレート・コーヒーなどに関する国際フェアトレード認証，などがある。

例えば，国際フェアトレード認証の基準は，図7-4に掲げるように，広く経済・社会・環境の3要素を含んでいる。このうち，環境面は農薬使用の削減や遺伝子組み換え品の禁止など，消費者自身の健康にも関係する項目が多く，多くの消費者はもともと関心が高い。一方で，児童労働・強制労働といった社会面や，国際フェアトレード基準の最大の特徴

経済的基準
- ・フェアトレード最低価格の保証
- ・フェアトレード・プレミアムの支払い
- ・長期的な取引の促進
- ・必要に応じた前払いの保証など

社会的基準
- ・安全な労働環境
- ・民主的な運営
- ・差別の禁止
- ・児童労働・強制労働の禁止など

環境的基準
- ・農薬・薬品の使用削減と適正使用
- ・有機栽培の奨励
- ・土壌・水源・生物多様性の保全
- ・遺伝子組み換え品の禁止など

出典：フェアトレード・ラベル・ジャパンのホームページ
https://www.fairtrade-jp.org/about_fairtrade/intl_standard.php
（最終参照日　2022.08.31）

図 7 - 4　　国際フェアトレード基準の原則

でもある，生産者の生活を守る「フェアトレード最低価格」や，生産地域の社会発展のための資金「フェアトレード・プレミアム（奨励金）」といった経済面の基準は，環境面に比べると消費者は実態を知らないこともあって関心は高くない。こうした人権，社会的公正や社会的包摂といった重要な側面にも消費者が目を向けることを促すことも，認証ラベルの大きな意義であるといえる。

（2）　ネット上での企業情報・商品情報の提供

　消費者向けの企業情報・商品情報の提供には，企業を批判するキャン

ペーン型の情報提供や，反対に，優良企業の製品購入を奨励するような応援型の情報提供がある。有名な例として，「SHOPPING for a Better World」がある。1980年代から米国で発行され，その両方の観点から独自基準で企業取り組みをレイティングして発表し，消費者に「社会的責任のある買い物」のためのガイドとして活用されてきた。

　この日本版を作ろうと考えたのが，日本のNPOである環境市民である。さまざまな分野のNPO/NGOに呼びかけて結成した「消費から持続可能な社会をつくる市民ネットワーク」で，「買い物は投票である」として，消費者の積極的な行動を促す情報を提供している。それが「企業のエシカル通信簿」である。どの企業が持続可能な消費に配慮しているかを独自の視点で調査・採点してレイティングし，結果を冊子やウェブサイト等で公表するとともに企業との対話の場を設けている[6]。

　加えて，市民ネットワークでは，より消費者の具体的な行動に結び付けるような，キメ細かい情報提供も行っている。それが，「ぐりちょ」という，Green & Ethical Choicesをもじった名前の情報サイトである。環境，人権，社会，未来，を大切にした商品を選ぶための情報サイトとして運営されており，エシカルな商品やグリーンな商品として，具体的にどんな商品があるのか，そして買いたいと思ったらどこへ買いに行けばよいか，取り扱っているお店の地図まで示して買い物をガイドしている。

（3）　デジタル技術を活用した新しいツール

　この分野でのデジタル技術活用の可能性を示す新たなツールとして，スウェーデンのフィンテック企業Deconomyとマスターカード，UNFCCC事務局が協働して開発し2018年に発表したユニークなクレジットカードがある。

6　環境市民は，リオ地球サミットが開催された1992年に京都で設立され，「持続可能で豊かな社会・生活を実現する」をビジョンに掲げて，社会を変える買い物をはじめ，幅広い活動を行っている。詳細は，環境市民のホームページ参照。http://www.kankyoshimin. org/（最終参照日　2022.08.31）

　カード決済ごとに買い物で発生する CO_2 排出を把握[7]して，記録し利用明細で見える化する。カードの利用限度額を，金額ではなく CO_2 ベースで設定することも可能となっている。一般的に，商品のライフサイクルにおける CO_2 排出の60％は消費段階とされる。平均的な市民は一人で年間10トン排出しており，将来の1.5℃目標達成のためにはこれを50％削減しなくてはならない。CO_2 排出を意識して買い物をすることを習慣づけるためにカードを活用してほしい，というのがこのカード開発のねらいである。

　このカードは，提携店での買い物で受けられるキャッシュバックを，途上国の CO_2 削減プロジェクトへの寄付やエコファンドへの投資に充てることも可能である。また，カード自体も生物由来の素材を用いているし，すすなど空気中から回収された汚染物質からのインクで印刷するといった徹底ぶりだ。「私たちの多くはカーボンニュートラルを目指す意志を持っているが，欠けているのは，その野心に基づいて行動するためのツールである。」というのがこのカードのコンセプトであり，こうしたデジタル技術を活用したツールは，今後も発展の可能性を秘めていると言えよう。

5.　さまざまなセクターによる消費者への働きかけ

（1）　NGO による消費者参加型の問題解決

　さまざまな国内外の NGO が，フェアトレードの普及や社会課題の根本原因の解決に力を入れている。例えば，児童労働をなくすために活動している日本の NGO，ACE がある。ガーナをはじめとする西アフリカのカカオ生産地域では，カカオの収穫・発酵・乾燥といったさまざまな工程で多くの労働力が必要となる。しかし小規模農家は十分な労働者を雇うことができないため，子どもが重要な労働力とみなされ，教育への

7　オーランド指数（フィンランド・スウェーデンのオーランド銀行が提供）。支払いシーンごとに1ユーロ使うと CO_2 をどれだけ排出するかが示されている。

アクセス等も十分に保障されていないこともあいまって，児童労働の慣行が広く行われてきた。

　2009年から，ガーナでの児童労働から子どもたちを守り，すべての子どもが教育を受けられるように支援する「スマイル・ガーナプロジェクト」を行ってきた ACE は，「しあわせのチョコレート」プロジェクトを始めた。これは，カカオ生産地の子どもたちを児童労働から守るために，日本の企業や消費者と協力して，生産過程に児童労働のないチョコレートが広く普及することを目指した活動である。ACE は，日本のお菓子メーカーとの連携を強め，商品の売り上げの一部を寄付として受け入れて，その寄付金を資金の一部とし，子どもの教育やカカオ農家の自立を支援する活動をしている。NGO と複数の企業との協働で消費者に働きかけ共感を広げ，購買行動につなげ，現地での支援につながる仕組みを構築したのである。そして，長年にわたる現地支援の経験を活かし，ガーナ政府と連携して，「チャイルドレイバー・フリー・ゾーン（児童労働のない地域）」を認定する国の制度作りにも取り組んでいる。

（2）　持続可能な調達および公共調達

　持続可能な生産と消費を促進する仕組みとして，公共機関や企業が調達する際に，環境や人権などサステナビリティへの配慮を意思決定に組み込むことが世界で進みつつある。日本ではまだ広がっていない持続可能な公共調達実施の例として，東京2020大会での「持続可能性に配慮した調達コード」の策定がある。

　オリンピック・パラリンピックのようなメガスポーツイベントとサステナビリティとの関係は近年注目されており，イベントサステナビリティの国際規格 ISO20121 も発行されている。東京2020大会でもワーキンググループを設けてさまざまな検討を重ねてきた。例えば，大会で使

用する木材・農産物・畜産物・水産物・紙・パーム油の調達基準（調達
コード）を策定した。持続可能な生産と消費を広めていく方法として，
公共調達の基準に組み込むことは有効な政策手段とされる。日本ではこ
の分野の実践が遅れていたが，東京大会で策定された調達基準が，今後
の日本国内での公共調達において先行事例として参照されるようになる。
残すべき大会の重要なレガシーの1つだ。

　特に東南アジアでのパーム油生産の拡大が，環境や人権・労働面で与
えている大きなネガティブ・インパクトについては，日本国内で関心を
寄せる消費者はまだ少ない。しかし世界では，持続可能なパーム油の調
達を目指したマルチステークホルダーの円卓会議（RSPO）が設立され，
認証油を使う動きも広がっている。幸い，東京大会も機にこの円卓会議
に参加する日本企業が増えている。一般市民の認知はまだ低いが，今後
高めていく必要があろう[8]。パーム油の認証基準が社会的影響力を強め
るためには，需要側である市民や消費者が，その声と消費行動で意思表
示をする必要があるからである。

6.　消費者自身にこれから求められる行動とは

　以上，さまざまな角度から持続可能な消費や，消費者市民社会をめぐ
る動きをみてきた。持続可能な社会を目指すうえで，消費者の役割が重
要であることは言うまでもないが，本稿でみてきたように，消費者の行
動が政策や企業およびNPO/NGOの活動などとうまく連動して，つま
り歯車がかみ合って，初めてその役割も十分に発揮できる。その点も踏
まえて，消費者市民として求められる行動や，備えるべき資質とは何か
について，考えてみたい。

8　東京大会の持続可能性に関する取り組みは，組織委員会から発行されている「公益財
団法人東京オリンピック持続可能性大会前報告書（2020年4月）」に詳しい。p.148には，
RSPO，ISPO，MSPOといった複数の認証基準があるなかで，持続可能なパーム油の調達
基準をどこまで厳しくするかという問題を巡る，ワーキンググループでの議論の過程など
が紹介されている。

（1） 消費者市民として求められるリテラシー

　消費者が市場を通じて大きな変化を引き起こすためには，学校教育や生涯教育などを通じて消費者は以下のようなリテラシーを身に付ける必要がある。

問題の理解

・自身の消費行動がバリューチェーンを通じて，グローバル社会や地域社会とつながっていることを理解すること。
・環境だけではなく，人権や社会的公正など，幅広い分野やテーマに関心を持つこと
・何が問題かを知るとともに，その背景や根本原因まで掘り下げて理解すること
・部分最適ではなく全体最適の視点を持ち，システム思考ができること

行動における姿勢

・批判精神を持ちつつ，多様性を受け入れ，他者の異なる意見にも耳を傾けること
・自らの問題意識や意見を発信して，共感を広げ仲間づくりをすること
・自らの行動を変えるだけではなく，誰に働きかけて動いてもらうのが効果的なのかを見極めること
・理想の実現を目指しつつも，現状に悲観せずねばり強く行動を続けること

（2） 大きな変化への意思表示をすること

　なかでも，SDGs の達成という観点からは，今後ますます消費者市民に求められる行動がある。消費者は，責任を自覚して身の回りのできる

ことから行動を始めるべき，とされてきた。しかし，SDGs の基本理念からもわかるように，持続可能な社会は現在の社会の延長線上にはなく，大変革を伴う新たな社会の再構築が必要である。とすると，小さな身の回りの行動に加えて，バックキャスティングで設定した目標実現のために，必要なら社会の仕組みやルールを根本から見直して，システム全体を大変革することへのアクションが必要になってくる。そうした長期視点での大きな変化を政府や企業に求める，市民一人ひとりの意識と行動が重要なのである。

　したがって，求められる行動はシステム変革を求める意思表示をすることである。この考え方に基づいて市民一人ひとりの取るべき行動をわかりやすくまとめた資料が，グッドライフ目標（Good Life Goals）というツールである。これは，UNESCO（国連機関），WBCSD（産業団体），スウェーデン政府，その他シンクタンクなどが参加してマルチステークホルダーで作成したもので，個人がとるべき行動をわかりやすく例示し

1　貧困をなくす力になろう

1. 自分の国や海外の貧困の原因について学ぼう
2. できることを分かち合い寄付しよう
3. 公正な賃金・労働条件を満たした企業の製品を買おう
4. 貯金，借金，投資には責任を持とう
5. すべての人に対する適切な賃金と機会を要求しよう

13　気候変動に対してアクションを起こそう

1. 気候変動の対策について学ぼう
2. 自分の国で再生可能エネルギーの普及を求めよう
3. もっと植物性食品を摂取し，肉の消費量を減らそう
4. 車よりも徒歩や自転車にしよう
5. 気候変動に対して大胆なアクションを今すぐ起こすよう指導者に要求しよう

出典：Goodlife Goals Web サイト
　　　https://sdghub.com/wp-content/uploads/2018/05/GLG_decks_Japanese_w_icons2.pdf
　　　（最終参照日 2022.08.31）

図 7-5　グッドライフ目標から（抜粋）

ている。

　グッドライフ目標には，SDGs の17の目標ごとにそれぞれ5つの推奨アクションが書かれている[9]。そのうちアクション1から3までは，例えば「気候変動の対策について学ぼう」や「できる限りエネルギーを節約しよう」など，まず問題の所在を認識して，身のまわりのできる行動からはじめようと行動を促している。しかし，アクション5は，「気候変動に対して大胆なアクションを今すぐ起こすよう指導者に要求しよう」や「すべての人に対する適切な賃金と機会を要求しよう」など，変革のために政治家に要求したり，社会的弱者の権利を守るために声を上げるべきことが書かれている。こうして，一消費者の立場にとどまらず，市民として，システム全体の大きな変革を求めて意思表示をしたり，決定権者に積極的に働きかける態度を育むことがますます重要になってきているのである。

参考文献

内閣府（2008）「平成20年版国民生活白書　消費者市民社会への展望　—ゆとりと成熟した社会構築に向けて」

神山久美，中村年春，細川幸一編著（2019）『新しい消費者教育：これからの消費生活を考える　—第2版—』慶應義塾大学出版会

古谷由紀子（2017）『現代の消費者主権：消費者は消費者市民社会の主役となれるか』芙蓉書房出版

アレックス・ニコルズ，シャーロット・オパル編著；北澤肯訳（2009）『フェアトレード：倫理的な消費が経済を変える』岩波書店

河口真理子（2020）『SDGs で「変わる経済」と「新たな暮らし」：2030年を笑顔で迎えるために』生産性出版

企業と社会フォーラム（編）（2017）「社会的課題とマーケティング」企業と社会フォーラム学会誌第6号，千倉書房

9　全17目標のそれぞれに対する推奨アクションは，前出のグッドライフ目標のウェブサイトを参照されたい。

---

8 企業の役割

関 正雄

《学習の目標＆ポイント》 持続可能な発展のカギを握ると言われる企業セクターの役割を学ぶ。前提として、企業と社会、企業の社会的責任についての基礎的な知識を身に付けながら、これからの企業に特に求められる、SDGsが強調するトランスフォーメーションを起こすための役割を理解する。

《キーワード》 企業と社会、企業の社会的責任（CSR）、ソフトローとしての行動規範、SDGsコンパス、アウトサイド・イン、統合報告、TCFD、人権デューディリジェンス報告

1. 企業の社会における役割とは

企業の社会における役割をめぐっては、持続可能な発展に関する世界的な関心の高まりとともに、グローバルな議論が広がり、深まってきた。これからの企業の役割を考えるうえで、現在までの主な歴史的動向を踏まえておきたい。

（1） 企業戦略と社会

1970年にミルトン・フリードマンは、ニューヨークタイムズ・マガジンで、企業の社会的責任とは利益をあげることであるとして、以下のように主張した[1]。

・社会的な問題は政府が税金を使って解決すべきものである。

・企業が（社会的責任を果たすために）配当を減らし、製品を値上げし、賃金を下げる、これは政府だけに認められた税金の使い方を恣意的に

---

[1] Milton Friedman, "The Social Responsibility of Business Is to Increase Its Profits" The New York Times Magazine, September 13, 1970

決めることになる。

・企業はゲームのルール内での利益増大に専念すべきである。

　しかし，その後グローバリゼーションの進行とともに企業が社会や環境に与えるインパクトは大きくなり，環境破壊や人権労働問題などのネガティブ・インパクトも増大していく。自らは利益増大に専念し，納税や寄付を通じて政府やNGOによる問題解決に貢献すればよい，という他人任せの姿勢では済まされなくなった。企業として利益増大を目指すのは当然だが，その利益の上げかたこそが問題なのである。そこで，企業は社会との関係を自ら問い直し，もたらすインパクトを分析して，製品やサービスのなかに，また事業プロセスのなかに，環境や社会への配慮を組み込むことが求められるようになった。企業を測る物差しを，経済だけのシングル・ボトムラインではなく，経済・環境・社会のトリプル・ボトムラインとすべきであるという，英国のジョン・エルキントンが1997年に提唱した考え方はその代表例である。

　企業におけるメリットも語られるようになった。2011年，企業の競争戦略論の観点から，ハーバード大学のマイケル・ポーターは，受動的に責任を果たしたり社会貢献として資金を投じるのではなく，事業戦略として未解決の社会課題に取り組み，社会的価値を創造することを通じて企業自身の価値をも向上させる「企業と社会との共通価値の戦略」（CSV: Creating Shared Value）こそ，とるべき競争優位の戦略であるとした。そして，フリードマン以来の株主第一主義からの決別を表明したのが，2019年8月19日に米国の経営者団体であるビジネス・ラウンドテーブルが発表した宣言である。株主資本主義からステークホルダー資本主義への転換をうたうこの宣言には，181人の経営者が署名した。宣言では，企業が説明責任を負うのは株主だけではなく，顧客・従業員・サプライヤー・コミュニティも含む，とする。主張自体は今や斬新なも

のではないが，こうした社会における企業の多面的役割を，米国を代表する企業が共通理解として明言したことに大きな意味がある。

（2）　欧州における政策理念とCSRの定義

　グローバルな企業の社会的責任の議論や実践の広がりをリードしてきた欧州では，企業の役割をどうとらえてきたかをみてみよう。その特徴は，大きな政策枠組みのなかに位置づけてCSR（Corporate Social Responsibility：企業の社会的責任）を重視してきたこと，そして具体的なCSR推進政策を実施してきたことである。

　2000年の欧州理事会リスボン戦略は，2010年までの長期戦略として「よりよい雇用と社会的結束を伴う持続可能な経済成長を可能にする，競争力のあるダイナミックな知識ベースの経済の構築を目指す」とした。欧州統一の理念を実現するうえで必要な，現実に生じている失業や社会的排除への対策を，社会的結束（social cohesion）を目指すという表現で強調したのである。そしてこの目標達成のための戦略の一環として企業の役割に注目し，2001年にグリーンペーパー「欧州におけるCSRの枠組みの推進」を発表した。企業もこうした政策を受け入れ，積極的に関与していくこととなった。なお，当時の大きな関心事は雇用問題であり，欧州委員会でCSRを担当していたのも雇用労働総局であった。ちなみに2018年以降は，より総合的・戦略的な視点を持って成長総局の所管へと変わっていく。

　欧州委員会ではマルチステークホルダー・フォーラムを創設してCSRに関する対話を続け，政策にCSRを組み込んでいく。2011年には長年の検討成果として，CSRに関する戦略アクション（政策パッケージ）とCSRの定義を公表する。前者は，およそ考えうる効果的なCSR推進政策を網羅した内容となっている。その後もこの政策パッケージを

136

1．マルチステークホルダーのプラットフォームを作る
2．企業とステークホルダーのパートナーシップを表彰
3．企業への信頼を損なう「グリーンウォッシュ」への対処
4．企業とステークホルダーとの間で，「21世紀の企業の役割」を議論
5．有効手段である自主規制（単独，共同）を推進
6．環境・社会に配慮した公共調達の推進
7．環境・社会への配慮に関する情報公開をすべての投資家に義務付け
8．CSR に関する教育への財政支援をさらに強化
9．各国政府同士で CSR 政策を相互レビューする仕組みを創設
10．大企業の ISO26000 など国際基準へのコミットをモニタリング
11．人権に関係の深い企業や中小企業向けに，ガイダンスを開発
12．国連人権ガイディング原則の導入状況に関する定期報告書を作成
13．責任あるビジネス慣行を途上国にまで広める方策を検討

2011.10.25発表の「欧州委員会の CSR に関するコミュニケーション」より関作成

図 8-1　欧州の CSR 推進政策パッケージ

ベースにしつつ，非財務情報開示の義務化，貿易ルールへのサステナビリティ条項の組み込み，サステナブルファイナンスの推進，持続可能な経済活動のタクソノミー（分類基準）の策定といった新たな政策を次々と打ち出している。

　後者の欧州委員会による CSR の定義は，CSR の本質をとらえており，概念定義として過不足ない内容である。その重要なキーワードは「統合（integration）」である。統合するとは，組み込む，一体化することを意味している。CSR は事業活動とは別の社会貢献活動などではなく，企業戦略に，製品・サービスに，事業プロセスに，そして経営層から第一線まであらゆるレベルで下される日々の意思決定に，社会・環境・倫理・人権などサステナビリティへの配慮を，不可分一体のものとして組み込むことを指す。また，ステークホルダーとの協働の重要性を強調し

Corporate Social Responsibility
「社会に与えるインパクトに対する企業の責任」

1. 法令順守や, 関係者間の合意尊重は, その前提
2. 社会的, 環境的, 倫理的な, また人権や消費者の関心事項を, 自らの業務運営や中核的戦略の中に統合する
3. ステークホルダー※と密に協力する
   ①株主その他ステークホルダー・社会全体との, 共通価値の創造を最大化する
   ②企業がもたらす可能性のあるマイナス影響を明らかにし, 予防し, 緩和する
   ※ステークホルダー：企業の活動により影響を受けたり, 企業の活動に対して影響を及ぼしたりする利害関係者

2011.10.25発表の「欧州委員会のCSRに関するコミュニケーション」より関作成
図8-2　欧州委員会によるCSRの定義

ており, そのことによって社会に与えるポジティブ・インパクトを最大化し, ネガティブ・インパクトを最小化すべきとしている。

　この定義は, 単なる社会貢献であるとか, リスク管理であるなどと, 矮小化され誤解されがちなCSRを, より広く社会において企業の果たすべき役割を包括的かつ本質的にとらえたものであり, 常によりどころとすべき定義である。

　なお, 2002年時点でのCSRの定義[2]には含まれていた, CSRは企業が「自主的に」実施するものである, との文言はなくなった。この点について欧州委員会の担当官に尋ねたところ, 「その議論は終わった。CSRの必要性はすでに皆が理解するようになった。自主的か強制的かは関係なく, 当然すべての企業が実践すべきものとの認識が確立されている。」とのコメントがあった。CSRはこの2つの定義の間の10年で, 深く浸透し成熟度も増していったのである。

2　「責任ある行動がビジネスの持続的な成功をもたらすとの観点から, 企業が事業活動やステークホルダーとの交流のなかに, 自主的に社会や環境への配慮を組み込むこと。」（下線は筆者：2002年7月欧州委員会ホワイトペーパーによる定義）

（3） 日本における「三方よし」

　江戸時代の近江商人の家訓である「三方よし」すなわち「売り手よし，買い手よし，世間よし」という考え方は，日本における CSR の起源とされることが多い。日本は伝統的にステークホルダー経営がなされてきた，だからその伝統を大切にしよう，とも言われる。日本の特長を大切にするのは必要なことだが，今日の地球規模課題を前提に企業と社会の関係を考えるうえでは，欠けている要素があることにも留意する必要がある。それは，将来世代への配慮であり，グローバル・サプライチェーンへの配慮であり，変化へのダイナミズムである。江戸時代は鎖国状態でありしかも安定した定常経済の社会であった。その時代に，ステークホルダーとの関係を良好に保つことが成功の秘訣である，とするのはもっともであり，安定した社会に見合った静的なものの考え方である。これに対して現代は，持続可能な発展を実現するために，ステークホルダーを巻き込んで社会を大きく変革しなければならない時代である。企業は単にステークホルダーとの関係を良好に保つだけでなく，ダイナミックな変化をもたらすことを期待されており，そのためにも自社のパーパス（目的，存在意義）を，持続可能な発展と関連づけて問い直すことが求められているのである。

2. 企業に影響を与えるソフトローとしての行動規範

　企業の行動を律する規範には，ハードローとソフトローがある。このうち，社会からの要請として，多様な主体が関わりつつ形成されるソフトローが大きな影響力を持つようになった。法的拘束力はなくとも，市場における企業評価のルールに組み込まれるなどして，事実上企業行動を律しており，企業はその動向を先取りし主体的に取り組むことが必要になっている。こうした行動規範のうち，タイプは異なるがいずれも影

表 8-1　主な企業行動規範・国際基準

名称	概要
国連グローバル・コンパクト	国連が策定した，人権，労働，環境，腐敗防止の4分野の10原則
OECD 多国籍企業行動ガイドライン	加盟国政府が多国籍企業に対して一定の行動のあり方を勧告する指針
ISO26000	全ての組織のための，社会的責任に関するガイダンス
GRI スタンダード	米国 NGO が策定した，環境・社会・経済的側面を含めたレポーティングのための基準
経団連企業行動憲章	経団連会員の申し合わせ事項であり，実行の手引きが具体的行動をガイドする
SDG コンパス	SDGs に取り組む企業のためのガイダンス
ビジネスと人権に関する指導原則	国連人権理事会で承認された，人権に関する企業の行動原則
IIRC フレームワーク	国際統合報告協議会が策定した，統合報告の原則や開示すべき内容に関するガイダンス
TCFD	気候に関する財務情報開示のフレームワーク

響力を持つ代表的なものを以下に取り上げる。

（1）　国連グローバル・コンパクト（国連からの，共同行動の要請）

　コフィ・アナン国連事務総長（当時）が，企業に働きかけて始まったイニシアチブである。アナン事務総長は，企業の力なくしては平和・人権・環境といった国連のミッションを果たすことはできないとして，1999年のダボス会議で，行動原則への賛同を企業トップに呼びかけた。グローバル・コンパクトは，人権，労働，環境，腐敗防止の4つの柱の10原則からなる。署名企業は取り組み進捗を毎年，国連に報告する義務

がある。国連事務総長が，国連の構成要員である政府の代表を通してではなく，直接企業に呼びかけたことに大きな意味がある。その後，署名機関は増大し，20,000以上にのぼっており，世界最大のCSRのイニシアチブにまで成長した。また，4つの柱のうち人権に関しては，第4章で述べたように，ビジネスと人権に関する指導原則が2011年に国連人権理事会で支持され，グローバルな人権規範として定着している。

（2） OECD多国籍企業行動ガイドライン（政府からの，政策的な要請）

1976年に，OECDが加盟国の企業に責任ある行動を促すための原則や基準をまとめたものである。政府間合意に基づくものであることが大きな特徴ではあるが，法的拘束力は持たず企業に対しては勧告するというスタンスをとっている。2011年にはビジネスと人権に関する指導原則を組み込んで，その普及に力を入れている。なお，OECDではCSRと言わずにRBC（Responsible Business Conduct：責任ある企業行動）と言う。これはCSRという言葉が，本来は企業の社会との関係に基づく責任ある行動を包括的に指すものなのに，もっと狭く本業とは切り離された単なる社会貢献活動である，との誤った解釈が広がってしまっているために，使うのを避けているのである。

（3） ISO26000（マルチステークホルダーで合意した社会的責任の共通言語）

5年間にわたるユニークなマルチステークホルダー・プロセスで開発されたのが，ISO26000社会的責任ガイダンスである。さまざまな分野での国際標準を生み出してきたISOが，サステナビリティをテーマにグローバル基準を確立しようと手掛けたもので，すべての組織に向けた持続可能な発展のためのガイダンス文書である。組織のガバナンス・人

権・労働・環境・公正な事業慣行・消費者課題・コミュニティ参画と発展，という 7 つの中核主題をカバーした社会的責任に関する包括的ドキュメントであり，かつ具体的な実践をガイドする内容となっている。マルチステークホルダーの合意を最も重視したプロセスが，強い正統性と影響力につながった国際基準である（詳細は第14章を参照）。

（4）　GRI スタンダード（市民社会からの提言から生まれた，情報開示の国際標準）

　世界中の企業が準拠しており，今や企業のサステナビリティ情報開示の事実上の世界標準となっている GRI（Global Reporting Initiative）スタンダードは，元々はボストンに拠点を置く有力環境 NGO である CERES が1997年に提唱したものである。GRI スタンダードは報告書の仕様を定めるもの，と考えられがちだが，もともとは「レポート」ではなく「レポーティング」のガイドラインとして，つまり企業がサステナビリティを経営に統合するために欠かせない，レポートするという行為をガイドするために開発されたものである。最終成果物の報告書だけではなく，報告するために必要な方針・目標・実施・測定・評価・開示・改善という一連の行為すべてが，企業にとってサステナビリティを社内に浸透させるために役立つのである。

（5）　経団連企業行動憲章（企業のイニシアチブによる行動規範）

　企業自身によるイニシアチブや規範形成の動きも見逃せない。例えば，代表的な日本企業の行動規範として，経団連企業行動憲章と同実行の手引きがある。会員企業の申し合わせ事項として，1991年の策定以来何度かの改定を経て充実が図られている。2017年の改定では SDGs を取り込み，持続可能な発展を牽引する企業の役割を強調している。また，経団

（副題と前文の変更箇所）

旧	新
―社会の信頼と共感のために―　企業は，公正な競争を通じて付加価値を創出し，雇用を生み出すなど経済社会の発展を担うとともに，広く社会にとって有用な存在でなければならない。そのため企業は，次の10原則に基づき，国の内外において，人権を尊重し，関係法令，国際ルールおよびその精神を遵守しつつ，持続可能な社会の創造に向けて，高い倫理観をもって社会的責任を果たしていく。	―持続可能な社会の実現のために―　企業は，公正かつ自由な競争の下，社会に有用な付加価値および雇用の創出と自律的で責任ある行動を通じて，<u>持続可能な社会の実現を牽引する役割を担う</u>。そのため企業は，国の内外において次の10原則に基づき，関係法令，国際ルールおよびその精神を遵守しつつ，高い倫理観をもって社会的責任を果たしていく。

出典：企業行動憲章 実行の手引き（第7版）2017年

図8-3　企業行動憲章の改訂（下線は関）

連としての SDGs 戦略である Society 5.0 for SDGs を打ち出している。Society 5.0[3]（近未来の人間中心の超スマート社会）を実現することを通じて，SDGs の実現に産業界として貢献しようというものである。企業行動憲章は，ISO26000の発行時にはその内容を取り込むなど，新たな国際行動規範を取り入れてその都度アップデートされ，日本企業にとっては憲章を通じて世界の規範に沿った経営ができるというメリットがある。

3. SDGs と企業戦略

（1）　SDGs の達成と企業の役割

　企業と SDGs との関係については，SDGs の採択文書の第67段落で，企業への大きな期待が述べられている。SDGs の達成のために，企業の

3　狩猟社会（Society 1.0），農耕社会（Society 2.0），工業社会（Society 3.0），情報社会（Society 4.0）に続く，人間社会の5つ目の発展段階となる新たな社会を指しており，2016年からの第5期科学技術基本計画において我が国が目指すべき未来社会の姿として初めて提唱された。

イノベーション力と創造力に期待しているのである。

　一方で，企業自身も SDGs への関心を強めている。2017年に「企業と持続可能な発展委員会」が発表した報告書[4]では，SDGs に企業が取り組むことによって，2030年までに，世界の GDP の10%にあたる12兆ドルの市場機会と3.8億人の新たな雇用が生まれるとしている。企業にとっても，大きな変革は大きなビジネス機会である。

　また，SDGs への企業の関心の高さを物語っているのが，2017年にニューヨーク国連本部で開催された SDGs ビジネスフォーラムである。参加希望者が予想をはるかに上回って増え続け，何度か会議室の変更を重ねたあげく，結局国連本部ビル最大の会議場である総会ホールで開催された。また，国内でも，グローバル・コンパクト日本ネットワークでのアンケートによると，会員企業の回答として，SDGs に最も影響力があるセクターは政府であるとの答えが減少する一方で，企業であるとの答えが急増している[5]。

（2）　SDGs に取り組む企業へのガイダンスが意味するもの

　企業向けのガイダンスとして広く活用されているのが「SDG コンパス」である。GRI，国連グローバル・コンパクト，WBCSD という世界の

2017年7月　ニューヨーク国連本部にて　　（撮影は関）

図8-4　国連総会ホールで開催された SDGs ビジネスフォーラム

4　Business and Sustainable Development Commission（2017）"Better Business, Better World" https://sustainabledevelopment.un.org/content/documents/2399BetterBusinessBetterWorld.pdf（最終参照日 2022.08.31）

5　GCNJ, IGES（2019）「SDGs 調査レポート Vol. 3」によれば，SDGs に最も影響力があるセクターは企業である，との回答は2015年の10%から2018年は19%に増加し，「投資家である」との回答12%を加えると企業・投資家計は31%になる。これは2018年の「政府である」との回答24%を初めて上回った。

CSR を牽引してきた３団体が共同で策定したものである。ここでは，
企業の取るべきアクションを５つのステップに分けて解説している。
　①SDGs を理解する
　②優先課題を決定する
　③目標を設定する
　④経営へ統合する
　⑤報告とコミュニケーションを行う
　トランスフォーメーションつまり社会の大変革をおこすためにはどう
したらよいか。その手法として「SDG コンパス」に書かれている，ア
ウトサイド・インという考え方が重要である。これは，外部環境や達成
すべき内容を起点とし，そこからいつまでに何をどのレベルまで達成す
るかの目標を設定する。つまり，未来の到達地点から逆算して現在との
ギャップを埋めるためには何をすべきかを考える，バックキャスティン
グと同様の手法に基づいて目標を設定すべき，としているのである。そ
の逆に，現状からスタートしてその延長線上に目標を描く，インサイド
アウトのアプローチでは，多少の改善はできても決して2030年までに必
要とされる大きな変化は起こせない。
　もう１つ，Future fit benchmarks という手法も SDG コンパスでは
推奨している。ベンチマーキングとは基準の設定のことで，同業他社の
自社よりも進んでいる点を基準に設定して追いつき追い越せの目標にす
る，といった具合に企業経営に取り入れられている。ベンチマーキング
はふつう，現在のすぐれた企業の取り組みレベルを目標に設定するもの
である。これに対して Future fit benchmarks とは，現時点では誰も成
し遂げていないが将来の常識となるような，より高い水準を基準点に設
定して達成を目指そう，という考え方である。これも現状にとらわれず
にトランスフォーメーションを起こすために有効な手法である。

　SDG コンパスでは，SDGs と自社の関係，すなわちインパクトエリア
を分析する際に重要な点として，2 つ強調している。1 つ目は，原材料
の調達から製品廃棄・リサイクルまでのバリューチェーン全体を見渡す
こと，そして 2 つ目は，社会に与えるポジティブ・ネガティブ両方のイ
ンパクトを考えること，である。SDGs を単にビジネスチャンスととら
えるだけでなく，企業は社会との接点全体をとらえ，SDGs の観点でど
こにどんなインパクトを生むかを分析せよ，としているのである。

　また，トランスフォーメーションと並ぶ SDGs のもう 1 つの重要理念
である，「誰ひとり置き去りにしない」に関しても言及しておこう。企
業は，さまざまな方法で貢献できるが，例えばインクルーシブ・ビジネ
ス・モデルの実践を通じて，包摂的な経済に貢献できる。インクルーシ
ブ・ビジネス（inclusive business）とは，企業が生産者・工場労働
者・販売員・消費者などバリューチェーンのどこかで貧困層を取り込み，
雇用創出，生活向上などの社会的インパクトを生むと同時に，企業価値
も生み出すビジネスモデルである。もともとは WBCSD が 2005 年に提
起した概念で，ネスレやユニリーバをはじめ，先進企業が取り組みに力
を入れている。企業は，事業を通じて「誰ひとり置き去りにしない」こ
とに貢献できることを理解しておく必要がある。

　以上，SDG コンパスは，これからの社会における企業の役割を考え
るうえで重要な視点を提供している。欧州委員会の示した CSR の定義
に基づき，アウトサイド・イン思考でサステナビリティを企業戦略に統
合する時代に必要な，新たなヒントを数多く含んでいる。

4. これからの情報開示とレポーティング

　SDG コンパスにもあるように，企業が社会的責任を果たし，SDGs 達
成への貢献を進めるうえで欠かせないのが，国内外多くの企業が発行し

ているサステナビリティ・レポートをはじめとする，透明性の高い情報開示である。情報開示はその重要性と実際の政策効果から世界各国で立法化が進行し，既存の会計基準への組み込みが図られるなど，制度化が図られている。企業の立場からは，真に意味のある，社会に変化をもたらすような成果やインパクトを生んでいるか，またそれが企業価値向上にどうつながっているのか，という観点から，取り組みの進捗や成果について開示する必要がある。それが十分でなければ，いわゆるグリーンウォッシュやSDGウォッシュ（うわべだけ取り組んでいるとみせかけているだけで，意味のある取り組みにはなっていないこと）として批判されることにもなりかねない。これからの時代に企業に求められる，情報開示の重要なトレンドについて，以下に述べる。

（1）　統合報告

　持続可能な発展に関する企業の取り組みは，これまではサステナビリティ・レポートなどの独立したレポートとして開示されることが多かった。しかし，近年ではサステナビリティは経営に統合する（戦略や日々の意思決定に組み込んで一体化する）べきとの理解が浸透し，報告書もいわゆる財務レポートと一体化した「統合レポート」として発行することが大企業を中心に広まってきた。

　2013年にIIRC（国際統合報告評議会）が策定したフレームワーク[6]では，統合報告を行うための原則や開示が必要な内容要素に関して定めている。ここで重要な点として強調されているのが「統合思考」であり，統合報告を行うための社内プロセスが，企業内に統合思考や統合的意思決定を浸透させる大きな力となる，という点である。

　この統合レポート発行の世界的なパイオニアである，ノボノルディスク社の幹部が述べたように，統合レポートを作成することの大きなメ

6　国際統合報告評議会（2014）「国際統合報告フレームワーク（日本語訳）」https://www.integratedreporting.org/wp-content/uploads/2015/03/International_IR_Framework_JP.pdf（最終参照日　2022.08.31）

リットは，レポートに関する社内論議を通じて，経営にサステナビリティを統合することの意味を浸透させることである。つまり社内での「統合思考」への理解が深まるのである。

　サステナビリティ情報は「非」財務情報と呼ばれることが多いが，それはある意味ミスリーディングであり，企業のリスクと機会に関わるものなので，中長期的に考えれば財務情報である。企業はこの視点で統合報告書を作成するべきであり，単なる財務・非財務のレポートを張り合わせて 1 枚の表紙の報告書にしただけの「ワン・カバー・レポート」ではない報告書へと，報告のレベルを高めていく必要がある。また他方，投資家など統合報告の読み手の側でも，開示内容を読み解く力や自身の意思決定につなげる力，つまり情報活用の運用能力（リテラシー）や企業との統合的視点からの対話力を磨くことが求められている。

（2）　気候変動と TCFD

　気候変動はサステナビリティに関する情報開示のなかでも，ESG 投資家の関心が高いこともあって，最も重要と考え取り組んでいる企業が多い。

　この気候関連の情報開示に関して重要な動きがあった。G20財務大臣・中央銀行総裁会合での要請を受け，金融安定理事会（FSB）が「気候関連財務情報開示に関するタスクフォース（TCFD: Taskforce on Climate-related Financial Disclosure）」を設置して示した，情報開示の新たな枠組みである。

　2017年に公表された TCFD の報告書では，気候変動の移行リスクと物理リスクおよび機会について，非財務情報としてではなく財務情報として開示するよう求めている。低炭素経済への移行に伴い企業が抱えるリスクや機会が投資家に正しく理解されなければ，本来なされるべき効

率的資本配分はなされず，金融市場の安定性が損なわれる可能性がある。金融安定理事会が問題提起した理由もそこにあった。

　それまでの情報開示は「過去の」温室効果ガス削減実績の開示が中心だった。これに対して TCFD では，「将来の」脱炭素社会への移行シナリオを分析し，そこでの自社のリスクと機会を分析して開示せよと求めている。1.5℃目標という社会全体の長期ゴールの達成に向けて自社がどのような目標設定をしているか，そして変化を先取りした戦略を描けているか，を問うているのである。

　目標志向（goal-oriented）という言葉がある。今，企業に求められているのは，まさにこの点である。もはや世界の共通目標となった1.5℃達成を目指して，科学に基づいた自社目標を設定し，その実現に取り組むことが，企業のリスクを縮小し機会を拡大するのである。

　さらに言えば，持続可能な社会に向けた戦略シナリオを描いて開示する必要性は，気候関連に限らない。TNFD（Taskforce on Nature-related Financial Disclosures）が2021年に発足した。TCFD の生物多様性版である。第3章でみたように，生態系は急速に劣化している。生物多様性版の IPCC と呼ばれる IPBES[7]，気候変動のスターン・レビュー[8]に相当するダスグプタ・レポート[9]などの，この分野での科学的知見に基づいた企業戦略の策定とリスクと機会に関する情報開示が，気候変動と同様に強く要請されるようになった。さらには，TNFD の後を追うように，TSFD（Taskforce on Society-related Financial Disclosures）の構想も提起され，社会的側面を対象とした，TCFD や TNFD と同様の財務情

7　IPBES: Intergovernmental science-policy Platform on Biodiversity and Ecosystem Services「生物多様性及び生態系サービスに関する政府間科学―政策プラットフォーム」は，2012年に設立された。

8　Nicholas Stern（2007）"The Economics of Climate Change" Cambridge University Press では，気候変動の対策を講じなかった場合のコストは世界の GDP の20%に達する可能性があるのに対し，対策の費用は GDP の1％程度で済む可能性あることが示された。なお，概要版の和訳は環境省のウェブサイトからダウンロード可能　http://www.env.go.jp/press/files/jp/9176.pdf（最終参照日　2022.08.31）

9　Dasgupta, P.（2021）"The Economics of Biodiversity: The Dasgupta Review"（London: HM Treasury）

報としての情報開示の枠組み策定の必要性が叫ばれている。

　このように TCFD への対応は，他の課題分野に応用が可能であり，必要でもある。企業がトランスフォーメーションを目指す SDGs に取り組むうえで，リスクと機会を見出して企業価値向上に結び付けていくための思考法とスキルを磨くために TCFD は大いに役立つであろう。

（3）　人権デューディリジェンス報告

　米国で2010年に成立したドッド・フランク法は，米国での上場企業に紛争鉱物に関する報告を義務づけた。ここでいう紛争鉱物とはコンゴ共和国と周辺国で採掘されるスズ・タングステン・タンタル・金を指し，パソコンやスマートフォンなどの身近な工業製品に使われている。内戦が続き500万人が犠牲になったというコンゴ共和国では，こうした金属の販売代金が紛争のための資金に使われ，また鉱山地域では児童労働や強制労働，女性の人権侵害などありとあらゆる人権侵害の実態があると言われている。そこで，SEC が上場企業に対して，紛争鉱物を自社の製品に使っているか否かの調査と情報開示を義務づけたのである。サプライチェーンをたどって調査をするのは容易なことではないが，こうした情報開示を企業に義務づけることによって調査への努力を促し，ひいてはコンゴでの人権・労働問題の改善につなげようというものである。

　英国でも，2015年に成立した現代奴隷法が，一定規模以上の企業に対してサプライチェーンにおける奴隷労働がないかどうか，デューディリジェンスを行ってその結果を毎年自社のホームページで開示するように求めた。

　その後，欧州各国の企業の情報開示に関する政策の近年の動きとして，フランスやドイツなど各国で，「国連ビジネスと人権に関する指導原則」に則った人権デューディリジェンスとその進捗に関する情報開示を義務

化する動きが強まっている。企業としては，義務化されるか否かにかかわらず，第4章で述べたように人権尊重は確立された国際規範に基づく社会からの強い要請であると受け止めて，またSDGsへの取り組みの一環として，取り組む必要がある。

　一方で，先進企業は自主的に人権に関する充実した情報開示を行っている。世界で最も早く，指導原則を踏まえた独立の人権報告書を2015年に発行したのはユニリーバであった。翌年2016年には，英国の小売りチェーンであるマークス＆スペンサーも充実した人権報告書を発行した。日本企業で最も早かったのはANAホールディングスで，2018年に発行している。

（4）　情報開示とレポーティングの意味

　かつて，英ボーダフォンのサステナビリティ・レポートが，"We said, We have, We will" という枠組みで，何を掲げ，どこまでできて，これからどうするか，という構成の情報開示をしていた。企業は持続可能な社会を目指すダイナミックな中長期戦略を示し，その実行と進捗状況について，透明性の高い情報開示を求められているのである。

　そして，情報開示は，求められる情報を外部に開示して終わり，ではない。大切なのはプロセスであり，レポーティングのサイクルである。情報開示に向けて，社内で経営層を含む各層や各部門をできる限り巻き込むこと，つまりプロセスへの参画が重要である。そして，開示前後に行う外部ステークホルダーとの対話の輪を広げ，深めることである。こうして社内外のステークホルダーが深く関与して繰り返されるレポーティングのサイクルこそが，サステナビリティの経営への真の統合を進展させるために大きな役割を果たすのである。

参考文献

谷本寛治（2020）『企業と社会―サステナビリティ時代の経営学』中央経済社

松尾雄介（2021）『脱炭素経営入門　気候変動時代の競争力』日本経済新聞出版

関　正雄（2018）『SDGs 経営の時代に求められる CSR とは何か』第一法規

関　正雄（2018）「SDGs と経団連『企業行動憲章』の改定」（会社法務 A2Z　2018
年 7 月号）第一法規

European Commission（2011）"Communication from the Commission to the
European Parliament, the Council, the European Economic and Social
Committee and the committee of the Regions: A renewed EU strategy 2011-14
for Corporate Social Responsibility."（Brussels, 25.10.2011 COM（2011）681
Final.）

European Commission（2001）"Promoting a European Framework for Corporate
Social Responsibility", COM（2001）366

European Commission（2002）"Concerning Corporate Social Responsibility: A
Business Contribution to Sustainable Development" COM（2002）347

John Elkington（1997）"Cannibals with Forks: The Triple Bottom Line of 21st
Century Business" Capstone Publishing Ltd

Jeremy Moon（2014）"Corporate Social Responsibility, A Very Short
Introduction" Oxford University Press

Archie B. Carroll, Jill Brown, Ann K. Buchholtz（2022）"Business & Society:
Ethics, Sustainability & Stakeholder Management（11th Edition）" Cengage
Learning

Michael E. Porter and Mark R. Krammer（2011）"Creating Shared Value"
Harvard Business Review, January-February 2011

GRI, UN Global Compact, WBCSD（2015）「SDG Compass SDGs の企業行動指針
―SDGs を企業はどう活用するか―」

152

9 │ 持続可能な社会のための投資・金融

関　正雄

《学習の目標＆ポイント》　ESG 投資や，より広い概念としてのサステナブル
ファイナンスについて，持続可能な社会実現のために果たす役割・今後の課
題を学びながら，長期的な社会変革に果たす重要性について理解する。また，
インパクト投資やコミュニティ投資など，近年盛んになった動きについても
その意義や今後の展開の可能性について理解する。
《キーワード》　サステナブルファイナンス，ESG 投資，ネガティブ・スク
リーニング，責任投資原則，受託者責任論，インパクト投資

1. はじめに

　サステナブルファイナンスとは，投資を行う際に財務面だけではなく
環境や社会への対応等も考慮して投資先を決定する投資手法を指す。持
続可能な発展を金融市場から後押しする動きとして，近年ますます重要
性を帯びてきている。特に近年では，SDGs の達成には大きな資金の投
入が必要であり，社会・経済をトランスフォームする推進力としても欠
かせないとの認識が強まっている。
　用語としては，「社会的責任投資」または Socially Responsible Investment
の頭をとった SRI という言葉が長く使われてきた。2006年には，欧州
の SRI 推進団体がこの SRI の S を Sustainable に置き換えて Sustainable
and Responsible Investment という名称を提唱し，よりサステナビリ
ティと結び付けた解釈が示された。近年では，環境・社会・ガバナンス
の頭文字を連ねた ESG 投資という呼称も一般化してきており，とりわ

けビジネスと投資の世界で，企業と投資家を中心に頻繁に用いられるようになった。その他，インパクト投資やコミュニティ投資など，社会的リターンをより重視した投資スタイルも広がってきた。このように，サステナブルな社会づくりを目指す投資手法は多岐にわたって実践されており，そのすべてを包含する呼称として，本章ではサステナブルファイナンスという言葉を用いることとする。

2. サステナブルファイナンスの歴史

（1） その原型 〜宗教的倫理観とネガティブ・スクリーニング〜

　サステナブルファイナンスを歴史的に振り返ってみると，その原型は100年以上の歴史を持つ，欧米を中心とした宗教的倫理観に基づく投資行動にたどり着く。キリスト教の教会は，信者からの寄付などを原資とする保有資産を運用する必要がある。その際に，例えばアルコールやタバコ，ギャンブルなどに関連する産業には投資すべきではないという倫理観から，投資先として除外することが行われていた。これを原型として，社会的責任投資という投資スタイルが歴史的に確立していったとされる[1]。なお，このように一定の条件に当てはまる企業を投資先候補から排除する投資手法を，ネガティブ・スクリーニングと称する。

　その後，1970年代以降は，宗教的倫理観だけではなく，環境汚染，反戦，人種差別，消費者問題など，環境や社会に関する幅広い関心を投資に反映させようと，ネガティブ・スクリーニングのテーマが多様化するとともに，投資主体の広がりと規模の拡大をみせていった。

（2） ポジティブ・スクリーニングと株式指数

　やがて，1990年代から地球環境問題への関心が高まり，企業も環境経営を求められるようになり，それは同時に企業価値の向上にもつながる

1　1674年創業で，ドイツ・フランクフルトを拠点とするメッツラー・アセット・マネジメント社は，昔からキリスト教の資産運用を請け負ってきたので，責任投資は至極ナチュラルな手法であり，あたりまえのことという感覚である，としている。（2017年11月17日，同社での Axel Hesse 氏へのインタビューより）

154

という考え方が広がっていく。プライベートバンクが環境取り組みに優れた企業に投資するファンドを設定したり，環境・社会をテーマに評価の高い企業を選定した株式投資インデックスもつくられるようになる。このように，サステナビリティに積極的に取り組む企業を選んで投資する手法を，上記のネガティブ・スクリーニングと対置して，ポジティブ・スクリーニングと称する。あるいは，同業種のなかで優れた企業を選ぶという意味で，ベスト・イン・クラスのアプローチとも呼ばれる。

こうしたインデックスの例として，1998年に生まれた，Sustainability Asset Management（当時）というスイス企業による調査をもとにした Dow Jones Sustainability Indices（略称 DJSI）がある。この分野での株式投資インデックスの草分けの1つとして，現在までサステナブルファイナンスの普及に貢献してきた DJSI は，世界の主要企業に対してサステナビリティの観点から取り組み状況をアンケートで尋ね，その内容分析と企業の財務力分析とを総合して各業種における優秀企業を世界で200～300社に絞り，投資推奨銘柄群として機関投資家に提供するものである。

2001年には，ファイナンシャル・タイムズとロンドン証券取引所が共同で FTSE 4 Good という，同様な株式投資インデックスを開発した。これらのインデックスの基本にあるのは，サステナビリティに配慮した責任ある経営は，中長期的にみて企業価値向上につながるという仮説である[2]。こうした投資インデックスがツールとして活用されることで，サステナブルファイナンスはより多くの投資家の間に広まっていった。宗教的倫理観から責任投資を行うニッチな手法であった SRI を，投資戦略の1つとしてより広く一般投資家にまで広げるうえで大きな役割を果たしたのである。

同時に，企業の立場からすれば環境や社会の問題に積極的に取り組む

2　さまざまな実証的な研究がなされており，仮説を裏づける研究結果も少なからずあるが，そうではない結果も報告されている。株価や運用パフォーマンスは多くの要素に左右されるため，そもそもサステナビリティ経営と企業価値向上との関係を，厳密なエビデンスをもって証明するのは難しい。

ことは，インデックスに組み込まれることを通じて，投資を呼び込むことにつながるという経済的メリットがある。DJSIは毎年の選定結果を発表する際に，業種別ランキングを公開する。各業種の最も優れた企業はベストプラクティスとして，他の企業にとっては追いつき追い越すためのベンチマークになる。このことを通じて，競争環境を作り出し企業の取り組みのレベルアップを促す役割を果たしてきた。持続可能な発展を単なる理念ではなく経済的な仕組みとして競争ルールに組み込み，企業の取り組みのレベルアップを図った点においても，こうした株式投資インデックスは重要な役割を果たしてきたといえる。

（3）　責任投資原則とメインストリーム化

　さらなるサステナブルファイナンスの拡大に重要な役割を果たしたのが，2006年に国連環境計画金融イニシアチブ（UNEP-FI）が提唱した責任投資原則（PRI：Principles for Responsible Investment）である。UNEP-FIは，この原則への支持を世界の機関投資家や金融機関に呼びかけた。

　図9-1に掲げるように，PRIは6つの原則からなっている。自らが投資分析と意思決定にESG課題を組み込むとともに，この原則を投資業界に広めていくために関係者に積極的に働きかける，というのが大まかな内容である。

　現在，その呼称が定着し，サステナブルファイナンスと同義の広い概念としても使われるようになったESGは，PRIのなかで提言された考え方である。署名機関は，環境（E），社会（S），ガバナンス（G）の3要素が，運用パフォーマンスに影響を及ぼすことが可能であり，同時にこの原則適用によって投資家が広範な社会の目的を達成することが可能であるとして，受託者責任（後述p.165）に反しない範囲で6つの原則

156

```
1. 投資分析と意思決定のプロセスに，ESG を組み込む

2. アクティブな株式保有者となり，保有の方針・慣行に ESG を組み
   込む

3. 投資先に対して，ESG に関する適切な開示を求める

4. 資産運用業界において，本原則の受け入れと実行を推進する

5. 本原則実行の効果を高めるために，協働する

6. 本原則実行に関する活動や進捗に関して，報告する
```
出典：国連 責任投資原則（2006）の 6 原則を関が要約

図 9-1　PRI の 6 原則

にコミットすることを宣言する。

　PRI へは，発足 2 か月後の2006年 6 月時点で世界の79機関，日本から
は 5 機関が署名した。その後署名機関数は飛躍的に拡大し，PRI ホーム
ページによれば2022年10月現在，世界で5,220，日本でも119の機関が署
名している。この数字が示すように，PRI はサステナブルファイナンス
拡大の大きな推進力となってきた。そして規模拡大以上に大きな意味を
持っているのが，これまでのネガティブ・スクリーニングやポジティ
ブ・スクリーニングとは異なり，投資の原則として ESG への配慮を常
に求めたことである。特定の企業を投資対象から外したり，逆に特定の
企業だけに投資したりするのではなく，責任投資原則では常に投資判断
において ESG を考慮する（インテグレーション＝統合する，組み込む）
ことを署名機関に求めている。

　署名機関のなかでも，年金基金は機関投資家として資産規模の大きさ
から市場において強い影響力を持っている。ESG 投資に早くから取り
組んでいるところも多く，米国最大の公的年金基金である CalPERS

　（カリフォルニア州職員の退職年金基金）はその代表格である。
CalPERS は，資金規模とともに優れた運用手法や「モノ言う株主」と
しての積極的な株主行動などで，世界の投資関係者からも注目されてき
た。CalPERS では，2013年9月16日に投資方針を CalPERS Investment
Beliefs という文書にまとめて公表した。そのなかで，長期的な視点は
責任でもあり利益にもつながる，として，将来世代への配慮，サステナ
ビリティの重要性，投資先のガバナンス，人的資本，環境への取り組み，
などに関心を持ってエンゲージしていくことを公表している。機関投資
家がこのように明確な責任投資の方針を開示することは重要で，この分
野をリードする CalPERS が行ったことには大きな意味がある。発表の
翌年に行った CalPERS のマネージャーへのヒアリングでは，重要なの
はこの方針を絵に描いた餅にしないことであり，そのために CalPERS
組織内部での従業員への浸透と徹底に，特に力を入れているとのことで
あった[3]。

　PRI は，責任ある投資を原則化することで，ニッチな投資戦略として
ではなくメインストリームの投資に ESG を組み込むことを求めた。そ
して，巨大な年金基金を動かしそのインベストメント・チェーンを通じ
て，機関投資家やアセットマネージャーほか関係者の間で責任投資を浸
透させ規模を大きく拡大させる役割を果たしてきたのである。

3．サステナブルファイナンスの現状

（1）　グローバルな動向

　サステナブルファイナンスに関する世界の現状について，GSIA
（Global Sustainable Investment Alliance）という組織がまとめている
統計がある。残高を地域別比率でみていくと，やはり欧州，そして米国
が中心であることがわかる。CSR の先進地域でもある欧州が，サステ

3　経団連 CBCC（企業市民協議会）訪米ミッションでの CalPERS との対話セッション
（2014年2月13日実施）にて。

158

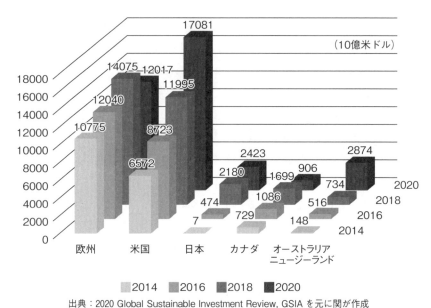

出典：2020 Global Sustainable Investment Review, GSIA を元に関が作成

図 9-2　サステナブルファイナンスの地域別残高（2014-2020）

　ナブルファイナンスに関しても世界をリードしてきた。また，欧米以外の地域では，特に日本で近年急速に増えていることがみてとれる。

　投資手法別にみてみると，ポジティブ・スクリーニングの規模はさほど大きくなく，長らく規模が最大だったのはネガティブ・スクリーニングである。その代表例が，世界の株式全体の約１％を保有するといわれる巨大な公的年金である，ノルウェー政府年金基金グローバルである。同基金は，北海油田からの収入を蓄えて国民の年金原資にする目的で1990年に設立されたもので，油田からの政府収入を将来世代とグローバル社会に責任ある形で運用するために，政府として投資基準を設け倫理委員会においてその基準を適用することとした。そして，非人道的兵器やタバコなどの関連企業，人権侵害や深刻な環境へのダメージを引き起

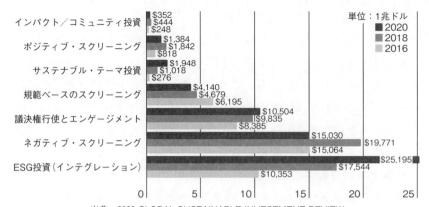

出典：2020 GLOBAL SUSTAINABLE INVESTMENT REVIEW

図9-3　サステナブルファイナンスの投資手法別残高

こした企業など，投資先リストから除外する企業を決定している[4]。

　このネガティブ・スクリーニングを抜いて最大の残高となったのが，ESG を日常的な投資判断に組み込む，前出の ESG インテグレーションである。ESG 投資がメインストリーム化している現状を反映したものでもある。

　それ以外で増加傾向にあるのが，モノ言う株主としての議決権行使である。また，残高は一番小さいが，インパクト投資も注目されている。ソーシャルリターン，つまり社会的インパクトを中核的な関心として重視し投資するスタイルである。

（2）　国内における進展

　国内では1999年に，環境をテーマにした投資信託商品，いわゆるエコファンドが初めて発売され，SRI 元年と呼ばれた。その後，社会的側面まで評価基準に含めた SRI ファンドも発売され，いずれも個人投資家には浸透したものの，機関投資家には浸透せず，国内残高は欧米に比べ

4　いきなり除外するのではなく，専門家の意見も聞き当事者である企業と対話したうえで決定する。また，除外候補とした段階で企業に改善を促して取り組みを観察するという，中間的プロセスも設けている。（2015年2月5日の CBCC 訪欧ミッションでの倫理委員会訪問でのヒアリングより）

て伸び悩んでいた。また債券市場でも，ワクチン債やマイクロファイナンスボンドなど，テーマ性のある社会貢献債が発売されサステナブルファイナンスの1つのジャンルとして確立したが，やはりニッチな存在であった。こうした状況を変えようと，さまざまな主体が拡大に向け動いてきた。その結果，いくつかのイニシアチブや行動規範が生まれ，国内でのサステナブルファイナンスの進展に寄与してきた。

①ワーカーズキャピタル責任投資ガイドライン

　日本労働組合総連合会（連合）は2010年12月，「ワーカーズキャピタル責任投資ガイドライン」というハンドブックを作成した。年金基金など，労働者が拠出した，ないしは労働者のために拠出された資金であるワーカーズキャピタルの所有者として，連合に加盟する労働者・労働組合が責任と権利を認識し責任投資に取り組むための具体的なガイドを示したものである。

　ハンドブックでは，ワーカーズキャピタル責任投資の意義・目的を「ワーカーズキャピタルの運用が直接・間接に企業や社会に実質的な影響を与え得ることを考えれば，労働者（労働組合）はワーカーズキャピタルの所有者として社会や環境に悪影響を及ぼす企業行動に加担する投資を排除し，公正な市場を確立する社会的責任を認識する必要がある。」としている。

　一般的に，労働者は自らの年金原資としての積立金がどのように運用されているかについて関心を持たず，その運用について意見をモノ申すこともしてこなかった。しかしこのガイドラインでは，労働者および労働組合は，積立金の運用方法について関心を持ち，運用方針に対する意見を言い，運用の実態を継続的にチェックするなど責任投資に関わっていこう，と提言している。労働者が当事者として声を上げ，機関投資家の代表格である年金基金を動かそうと呼びかけたことに大きな意義があ

る。

②21世紀金融行動原則

　日本の金融業界も自らのイニシアチブを立ち上げた。世界で PRI が
署名機関を拡大し，大きな影響力を持つようになったことは既述のとお
りであるが，その PRI の日本版にあたるものが「持続可能な社会の形
成に向けた金融行動原則（21世紀金融行動原則）」である。この原則は
環境省に設けられた金融業界の実務家からなる起草委員会が取りまとめ
を行い，2011年に発表されたもので[5]，国内金融機関の各業態，すなわ
ち銀行，証券，保険などのいずれにも共通する 7 つの基本的な行動原則
と，より具体的なアクションを示す業態別ガイドラインから構成されて
いる。金融機関が自主的に策定し運営するイニシアチブであり，2022年
4 月28日現在で303機関が署名している。

　起草委員会には各金融業態から委員が参加して，まさに自らのイニシ
アチブの下に手作りで原則やガイドラインを策定していった。融資・投
資運用・保険引き受けを通じて，各金融業態の業務の特徴を活かした持
続可能な社会への積極的な行動を促すものとして大きな意義があった。
以前から，ごく一部の国内金融機関は UNEP FI などの国際的な活動に
積極的に参加してきたが，グローバルな競争環境に置かれた製造業と比
べると，金融業界全体としてみればサステナビリティへの取り組みは遅
れがちであったため，金融機関全体の啓発と底上げを図る意味で，重要
なプラットフォームであった。

③スチュワードシップ・コードとコーポレートガバナンス・コード

　サステナブルファイナンスに関する日本の状況が目にみえて大きく変
わったのが2015年以降であり，その変化の原動力となったのが，スチュ
ワードシップ・コード，コーポレートガバナンス・コード，そして
GPIF（年金積立金管理運用独立行政法人）の責任投資原則（PRI）へ

5　その後，21世紀金融行動原則は2022年 3 月に改定されている。

の署名であった。

　スチュワードシップ・コードは機関投資家向けの行動原則であり，金融庁が英国にならって日本版として策定し2014年2月に発表した。その中身は，年金基金や生命保険会社などの機関投資家は，スチュワードシップ責任を果たすための方針を策定し公表すべきであり（第1原則），投資先企業の持続的な成長に向けて責任を果たし（第3原則），投資先企業との建設的な目的を持った対話を行い（第4原則），サステナビリティの考慮に基づく企業との対話やスチュワードシップ活動に伴う判断を行える実力を備えるべき（第7原則）などとなっている。300を超える主な日本の機関投資家がこれを受け入れている。

　一方で翌年の2015年に，すべての上場企業を対象とする行動原則であるコーポレートガバナンス・コードを，金融庁と東京証券取引所が共同で策定した。企業の持続的な成長と中長期的な企業価値の創出のためには，さまざまなステークホルダーとの協働に努める必要がある（基本原則2），社会・環境問題をはじめとするサステナビリティをめぐる課題については，社会の要請・関心が大きく高まっており，企業にとってもリスクや機会につながる重要な経営課題なので積極的・能動的に取り組むべき（原則2-3および同補充原則）としている。

　このように，スチュワードシップ・コードとコーポレートガバナンス・コードでは，投資家も企業も中長期的な視点に立って企業価値向上を目指し，建設的で目的のある対話とエンゲージメントを行うべきであるとし，そのテーマとしてのサステナビリティの重要性を強調しているのである。

　この2つの行動原則は，アベノミクスの経済政策の一環であった。つまり日本経済の再生に必要な，企業の中長期的な成長力を高めることを目的につくられたものである。しかしそのなかに，サステナビリティを

めぐる機関投資家と企業との間の建設的な目的を持った対話という要素が盛り込まれたために，ESG 投資を拡大するための政策として機能した。そして結果として，関係者の努力にもかかわらず長らく伸び悩んでいた日本のサステナブルファイナンスは急伸した。タイムリーな政策介入がいかに有効であるかを示すこととなったのである。

④GPIF の PRI への署名

日本の政府年金基金である GPIF（年金積立金管理運用独立行政法人）は，世界一の残高規模を持つ政府年金である。GPIF は2015年に PRI に署名し，その後の国内でのサステナブルファイナンスの急拡大に大きな影響を与えた。

PRI の諸原則のうちでも特に，投資先に対して ESG に関する適切な開示を求める（原則3），資産運用業界において本原則の受け入れと実行を推進する（原則4）この2つの原則が持つ意味は大きい。GPIF みずからは運用せず，資産運用会社に運用を委託している。GPIF は委託先の運用会社がどういう投資方針を持っているかを尋ね，もし ESG 投資を行っていなければなぜかと踏み込んで問う。GPIF は非常に大きな影響力を持った存在であり，その影響力を行使する意思を明確にしたのである。

GPIF にとっての，ESG 投資に取り組む理由は何であろうか？それを考える上で重要な点がある。それは，「ユニバーサル・オーナー」という概念である。GPIF のように巨額の資金を保有し，資本市場全体に幅広く分散して運用する投資家を「ユニバーサル・オーナー」と呼ぶ。典型的なユニバーサル・オーナーであり，かつ世代をまたぐ超長期投資家という特性を持つ GPIF が，長期に安定した収益を確保するためには，個別銘柄の短期的な変動よりも，資本市場全体が持続的・安定的に成長することのほうがはるかに重要である。そして，資本市場は長期スパン

で見れば必ず環境問題や社会問題の影響を受けるので，こうした問題が与える負の影響を減らすことが，投資リターンを持続的に追求する上で不可欠である。つまり，投資ポートフォリオ全体の長期的なリターンの最大化を目指すために，ESG要因を考慮することが必要，としているのである。

⑤コミュニティ投資

　以上のようなメインストリーム投資とは別の視点で，地域の課題解決や資金ニーズに応える新しい金融の形が生まれている。コミュニティ投資の新たな展開である。

　その1つの事例が，ミュージック・セキュリティーズ（株）の投資スタイルである。セキュリティと称する匿名組合契約を活用した資本性の資金の供給スキームをつくり，新たな資金の流れを生み出した。個人投資家はひと口数万円程度から出資でき，その出資金を事業者や被災者など資金を必要とする人々につなぐ。経済的価値の創出とともに，地域の課題解決や社会的インパクト創出を目指す試みである。ミュージック・セキュリティーズは，地域金融機関や自治体とも連携して，資金と幅広い投資案件候補とのマッチングを行っている。これまでに手掛けたテーマは多岐にわたり，伝統ある酒蔵を応援する純米酒ファンド，東日本大震災の被災地を応援するセキュリティ被災地ファンド，熊本地震被災地応援ファンドなどのほか，海外のフェアトレードコーヒーの生産者の支援などにも対象を広げている。最初はミュージシャンの音楽活動の力になろうとこの事業を立ちあげた小松真実社長は，これまでの取り組みを振り返って，次のように語っている[6]。

・金融から排除されて，サービスにアクセスできない人たちのために，新しい金融システムが必要だと考えた。

・頼母子講は地域で助け合う仕組みで，お金を持ち寄ってコミュニティ

6　明治大学経営学部での小松真実氏の講演（2019年11月27日）から，ハイライトとして関が要約。

で融通し合う。これと同じ仕組みを，最新のテクノロジーを使って世界にも拡大しているのが当社。

・ソーシャルインパクトを生み出すこと，出資者の共感を得ることが重要。投資家と事業者との交流の場を提供する試みも行っている。

・寄付だけではなく，投資性の資金を提供したことが，お金を受け取る被災地の人々の力となった。

　こうして社会的インパクトを中核的な価値とする投資は，メインストリームのESG投資に比べて資金規模は大きくないが，さまざまな地域の課題の解決に貢献している。今後も個人投資家の共感を得ながら，実際に地域の課題解決につながる資金の流れを作りだしてその役割を果たしていくであろう。

4. 今後の課題と展望

（1） 受託者責任論の転換

　サステナブルファイナンス主流化の1つの力となったのが，受託者責任論の転換への動きである。伝統的な受託者責任論では，運用受託者は運用成果つまり経済的リターンを最大化することこそが，資産運用委託者に対して果たすべき責任であるとする。したがって，これまでみてきたような社会や環境への配慮を投資判断に組み込むことは，投資の自由度を制限するため経済的リターンを最大化する機会を失いかねず，この責任に反するとされた。このことが，機関投資家などメインストリームの投資家やアセットマネジメント会社などが，サステナブルファイナンスに消極的な大きな理由となっていた。

　しかし，2005年にUNEP FIに提出された意見書[7]にみられるように，受託者責任の転換が主張された。そこでは，ESGの要素は中長期的な企業価値の向上に影響するため，投資判断にESGを組み込むことは許

7　出典：ロンドンに本拠を置き，世界で最もサステナブルな法律事務所を目指しているフレッシュフィールズ・ブルックハウス・デリンガー法律事務所が提出した意見書「機関投資家における環境・社会・ガバナンス課題の統合のための法的フレームワーク」2005年10月

容されるべきで，むしろ要請されるべきである，とする。翌2006年の
PRIにおいては，「受託者責任に反しない範囲で投資家として本原則を
採用・実行する」としている。さらに2015年の報告書「21世紀の受託者
責任」では，この考え方をさらに進めて，ESGなど長期的に企業価値
向上を促進する要素を考慮しないことは受託者責任に反するとして，伝
統的な受託者責任論とは正反対の解釈を表明するに至った[8]。

　こうした受託者責任論の転換の1つの背景となっているのが，気候変
動を企業戦略に組み込むことが今や必須となった大きな環境変化である。
第7章でみたように，気候関連情報はもはや非財務情報ではなく企業に
とっての，そして企業に投資する投資家にとっての，リスクと機会に直
結する戦略上重要な財務情報である。この考えに基づくTCFDは世界
中で情報開示のスタンダードになっている。気候変動に限らず，従来
「非財務情報」と呼ばれてきた環境・社会・ガバナンスに関する情報は，
短期的には「非財務」情報と言えるかもしれないが，長期的にみれば企
業価値に影響を与える「財務」情報である。これらを考慮することは，
受託者責任，すなわち委託を受けて他人の資産を運用する者としての忠
実義務と善管注意義務に反するとは言えない，との解釈が受け入れられ
るようになってきたことは当然の成り行きであろう。

　この長期的な視点を持つことの重要性は気候変動だけに限らない。サ
プライチェーンにおける人権・労働や，社会における貧困・格差などの
問題についても，これらの問題に目を向けず放置することは，自社のリ
スクを高め，将来社会の不安定化を招くことになる。長い時間軸でみれ
ば企業価値を毀損したり，成長機会を失うことにもなりかねない。脱炭
素社会を目指す動きや，SDGsの浸透により，こうした長期的な環境・
社会問題と企業価値との関係がより強く意識されるようになったことで，
受託者責任の新たな解釈の妥当性がより強まったと言えよう。

8　UNEP FI（2015）"Fiduciary Duty in the 21st Century"の日本語訳で。PRIのウェブ
サイトからダウンロード可能。
https://bdti.or.jp/wp-content/uploads/2017/04/PRI_Fiduciary-duty-21st-century-Japanese-J.
pdf（最終閲覧日　2022.08.31）

　しかし，この受託者責任論の転換は実際に起きているとはいえ，投資家の考え方や行動が一様に切り替わったわけではなく，転換は依然進行中である。政策当局，証券取引所，機関投資家，運用の受託者，その他の関係者が果たすべき真の共通の責任とは何かについて，さらなる議論の深まりと理解の広がりが求められる。

（ 2 ）　トランスフォーメーションへのインパクトを生む投融資とは

　サステナブルファイナンスの主流化が進むにつれて，これまでの投資との境界があいまいになってきている面がある。例えば，環境投資の資金調達手段として，使途を環境に絞ったグリーンボンドの発行が，政府や自治体，企業などによって盛んに行われるようになった。発行主体が増え残高も急増するに連れて，真にグリーンとは言いがたい案件も散見され，批判もされている。そこで，国際資本市場協会はグリーンボンド発行に必要な 4 要素を「グリーンボンド原則」として定めた。発行者は，何をもってグリーンとしているのか，説明責任を果たさなければならない。

　ESG 投資についても，同様の問題が存在する。ブームに便乗した形だけの ESG 投資や，短期的運用パフォーマンスの観点でのみ ESG を考慮するのであれば，これまでと変わらない。重要なのは，投資が実際に中長期的な変化を生み出すかどうか，である。

　この点に問題意識を持った，英国・オランダ・デンマークの各国政府も支援しているワールド・ベンチマーキング・アライアンス（WBA）という NGO がある。WBA は，企業活動が環境や社会に与えるインパクトに着目して，ベンチマーク（取り組み目標）とすべき企業を世界中からピックアップして明らかにすることを目指している。

　持続可能な社会へのトランスフォーメーションには，サステナビリ

> 原則1　定義
> ポジティブ・インパクト金融はポジティブ・インパクト・ビジネスのための金融である。持続可能な開発の3つの側面（経済，環境，社会）のいずれかにおいて潜在的なマイナスの影響が適切に特定され緩和され，なおかつ少なくともそれらの一つの面でプラスの貢献をもたらすこと。
> ポジティブ・インパクト金融は，このように持続可能性の課題を総合的に評価することから，持続可能な開発目標（SDGs）における資金面での課題に対する直接的な対応策の一つとなる。
>
> 原則4　評価
> 事業主体（銀行，投資家など）が提供するポジティブ・インパクト金融は，意図するインパクトの実現度合いによって評価されなければならない。
>
> 出典：UNEP FI（2017）「ポジティブ・インパクト金融原則　SDGs達成に向けた金融の共通枠組み」日本語参考版より

図9-4　ポジティブ・インパクト金融原則

ティを組み込んだ資本配分が行われることが，不可欠である。そして人間の尊厳や，世代間・同世代内での社会的公正，などの倫理観が基本的価値として投資判断に組み込まれ，その結果，実際にネガティブ・インパクトが減り，ポジティブ・インパクトが生まれる必要がある。そこでWBAは企業がベンチマークとして目指すべき，また投資家が投資対象とすべき，真に持続可能な優良企業を見分けるためのツールを，無料かつ公的に入手可能な形で提供しようというのである[9]。

また，企業が生み出す社会的インパクトへの注目に加えて，そうした企業に投融資することを通じて金融機関がもたらす社会的インパクトも注目されている。一例として，社会的インパクトに注目して2017年にUNEP FIが発表した「ポジティブ・インパクト金融原則（Principles for Positive Impact Finance）」（図9-4）があり，署名する金融機関

9　WBAは，ミッションについて以下のように述べている。「私たちの使命は，持続可能な未来に向けてのビジネスへの影響を測定し，インセンティブを与えるような，すべての人のために役立つ新たな運動をつくりあげることです。ベンチマークは，SDGsに関する企業業績を測定および比較するための不可欠なツールです。金融機関，企業，政府，市民社会，個人に，その影響力を最大限に発揮するために必要な情報を提供します（関が訳出）。」https://www.worldbenchmarkingalliance.org/mission/（最終参照日　2022.08.31）

が増えている。文字通り，社会に対してポジティブなインパクトを産む
ための金融原則である。その原則1にも明記されているとおり，「SDGs
における資金面での課題に対する直接的な対応策」となることを目指し
て策定されたものである。ただ ESG に配慮するだけではなく，金融を
通じて創出する社会へのポジティブ・インパクトに注目し，それを自ら
の意思決定に組み込むとともに測定し評価し公表すべきとする。金融機
関が投資を通じて生み出すインパクトを追求することで，より社会変革
が加速される，との考え方がベースにある。国内でも，この考え方に基
づいた新たな融資スキームを開発し実践する金融機関が出てきている。

　投資の世界では異端であった宗教的倫理観に基づく責任投資は，今や
投資のメインストリームで実践される ESG 投資へと大きく変貌を遂げ
た。しかし，社会を変革し持続可能な社会の実現に真に貢献するサステ
ナブルファイナンスのあり方は，未だ模索が続いている。そのなかで，
受託責任を果たしつつサステナビリティへのインパクトを重視した投資
は，ESG 投資のひとつの進化形として，今後の展開と拡大が期待され
る。

　長い歴史のなかで定着している，投資市場における意識や行動を変え
ることは簡単ではない。しかし SDGs の達成も，脱炭素社会の実現も，
投資の力無しには不可能であることは明らかである。サステナブルファ
イナンスに求められる自己変革の道のりは，今後も継続的な進化の過程
として続いていくであろう。

参考文献

水口剛（2013）『責任ある投資─資金の流れで未来を変える』岩波書店

水口剛（2017）『ESG 投資 新しい資本主義のかたち』日本経済新聞出版

足達英一郎，村上芽，橋爪麻紀子著（2016）『投資家と企業のための ESG 読本』日経 BP 社

長谷川直哉（編著）（2018）『統合思考と ESG 投資─長期的な企業価値創出メカニズムを求めて』文眞堂

北川哲雄（編著）（2019）『バックキャスト思考と SDGs/ESG 投資』同文館出版

関正雄（2020）「インパクト評価と SDGs・ESG 投資」，塚本一郎・関正雄（共編著）『インパクト評価と社会イノベーション』（第一法規）の pp.180-207に所収

国連環境計画・金融イニシアティブおよび国連グローバル・コンパクトと連携した投資家イニシアティブ（2017）「責任投資のビジョン」

Global Sustainable Investment Alliance（2021）"GLOBAL SUSTAINABLE INVESTMENT REVIEW 2020"

UNEP FINANCE INITIATIVE（2017）"THE PRINCIPLES FOR POSITIVE IMPACT FINANCE─A COMMON FRAMEWORK TO FINANCE THE SUSTAINABLE DEVELOPMENT GOALS"

UNEP FINANCE INITIATIVE（2019）"PRINCIPLES FOR RESPONSIBLE BANKING"

10 | 政策としての持続可能性

関　正雄

《学習の目標＆ポイント》 持続可能な社会を実現するために，政策が果たす役割を考える。特に国連を舞台にした気候変動枠組条約の交渉過程を取り上げて，多様なセクター，なかでも企業の参加と役割の増大，政府セクターの役割の変質という流れを，グローバル・ガバナンスの観点から考察する。また，サステナビリティの分野で優れた政治的リーダーシップを示している北欧諸国の取り組みを，スウェーデンを例に学び，バックキャスティングによる政策の有効性を考える。

《キーワード》 共通だが差異ある責任，企業の責任ある政策関与，多中心的ガバナンス，バックキャスティング，グローバルなルールメイキング，デカップリング，政策シグナル，市民の政治的意思と選択

1. 難航した気候変動の国際交渉

　持続可能な発展に関する国連の会議は長い歴史を持っており，10年ごとに重要な世界会議が開催されてきた。

　　1972年　国連人間環境会議（ストックホルム会議）
　　1982年　国連環境計画管理理事会特別会合（ナイロビ会議）
　　1992年　国連環境開発会議（リオ地球サミット）
　　2002年　持続可能な開発に関する世界首脳会議（ヨハネスブルグ・サミット）
　　2012年　国連持続可能な開発会議（リオ＋20）

なかでも，1992年のリオ地球サミットは，気候変動枠組条約と生物多様

性条約という地球環境に関する2つの重要な条約が採択された会議である。以降，それぞれの条約の締約国会議（COP: Conference of the Parties）が継続的に開催されてきた。

　しかし，条約の趣旨には賛同しても，COP の場での具体的国際ルールの策定・合意に向けては，各国の利害が衝突し交渉は難航する。気候変動の COP でようやく先進国に温室効果ガスの排出削減義務を課したのは，COP 3 京都会議の1997年であったし，先進国・途上国を問わず法的に拘束されるグローバルな枠組みの合意に至ったのは，実に2015年の COP21パリ会議のことであった。

　難航する気候変動 COP の交渉過程で数限りなく繰り返された主張は，1992年のリオ宣言にも明記された「共通だが差異ある責任」という考え方である。途上国側が常に強調した原則であり，気候変動問題の解決に向けて負うべき責任は世界共通であっても，歴史的に温暖化の原因を作ってきた先進国が，途上国とは異なる責任を果たすべきだとする。

　京都議定書で先進国のみに削減義務を課したことも，この原則に則ったものであるが，新興国・途上国の経済発展とそれに伴う排出増加もあって，地球全体の温暖化防止のためには，今や先進国のみの取り組みでは全く不十分である。その後長い交渉期間を経て，パリ協定では，産業革命前からの地球平均気温の上昇を2℃より十分低く保ち，1.5℃に抑える努力をするという世界の共通目標に合意し，すべての国がその能力に応じて責任を果たすために自主的な削減目標を提出し第3者がそれをレビューする（プレッジ＆レビュー），という新たなスキームで合意した。ようやく先進国・途上国という二分論を超えた合意に至ったのである。

2. 多様なセクターによる多中心的なガバナンス

　この間の国際交渉における１つの傾向として，非政府セクターのエンゲージメントが強まり，その役割の重要性が増していることが挙げられる。

　そもそも持続可能な発展に関する多くの国連の会議では，政府代表だけではなくさまざまなセクターの参加が奨励されている。持続可能な発展のためには，社会のすべての分野とあらゆる種類の人々の積極的な参加が必要であるとされているからである。リオ地球サミットで採択されたアジェンダ21では，持続可能な発展に関連する国連活動に幅広く参加すべき主要な９つのセクターを特定した。これらは「主要グループ（major groups）」と呼ばれ，以下のセクターを指している。

- ・女性
- ・子どもと青少年
- ・先住民族
- ・非政府組織
- ・地方自治体
- ・労働者と労働組合
- ・ビジネスと産業
- ・科学技術コミュニティ
- ・農民

　このなかで，政府間対立を超えた人類共通の価値観の実現のために，NGO（非政府組織）セクターの果たしてきた重要な役割についてはすでに第６章で述べた。国連はその目的を果たすために，早くからNGOを重要なパートナーとして位置づけてきたのである。

ワルシャワ COP19の会場内にて関が撮影（2013年）
図10-1　COP に参加するユース

　しかし，NGO だけではなく，近年では気候非常事態への危機感を強めた若い世代の声が世界中で高まっているし，米国カリフォルニア州など政府の先をいく政策を次々に実施する地方自治体が世界各国に存在し，そうした自治体や都市が集うグローバルなイニシアチブ ICLEI（International Council for Local Environment Initiative: 国際環境自治体協議会）の活動も盛んである。さらに，企業は環境政策を事業の足かせと考えるのではなく，自身のリスクと機会とに直結する問題ととらえて政策への関心を高め，積極的に関与する姿勢を強めている。

　世界政府が存在しないなかで，気候変動や貧困などの地球規模課題をどう政策的に解決できるだろうか？　このことを考える 1 つの手がかりとして，国際政治におけるキー・プレーヤーの多様化，つまり多中心的なガバナンスへの移行という点に着目して，気候変動交渉における動きをみてみることとしたい。

　キー・プレーヤーの多様化のなかでも，特に注目すべきは企業の役割の増大である。それは，地球規模課題を解決するためには，経済のグローバリゼーションの実態を踏まえる必要があり，領域国家の枠組みを超えてグローバル化した経済自体を変容させていくことが必要だからである。気候変動の国際交渉で企業の関与が強まっているのも，リオ地球サミットの頃には弱かった経済の視点を SDGs が大幅に取り入れているのも，こうした文脈で理解することができよう。

　企業の関与増大の萌芽は，リオ地球サミットの1992年時点ですでに存在していた。しかも，企業セクター自身によってそのことは認識されていたのである。1990年に48人の経済人によって設立された BCSD（WBCSD の前身）の議長である，ステフアン・シュミットハイニーが出版した "Changing Course" では，地球環境問題解決における企業の役割を，図10-2 に示すように実に的確に述べている[1]。

1　Stephan Schmidheiny and BCSD（1992）"Changing Course: A Global Business Perspective on Development and Environment" MIT Press
和訳は同年にダイヤモンド社から出版されている。

「環境問題は，地域レベルの汚染から地球規模の脅威へと大きくなってきた。同様に経済界の課題も，比較的単純な技術的対応やコストの追加ですんでいた状況から，脅威，選択，機会の全社的な集積へと拡大している。」

「根本的な変革が必要なことを，誰も疑うことはできない。このことはわれわれに2つの基本的な選択肢をつきつける。できるだけ長く変化に抵抗するか，未来をかたちづくる人たちの仲間になるかである。」

出典：「チェンジング・コース」第1章 持続可能な開発のための経済界の役割（P.17）

図10-2 抵抗ではなく参加を

　もっとも，当時はこうした企業はごく一部であった。企業セクターが国際的な環境や開発に関するグローバル枠組み策定にまで加わって実際に影響力を発揮するまでには，長い時間がかかる。その過程を，筆者自身が参加した COP での経験を交えて振り返ってみることとしたい。

3. 気候変動国際交渉と企業　〜ビジネス・ソリューションの提供主体として〜

（1）　蚊帳の外から議論の輪のなかへ

　気候変動の国際交渉の1つの節目と言われ，世界中の注目が集まった2009年のコペンハーゲン COP15は，ポスト京都の新たな枠組み合意はならず失望のうちに終わる。大きかった期待はしぼみ，"Hopenhagen" が "Nopenhagen" になってしまった，という落胆のメッセージも流された。

　この当時，COP における企業の存在感は薄く，一言で言えば蚊帳の外であった。WBCSD は以前から COP において産業界の声を代表する組織と認められてはいたものの，実際にはビジネスフォーラムを公式会

コペンハーゲン市内にて関が撮影（2009年）
図10-3　COP15に託された希望

議場から遠く離れた市内のホテルで開催するばかりで，政府間交渉への実質的な影響力は持ち得なかった。また，気候変動の解決に積極的に取り組むWBCSDの声は産業界において主流とは言えず，多くの企業は厳しい削減目標や環境規制は企業活動の制約になると考え，警戒心を持って交渉を見守っていたのである。

　企業が一歩も二歩も踏み出したのは2013年のワルシャワCOP19である。COP19では政府間交渉自体は進捗をみせず，業を煮やしたNGOセクターが一斉に会議場から退出する（walkout）という抗議の意思表示を行った。しかし企業の参加という点では大きな進捗があった。それを象徴するのが，上記のビジネスフォーラムを実施する場所である。COP史上初めて，公式会議場のなかでビジネスフォーラムを開催したのである。そして以降のCOPではそれが恒例になった。文字通り，企業が「蚊帳の外」から議論の「輪のなかに」入ったのである。

　しかも，関与のスタンスも変わっていった。シュミットハイニーの言葉を借りれば，「抵抗側から，未来をかたちづくる人たちの側に」まわったのである。それを象徴的に示したのが，Caring for Climateの提言書である。国連グローバル・コンパクトのなかには気候変動に取り組むCaring for Climateというイニシアチブがあり，400社ほどが参加している。ここがCOP19に合わせて企業に「責任ある政策への関与」を促すレポートを出した。企業は気候変動交渉の足を引っ張るロビーイングを行うのではなく，政策議論のなかに入って逆に政府間交渉を後押し

する立場で企業としての声を伝えていこうではないか，という趣旨の提言書である。これは企業に関与のベクトル変更を促すものであった[2]。

　この提言書とともに発表された，当時の Caring for Climate の活動方針の4本柱は，積極的な政策関与，カーボンプライスの支持，科学的知見を踏まえた目標設定（Science Based Target），適応に関するビジネス・ソリューションの好取組事例共有である。政策と企業戦略とをシンクロさせ，政府とともに積極的な気候変動対策に取り組んでいくスタンスを明確に打ち出している。

（2）　参画の制度化と役割の増大

　この傾向はその後も強まっていく。2015年パリ COP21での歴史的な合意の背後には，企業や投資家，都市・自治体，市民社会といった非政府アクターの後押しがあり，なかでも企業と投資家の役割が大きかったとされている。企業セクターは，COP21に際して We Mean Business というプラットフォームを新たに立ち上げた。これは WBCSD と国連グローバル・コンパクト，そして BSR（Business for Social Responsibility）という世界をリードする CSR 推進団体3つが，大同団結して企業セクターの声を上げていこうというものであった。市民社会としてはネットワーク NGO である CAN が以前から COP に積極的に関与してきたが，企業も同様にワンボイスで関わるようになったのである。

　COP21では，非政府セクターの役割の重要性を認識し政府間交渉前進のモメンタムとして取り込んでいこうとする動きが，初めて制度化された。NAZCA（Non-State Actor Zone for Climate Action）と呼ばれるプラットフォームである。多様なステークホルダーが，政府セクター

2　UN Global Compact（2013）"GUIDE FOR RESPONSIBLE CORPORATE ENGAGEMENT IN CLIMATE POLICY — A Caring for Climate Report" 同報告書では，企業の「積極的関与」の好例として，カリフォルニア州における自動車の厳しい排ガス規制に米国企業は抵抗したのに対して，日本企業はいち早く規制をクリアして米国市場を席巻した事例を紹介している。
https://www.unglobalcompact.org/library/501（最終参照日　2022.08.31）

と連動して活動することが歓迎され，NAZCAに登録することが期待されたのである。これは，すでに実際に起こっていた動きを認知して制度化したものではあるが，関与主体が多様化するグローバル・ガバナンスの変化をCOP合意として明確に示したことは注目に値する。

　パリ協定は，必達削減目標を先進国に割り当てて未達成の場合にペナルティを課す京都議定書のトップダウンの規制的なアプローチとは異なり，共通目標達成に向けたすべての国の自主的努力を促す，ボトムアップのアプローチを採用している。その枠組の実効性を高めるためにも，条約の責任主体である政府のみが中心となるガバナンスではなく，より多様なステークホルダーが参加しそれぞれが責任あるコミットを行って協働する，多中心的な新たなガバナンスが有効に機能することが必要なのである。事実，国別のプレッジ＆レビューに加えて，企業をはじめ非政府の多様なセクターによる自主的なプレッジ＆レビューも行われつつある。

　翌2016年のマラケシュCOP22でも，政策決定者と企業との対話はさらに深まっていく。COP期間中にICLEIとWBCSD，つまり都市連合と企業連合の共同開催で行われたフォーラム[3]は，COP会場のなかで各国政府代表団のオフィスが集まるエリアに隣接した会議場で行われた。各国の政府関係者も頻繁に出入りし，低炭素社会をどうやって実現するかについて3日間にわたって行われたこのフォーラムには，政府セクターからも何人もがパネリストとして登壇した。そのなかで印象に残っているのは，アルゼンチン政府関係者の話である。国別の削減目標をどうするかを国内で議論し，産業界との対話を経た結果，目標水準を下げるどころか上積みされてより意欲的な目標になった，という経験を共有してくれた。これは政府と産業界との対話に関するそれまでの「常識」とは正反対の結果であり，参加者間で特に注目を集めたエピソードであった。

3　フォーラム名称は，"COP22 Low-Emissions Solutions ― Global brainstorming on pathways to low emissions"

マラケシュCOP22の会場内にて関が撮影 (2016年)

図10-4　COP22居並ぶ企業の展示ブース

　交渉会場の隣の建物には広い展示スペースがあり，通常のCOPではNGOなどの団体がブース展示を行うことが多い。しかしCOP22では，企業のブース出展が非常に増えた。パリ協定合意の後も詳細の運用ルールの交渉は続いていたが，大きくみれば交渉フェーズから実施フェーズへと移行してきている。そこでは，企業が生み出す数々のソリューションが欠かせない。居並ぶ企業の展示ブースは，企業への期待が強まるとともに企業自身もビジネス機会として一気に強い関心を寄せはじめていることの表れであった。

　企業の揺るがない確信は，米トランプ政権がパリ協定からの離脱を表明したにもかかわらず，即座に主要米国企業や自治体・投資家・大学などが"We are still in"と声を上げて，離脱を否定する意思表示を行ったことにも示されていた。その後も世界の企業や投資家の動きは加速する。多くのグローバル企業が国際的な政策合意と整合する，2050年にバリューチェーン全体を通じてカーボン・ニュートラルを達成するという目標を発表しているし，再生可能エネルギー100％を目指す企業のイニシアチブRE100には，国内外の多くの企業が参加するようになった。また，カーボン・プライシングの政策を支持する企業が増えてきており，いわゆるインターナル・カーボン・プライシングの導入も進んできている。例えば長期戦略のなかで事業ポートフォリオを今後どう変えていくかという意思決定のための1つの要素として，予想される炭素税などのカーボン価格を組み込む企業の数も増えているのである。

（3）　新たな政策枠組みを考える視点

　2021年のCOP26でも，各国政府の削減目標の上積みは十分できたわけではなく，1.5℃目標との間には大きなギャップが依然存在している。容易には縮まらないギャップを小さくするために，今後も企業をはじめ非政府セクターの役割はますます重要性を増すであろうし，政府間の枠組みを超えたさまざまな取り組みやイニシアチブの成果が期待されている。例えば，温室効果ガス吸収に重要な役割を果たす森林保全をテーマにした取り組みや，あるいはWBCSDで行われているセメントやタイヤ，化学といった業界別のイニシアチブがある。さらには，食料のバリューチェーンにおける取り組みの重要性も共通認識になってきている。増加する人口に十分な食料を確保しながら，食料生産過程で発生する温室効果ガスをいかに抑えるか，そして生産から流通までの一連の流れを見直して食品ロスをいかに減らしていくか，などである。こうしたテーマ別，セクター別の取り組みが盛んになってきている傾向は，国際分業とバリューチェーンのグローバル化が進む経済社会の構造変化を反映したもので，もはや各国政府の管轄する国内政策の範疇には収まらなくなってきている。

　そもそも，現在の条約は温室効果ガスの排出を国ごとに，しかも生産ベースで計測することを前提にしている。しかし，生産・物流・消費がグローバル規模で行われ，貿易によって生産国と消費国が分かちがたく結びついている現状では，例えば世界の工場と言われる中国で生産された製品を，一体世界の誰がどこでどれだけ買って使っているのか，という消費ベースでの排出責任を考慮して国別の排出量を修正すべきではないか，との主張には十分な合理性がある[4]。

　実際には，新たに消費ベースで正確な統計を取ることは容易でないが，

4　例えば，OECDによる以下の論文がある。Yamano, N. and J. Guilhoto（2020）, "CO₂ emissions embodied in international trade and domestic final demand: Methodology and results using the OECD Inter-Country Input-Output Database", OECD Science, Technology and Industry Working Papers, No. 2020/11, OECD Publishing, Paris, https://doi.org/10.1787/8f2963b8-en（最終参照日　2022.08.31）

長期目標達成のために「できるだけ早く，できるだけ多くの」温室効果ガスを削減するためにはどうしたらよいかを考えるうえで，既存の枠組みを相対化し新たな視点で考えてみることは有用である。そして実効性が高い取り組み方法を考えて，それを機能させ成果を出していくことが何よりも重要である。

　その観点で，何が各主体を動かす最も強い動機になっているかを考えると，例えば日本企業も今やグローバル・サプライチェーンに組み込まれており，海外の取引先などからスコープ3[5]も含めたバリューチェーン全体の脱炭素化を図るために，カーボン・ニュートラル実現を要請される状況になってきている。また，情報開示の国際的な基準としてTCFD が世界中で影響力を増してきている。国内法での規制がなくても世界の ESG 投資家の強い関心事であり，企業は財務情報として気候変動のリスクと機会を自主的に開示する必要に迫られている。

　さらに，非政府主体間の連携も強まってきている。例えば，環境NGO の WWF は企業の Science Based Target（科学的根拠に基づいた温室効果ガスの削減目標）策定とその結果検証を支援することに力を入れており，企業と協働する姿勢を鮮明にしている。投資家も，石炭火力への投資からの撤退というダイベストメントで関係を遮断してしまうだけではなく，国境を越えて影響力を行使するために関係を維持しながら企業行動の変化を導くエンゲージメントを強めている。同時に，機関投資家は自らの投資ポートフォリオのゼロカーボン化をも目指し始めた。

　以上，伝統的なウェストファリア体制すなわち領域国家の枠組みを越えて，脱炭素社会の実現に向けた各主体の新たな関与と協働が生まれ，至る所でその流れは大きくなっているのである。

5　スコープ3とは，企業みずからが排出している温室効果ガスであるスコープ1，スコープ2以外の，バリューチェーン上で関連する他社の温室効果ガス排出量を指す。

（4）　変わる政府の役割

　以上のような脱国家化的なガバナンスへと向かう変化は，決して政府の無力化を意味するものではない。むしろこうした取り組みを支援し促進するための政府の新たな役割はますます重要になってくる。特に必要なことは，パリ協定やSDGsにみられるような，合意された世界共通の目標を達成するために，各国政府が明確な長期ビジョンと具体的な目標を提示し，その実現のために一貫した政策シグナルを送り続けることである。企業も，投資家も，政策の一貫性と予見可能性があってはじめて確信を持って脱炭素に向けた先行投資を行うことができる。

　そして，直接的でハードな規制的手法よりは，多様な主体を参加させ取り組みを促すために情報開示の統一基準を策定したり，インセンティブの付与や企業の力を引きだすために競争環境を整備したりといった，グローバル規模での経済ルールに組み込んで市場のプレイヤーの行動変容を促すような政策手法がより重要となろう。

　欧州では，2019年にEUの長期戦略である「欧州グリーンディール」を発表し，2050年のカーボン・ニュートラルや生物多様性，サーキュラーエコノミーなどへの投資計画を含む全体計画を実施に移している。そのなかで，何が長期戦略遂行に真に資する「グリーンな」企業活動であり投資活動であるのか，判断基準を明確化するための「EUタクソノミー（分類基準）」を策定するとした。具体的には，気候変動の緩和，気候変動への適応，水と海洋資源の持続可能な利用と保全，サーキュラーエコノミーへの移行，環境汚染の防止と抑制，生物多様性と生態系の保全と回復，の6つの環境目標の1つ以上に貢献し，なおかつそれ以外の目標に悪影響を与えない活動である必要があるとして，それぞれの目標に資する技術的な基準まで示す。企業や投資家は，この基準に照らした活動をしているかどうか，売上高や投資残高におけるグリーン比率

などの形で情報開示を求められることになる。

　このように原則や基準を定め，それに従ってどう行動しているかについて情報開示を求める，という政策手法はEUタクソノミーだけでない。国際会計基準審議会（IASB）の母体であるIFRS財団は，COP26において国際サステナビリティ基準審議会（ISSB）の設立を表明した。まずは気候変動がテーマになるが，将来的にその他のサステナビリティ情報の開示を会計基準に組み込んでいくことを表明している。つまり，サステナビリティが企業会計そのものにビルトインされる方向が，明確に示されたのである。

　また，貿易ルールにサステナビリティを組み込む動きもある。EPAやFTAなどの貿易協定の交渉は，これまでもっぱらそれぞれの国の経済的利益を守る立場からなされてきた。これからは，加えて通商のルールのなかに環境・労働・人権といった共通価値への配慮を盛り込むことの必要性がより強まってきている。欧州委員会も，貿易総局を中心に協定にサステナビリティチャプター（章）を組み込むよう積極的に動いている。持続可能で公正かつ社会正義にかなった貿易をすることは，大義であるとともに極めて重要な通商戦略でもあるととらえる必要があろう。

　こうしたさまざまなグローバル・ルールは，環境・労働・人権といった共通価値への配慮を怠る者が有利になってしまわないように競争条件を統一する（いわゆるlevel playing fieldの実現）のためにも，できる限り幅広く適用されることが重視されている。欧州は，ルールメイキングにおいてリーダーシップを取ろうと積極的に動いている。日本も，政府をはじめ各主体がサステナビリティの分野におけるグローバルなルール形成に積極的に関与することが，ますます重要となってきている。

4. スウェーデンのサステナビリティ政策

（1） バックキャスティングの実践

　スウェーデンをはじめ，北欧諸国は持続可能な発展に関する政策において，国際的な評価が高い。独ベルテルスマン財団が毎年発表しているSDGs の国別ランキング[6]では，常に北欧諸国が上位を占めており，なかでもスウェーデンは2018年と2020年は世界 1 位，2021年もフィンランドに次いで 2 位と，毎年高い評価を受けている。

　スウェーデンの国としての高評価は，さまざまな要因によるものであるが，政策面での 1 つの重要な特徴は，バックキャスティングの考え方を取り入れていることである。バックキャスティングとは，1989年にスウェーデンの NGO，ナチュラルステップの創設者であるカール・ヘリング・ロベール博士が提唱したもので，実現したいあるべき姿から逆算して行動計画を立て実施していくという手法である。重要なのは，目標から出発して，現状とのギャップを分析し如何に埋めるかを考えることである。反対に現状から出発して未来の到達点を描いてしまうと，現状を前提とした改良や改善はできても，今私たちに求められているような，大変容や高い目標は達成できない。

　スウェーデン政府の政策にもこの考え方が取り入れられ実施されてきた。例えば，2045年には世界各国に先駆けて脱化石燃料の国にするとの長期計画を明らかにし，そのためのロードマップを，コンクリート，食料，森林，鉄，海洋，デジタル化，などの各分野に関して策定している。

　このバックキャスティング手法が有効なのは，環境分野だけに限らない。広く社会的課題全般においても当てはまる。スウェーデンでジェンダー平等などが高い水準で実現できているのも，高い目標を設定しバッ

　6　出典："SDG INDEX AND DASHBOARDS REPORT 2021 GLOBAL RESPONSIBILITIES" Bertelsmann Stiftung and Sustainable Development Solutions Network, 2021 ほか各年度版
https://www.sdgindex.org/reports/sustainable-development-report-2021/（最終参照日 2022.08.31）

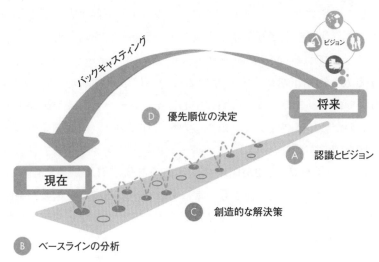

出典：ナチュラル・ステップのホームページより（和訳は関）
図10-5　バックキャスティングの ABCD

クキャスティング手法で，大きなギャップを埋める政策を着々と実施し
てきた成果なのである。高いレベルの目標を掲げて大変革を求める
SDGs においては，このバックキャスティングの考えに基づいた実施が
不可欠である。

（2）　デカップリングの実現とイノベーション

　また，環境政策に力を入れることは，経済成長を犠牲にすることを意
味しない。経済成長と温室効果ガスの排出削減は，一般的にはトレード
オフで同時実現は難しいと考えられているが，スウェーデンはこの２つ
の相関関係を断ち切る，いわゆるデカップリングを成功させている。
1990年から2019年まで GDP は３倍に拡大する一方で，温室効果ガス排
出は同期間で24％削減しているのである[7]。

7　CBCC（企業市民協議会。経団連が設立した CSR の推進団体）の訪欧 CSR 対話ミッ
ションで訪問した，スウェーデン政府（企業・イノベーション省）のヒアリングから
（2019年11月19日）。

　そして，産業政策の面でも，グローバルな企業の競争力と国の競争力
に直結するサステナビリティは重要政策イシューであるととらえ，官民
一体となって世界戦略に組み込んでいる。スウェーデンは，人口約
1,000万人と国内市場が大きくないので，常に念頭に置いているのは世
界市場である。また，成長戦略の中心はイノベーションと輸出振興であ
る。そのためイノベーション政策に力を入れており，研究開発への投資
にも積極的で，グローバル・イノベーション・インデックスでは，スイ
スに次いで評価対象132か国中2位と高く評価されている[8]。IKEAや
H&Mなどスウェーデン企業も，常にグローバル市場を見据えた戦略を
遂行しており，国際競争力の重要な要素としてサステナビリティに力を
入れている。

（3）　ストックホルムの都市計画と市民参加

　また，もう1つの重要な要素は市民参加である。環境配慮と住民の快
適さの実現を目指したストックホルム市内2つの開発プロジェクトにも，
その点はよく表れている[9]。

　ストックホルムにはスウェーデン全体の人口の約10分の1の97万人が
居住する。そのうち市内のハンマルビー・ショースタッド地区には，
26,000人が居住している。同地区は，1990年代からCO₂の半減など環境
都市を目指して計画的な再開発が進められてきた。

　住宅街に日本ではおなじみのゴミ収集車は走っておらず，住民が共同
のゴミシューターに投げ入れた家庭ゴミは地下のパイプでゴミ処理場に
送られる。また，下水汚泥から市民の使う半分のエネルギーを生成して
おり，そのバイオガスで市内のトラムやバスが走っている。

　自然と親しみながら暮らすことを強く望む多くの市民の声を反映させ，
各戸から植栽や湖面または水路などが望める設計となっている。開発計

8　出典：“Global Innovation Index 2021” Cornell University, INSEAD, WIPO

9　2019年11月の上記 CBCC 訪欧 CSR 対話ミッションの際の市内視察に基づく。

ストックホルム市内ハンマルビー地区にて関が撮影
（2019年）

図10-6　ごみ集積場には収集車は来ない

ストックホルム市内ハンマルビー地区にて関が撮影
（2019年）

図10-7　屋根にバイオガスバス・タンクをのせたバス

画のコンセプトと目標をしっかりと定め，市民と共有しながら開発を進めた持続可能な都市の先行モデルという位置づけになっている。

　また，ストックホルム市内のロイヤル・シーポート地区は，より新しい再開発プロジェクトだ。元の王室領地を市が継承するとともに石油・ガス基地を郊外に移転し，跡地を含め地区全体の再開発を行っている。旧王室領に隣接しているというメリットを生かして，地区の住民は身近で自然豊かな公園の散策を楽しむことができる。

　この地区の再開発は2008年に着手され，2030年に完成予定となっている。完成時には脱化石燃料の実現を目指しており，環境に配慮しつつ健康や住み心地のよさを追求して

いる。1つの例が，エネルギー・ニュートラルを超えた，エネルギー・プラス住宅である。集合住宅の屋根や壁面に太陽光パネルを張り巡らせ，自家消費する以上のエネルギーを生成する。また，いくつもある集合住

188

ストックホルム市内ロイヤル・シーポート地区にて関
が撮影（2019年）

図10-8　エネルギー・プラス住宅

宅は同一規格ではなく，新進
の建築デザイナーなどによる
設計でそれぞれが特徴を持っ
た外観でありながら，全体の
調和もとれたデザインになっ
ている。

　住民にとって快適なエコシ
ティ実現のカギは，再開発プ
ロジェクトに，住民を含めた
街の建設に関わるすべての関
係者が参画すること，そして
そのメンバーの教育と意識合わせを進めて目標を共有すること，とのこ
とであった。

（4）　スウェーデンから何を学ぶか

　国情の違うスウェーデンと全く同じことを日本で実施することは可能
とは限らないし，必ずしも良いとも限らない。さらに，スウェーデンも
決してバラ色の社会ではなく，移民問題をはじめさまざまな社会的課題
を抱えている。それでも，脱炭素社会や高齢化に伴う福祉・年金制度な
ど社会の諸問題に正面から向き合って，長期ビジョンのもとに政府と国
民が一体となって解決を目指している姿からは，学ぶ点がいくつもあろ
う。

　特にSDGsを達成する観点で参考にすべきは，まずは実現すべき社会
の姿を描き，バックキャスティング手法で長期的視点からの政策構想を
行うこと，そしてその政策の実行に必要な国民の合意をとりつけ政府へ
の信頼を高めることである。持続可能な社会の実現のためにかつてない

大きく急速な社会変容が求められるなかで，それを成し遂げるのに最も必要なのは，政策への社会的合意であり，その背後にあるべき政府と国民の一体感であろう。そして政府への信頼や一体感を育むために不可欠なのが，透明性の高い情報公開である。そうした情報公開制度を前提に，政府への異議申し立てを処理するオンブズマン制度を，実はスウェーデンは世界で最も早く導入している。また，制度を構築するだけではなく，市民の政治的関心や参加意識も高めなければならない。スウェーデンと日本を比べると大きな差があるのが，選挙における投票率である。スウェーデンの国政選挙での投票率は80％を超える高さであり，日本は遠く及ばない。

　こうした国民への政治への関心や参画意識を，スウェーデンは啓発や教育を通じて長い時間をかけて培ってきた[10]。つまるところ，政府は国民一人ひとりの政治的意思と選択で動く。政治的リーダーシップをいかに機能させるかは，実は国民側の問題であることを忘れてはならない。

参考文献

ステファン・シュミットハイニー，BCSD 著（1992）『チェンジング・コース』ダイヤモンド社

新澤秀則，高村ゆかり編（2015）『気候変動政策のダイナミズム』岩波書店

西谷真規子，山田高敬編著（2021）『新時代のグローバル・ガバナンス論：制度・過程・行為主体』ミネルヴァ書房

鈴木基史（2017）『グローバル・ガバナンス論講義』東京大学出版会

北岡孝義（2010）『スウェーデンはなぜ強いのか』PHP 研究所

高岡望（2011）『日本はスウェーデンになるべきか』PHP 研究所

10　北岡は，「スウェーデン政府は，『国民の家』の理念のもと，長い時間をかけて，国民の信頼という無形の社会資本が充実した国づくりを行ってきたのだ。こうした政府の努力があって，スウェーデンは国民の制度と政府への信頼という大きな財産を手にしたのである。」（北岡孝義「スウェーデンはなぜ強いのか」p.172）と，スウェーデンの底にある強さを指摘している。

11 | 生活を軸としたコミュニティ形成と持続可能性

奈良由美子・関　正雄

《**学習の目標＆ポイント**》　本章においては，生活者の視点に基づき，持続可能でレジリエントな社会およびその実現に関する基本的な考え方と実践のための課題を考える。地域コミュニティにおける防災を具体的なテーマとして，生活者の視点で考え・実践することの意義および可能性について，生活者や当事者をはじめ多様な主体が参画してレジリエンス構築に成功した実際の事例を通して検討する。

《**キーワード**》　レジリエンス，地域防災，生活者の視点，インクルーシブ防災，コミュニティ形成，ソーシャル・キャピタル

1.　生活者視点の意義

　生活者とは生活を営む主体のことである。ここであらためて「生活」とは何かを押さえておく。生活の定義には，「一定の時間と一定の空間において展開される，人間的行為の全体」（三浦，1986），「生命活動の略」（一番ヶ瀬，1972），「生活とは本来，人間が生きるために行う諸活動の総体であり，生きるすべての過程である。（中略）生活とは，消費過程だけではなく生産過程も含めた総体」（宮本，1988）といったものがある。また新（1990）は，個人と社会を媒介する概念として生活を位置づけたうえで，これを行為主体の断片的な事実としてではなく生活主体にとっての複合的な現実像としてとらえ，生活を「行為主体の展開する行為の広がりと持続の複合的な事実であり，そのような行為過程と行

為場面の総称」と定義している。

　これらの定義が示しているのは，生活の総合性と個別性という特性である。生活はいくつもの要素とその関係性から組み立てられた総体であり，しかもその総体の持ち主（生活の主体）に特有の個別性の高い営みとなる。消費する，働く，食べる，癒やす，守る，学ぶ，楽しむ，といった人間が生きていくのに必要な行為の多くが生活の場で直接・間接に執り行われる。また，生活は相互作用性という特性も持つ。新が個人と社会を媒介する概念として生活を位置づけているように，個人の生活は社会との相互作用のなかにある。個人はその生活に社会からの影響を受けるだけでなく，一人ひとりの生活行為が社会全体に影響を及ぼす。これは生活者が能動的に社会に働きかける可能性を示すものでもある。

　生活者が総合的な要素からなる生活を送り，互いに絡み合うさまざまな問題に直面するなかで獲得した知識や知恵（生活知）は，ローカルまたグローバルな場面で生じている現実の課題を解決するうえで有用に活用され得る。一方，その知にはまた個別性もあることから，1つの社会課題に対して，多様で多くの生活者が関与することで，課題解決の可能性はさらに増す。

　生活者が消費を通じて持続可能な社会を作る重要な役割を果たしうることはすでに第7章でも述べた。生活者が能動的に社会に関わる可能性および必要性が顕著に認められる課題はほかにもさまざまにある。例えば防災がそうである。日本は，位置，地形や地質，また気象等の条件から，自然災害（暴風，竜巻，豪雨，豪雪，洪水，崖崩れ，土石流，高潮，地震，津波，噴火，地滑りなどによる災害）が発生しやすい国土となっている。災害から命と生活を守ることは重要な生活課題の1つとなる。第7章では，生活者の，消費者としての局面から持続可能な社会構築への関与について論考を行ったが，本章では，生活者の，地域コミュニ

ティのなかで暮らす住民としての局面に焦点を据え，その視点から災害に対して安全・安心で持続可能な社会を考えていく。

2. レジリエントな生活と社会

（1）　レジリエンスとは

　防災を考えるとき，今日的に重要なキーワードとなっているのが「レジリエンス（resilience）」である。英語の resilience を日本語に直訳すると「強靭さ」，「回復力」，「復元力」等となる。レジリエンスとは，危機や逆境に対して対応回復，適応，変革する過程や現象およびその能力や特性のことを言う。この概念はさまざまな対象の検討に際して用いられている。生物，個人，都市，地域，企業，国家，民族，生態系など実に多様であり，扱う学問分野も，生態学，心理学，物理学，工学，経営学，政策科学，文化人類学など多岐にわたる。

　レジリエンス概念が最初に用いられたのは1800年代前半の物理学においてであったとされる（水野，2017）。そこでのレジリエンスは，力や圧力をかけても元の状態に戻る物質の性質のことであった。その後，素材の物性を表現する概念として材料工学にも広がっていく。医学領域でも，例えば肺の再生機能や血管の弾性についてレジリエンスという用語が使われるようになる。

　1900年代になると，人間や心にも対象が広がり，その能力や資質を表すものとしてレジリエンス概念は展開する。レジリエンスは心理学においては，逆境状態にあってストレスを受けても致命的な状態に陥らずに適応や回復することおよびその能力としてとらえられている。また，生態学にもレジリエンス概念は援用され，自然災害や人為的開発等により破壊された生態系が時間経過のなかで回復していく経過やメカニズムを明らかにする際に使われるようになる。

　さらにレジリエンスの分析概念は社会生態システムにも展開されていく。自然生態系と人間社会が相互作用していることからその関係性も含めて両方を扱うことで，レジリエンスの解明や課題解決にいっそう近づくことができる。こうした展開によって，レジリエンスの主体は人間，集団，社会となり，したがってレジリエンスに主体の志向や価値観といった要素が関わることとなる。

（2）　防災の根幹概念としてのレジリエンス

　今日レジリエンス概念がもっともよく扱われ議論されている事象の1つが災害である。阪神・淡路大震災，東日本大震災といった未曾有の大災害は，予想していなかったハザードによる，また想定を越える設計外力を伴う災害が発生するという現実を私たちに突きつけた。これは災害予防を中心とした従来の防災のあり方そのものを問題にするものであった。災害研究の分野では，災害は起き被害が出るという前提に立ち，そこから立ち直る動態的な過程について明らかにし，復旧・復興の方策を議論している。

　レジリエンスは現在では国連システムや地域機関による防災活動の根幹概念となっている。国連国際防災戦略事務局 UNISDR（2019年より国連防災機関 UNDRR へ名称変更）は，レジリエンスを「ハザードにさらされているシステム，コミュニティ，社会が，リスク管理を通じた本質的な基本構造と機能の維持・回復を含め，適切なタイミングかつ効率的な方法で，ハザードの影響に抵抗し（resist），吸収し（absorb），対応し（accommodate），適応し（adapt），変革し（transform），回復する（recover）能力」と定義している（UNISDR, 2009）。

　2005年1月，兵庫県神戸市で第2回国連防災世界会議が開催された。国連防災世界会議とは，全世界の災害による被害の軽減を目指す，世界

の防災指針を策定する国連主催の会議である。同会議において「兵庫宣言」と「兵庫行動枠2005 – 2015」が採択され，レジリエンスはこの行動枠組のキー概念として打ち出された。

　2015年3月には仙台において第3回国連防災世界会議が開催され，「仙台宣言」と「仙台防災枠組2015 – 2030」がとりまとめられた。そこでもレジリエンスが防災の中心概念に位置づけられ，防災＝Vulnerability reduction（脆弱性の低減）という概念がレジリエンスに完全に置き換わった。仙台枠組のなかでは，災害リスクに対して，より広範で，より人間を中心にした予防的アプローチがなければならないとすると同時に，災害対応の強化，「Build Back Better（よりよい復興）」の重要性が唱えられている。加えて，取り組み対象を国や自治体にとどめることなく，住民，企業，NPOやNGOなど国内外の多様な主体，マルチステークホルダーが参画することの必要性が強調されている。また，文化的機関やその他の歴史的・文化的・宗教的意義のある場所の保護または支援や，貧困への対処など災害により著しい影響を受ける人々の能力強化と支援への投資を重視していることも，同枠組の特徴の1つである（UNDRR, 2015）。

（3）　SDGsにおけるレジリエンス

　レジリエンス概念は，SDGs（『我々の世界を変革する：持続可能な発展のための2030アジェンダ』2015年9月25日　国連総会において採択）の前文や宣言，目標（ターゲット）のなかにも頻回に登場する。該当箇所を表11 – 1に示す。貧困層や脆弱な状況にある人々のレジリエンス，レジリエントな農業，レジリエントなインフラ，災害に対するレジリエンス，レジリエントな建造物の整備，海洋及び沿岸の生態系のレジリエンスと，さまざまな対象や分野におけるレジリエンスの向上を唱えてい

表11-1　SDGsとレジリエンス（レジリエント）（アンダーラインは著者による）

箇所	文章
前文	すべての国及びすべてのステークホルダーは，協同的なパートナーシップの下，この計画を実行する。我々は，人類を貧困の恐怖及び欠乏の専制から解き放ち，地球を癒やし安全にすることを決意している。我々は，世界を持続的かつ<u>強靭（レジリエント）</u>な道筋に移行させるために緊急に必要な，大胆かつ変革的な手段をとることに決意している。我々はこの共同の旅路に乗り出すにあたり，誰一人取り残さないことを誓う。
宣言	住居が安全，<u>強靭（レジリエント）</u>かつ持続可能である世界。
宣言	技術開発とその応用が気候変動に配慮しており，生物多様性を尊重し，<u>強靭（レジリエント）</u>なものである世界。
宣言	我々は，生産能力・生産性・生産雇用の増大，金融包摂，持続可能な農業・畜産・漁業開発，持続可能な工業開発，手頃で信頼できる持続可能な近代的エネルギー供給へのユニバーサルなアクセス，持続可能な輸送システム，質の高い<u>強靭（レジリエント）</u>なインフラにおいて，生産能力，生産性，生産雇用を増大させる政策を採用する。
宣言	我々は，移民に対し，その地位，難民及び避難民を問わず，人権の尊重や人道的な扱いを含む安全で秩序だった正規の移住のための協力を国際的に行う。このような協力は，特に開発途上国において難民を受け入れているコミュニティの<u>強靭性（レジリエンス）</u>を強化することにも注力すべきである。
宣言	我々は，持続可能な観光事業，水不足・水質汚染への取り組みを促進し，砂漠化，砂塵嵐，浸食作用，干ばつ対策を強化し，<u>強靭性（レジリエンス）</u>の構築と災害のリスク削減にむけた取り組みを強化する。
目標1『貧困をなくそう』ターゲット1.5	2030年までに，<u>貧困層や脆弱な状況にある人々の強靭性（レジリエンス）</u>を構築し，気候変動に関連する極端な気象現象やその他の経済，社会，環境的ショックや災害に暴露や脆弱性を軽減する。
目標2『飢餓を	2030年までに，生産性を向上させ，生産量を増やし，生態

ゼロに』 ターゲット2.4	系を維持し，気候変動や極端な気象現象，干ばつ，洪水及びその他の災害に対する適応能力を向上させ，漸進的に土地と土壌の質を改善させるような，持続可能な食料生産システムを確保し，強靭（レジリエント）な農業を実践する。
目標9	強靭（レジリエント）なインフラ構築，包括的かつ持続可能な産業化の促進およびイノベーションの推進を図る。
目標9『産業と技術革新の基盤をつくろう』ターゲット9.1	すべての人々に安価で公平なアクセスに重点を置いた経済発展と人間の福祉を支援するために，地域・越境インフラを含む質の高い，信頼でき，持続可能かつ強靭（レジリエント）なインフラを開発する。
目標9『産業と技術革新の基盤をつくろう』ターゲット9.a	アフリカ諸国，後発開発途上国，内陸開発途上国及び小島嶼開発途上国への金融・テクノロジー・技術の支援強化を通じて，開発途上国における持続可能かつ強靭（レジリエント）なインフラ開発を促進する。
目標11	包括的で安全かつ強靭（レジリエント）で持続可能な都市および人間居住を実現する。
目標11『住み続けられるまちづくりを』ターゲット11.b	2020年までに，包含，資源効率，気候変動の緩和と適応，災害に対する強靭さ（レジリエンス）を目指す総合的な政策及び計画を導入・実施した都市及び人間居住地の件数を大幅に増加させ，仙台防災枠組2015－2030に沿って，あらゆるレベルでの総合的な災害リスク管理の策定と実施を行う。
目標11『住み続けられるまちづくりを』ターゲット11.c	財政的及び技術的な支援などを通じて，後発開発途上国における現地の資材を用いた，持続可能かつ強靭（レジリエント）な建造物の整備を支援する。
目標13『気候変動に具体的な対策を』ターゲット13.1	すべての国々において，気候関連災害や自然災害に対する強靭性（レジリエンス）及び適応の能力を強化する。
目標14『海の豊かさを守ろう』ターゲット14.2	2020年までに，海洋及び沿岸の生態系に関する重大な悪影響を回避するため，強靭性（レジリエンス）の強化などによる持続的な管理と保護を行い，健全で生産的な海洋を実現するため，海洋及び沿岸の生態系の回復のための取り組みを行う。

る。SDGs にとってレジリエンスは重要な概念だということが見て取れ
よう。

　なかでも目標 9 は「強靭（レジリエント）なインフラ構築，包括的か
つ持続可能な産業化の促進およびイノベーションの推進を図る」，目標
11は「包括的で安全かつ強靭（レジリエント）で持続可能な都市および
人間居住を実現する」と，それぞれ目標そのものにレジリエントという
用語が使われている。

　とくに目標11は災害に対するレジリエンスを扱うものであり，ター
ゲット11.b は「2020年までに，包含，資源効率，気候変動の緩和と適
応，災害に対する強靭さ（レジリエンス）を目指す総合的政策及び計画
を導入・実施した都市及び人間居住地の件数を大幅に増加させ，仙台防
災枠組2015－2030に沿って，あらゆるレベルでの総合的な災害リスク管
理の策定と実施を行う。」として災害レジリエンスを唱えている。同
ターゲットにおいては仙台防災枠組2015－2030が明確に位置づけられて
いることにも注目されたい。また，ターゲット11.5でも「2030年までに，
貧困層および脆弱な立場にある人々の保護に焦点をあてながら，水関連
災害などの損害による死者や被災者数を大幅に削減し，世界の国内総生
産比で直接的経済損失を大幅に減らす。」として，災害に対してのレジ
リエンスの志向が示されている。このように，災害に対するレジリエン
スを高めることが今後の持続可能な発展の鍵となるのである。

3.　地域コミュニティにおける防災の実際

（1）　東京都江戸川区なぎさニュータウンの自主防災活動

　ここからは，生活者（住民）が主体となって災害に対するレジリエン
スを高める取り組みについて，2 つの事例を取り上げて具体的にみてい
こう。1 つ目は，都市部の集合住宅―なぎさニュータウン―における自

主防災活動の事例である。なぎさニュータウンは東京都江戸川区南葛西に位置している。都内では比較的大規模な集合住宅団地で，総敷地面積は約5万3,000m²，管理棟と7つの住宅棟からなり，住宅棟は14階建て（または13階建て）となっている。同ニュータウンは日本勤労者住宅協会によって建設された団地で，1977年から1979年にかけて入居が始まり，現在は1,324世帯（約2,800人）がくらしている。ここでは「なぎさの両輪」とも言われる管理組合（1977年設置）と自治会（1979年設置）が中心となった洗練された自治機構が形成されており，住民のさまざまな生活課題の解決を行ってきた。その範囲は本来の目的である居住環境の整備にとどまらず，娯楽，健康増進，緑化，ペット飼育，高齢者生活支援，そして防犯・防災など，生活の総合性に対応したものとなっている。

さらに，なぎさニュータウンでは自主防災を牽引するためのなぎさ防災会が組織されている。阪神・淡路大震災を契機に管理組合と自治会とが共同でプロジェクトチームをつくり，1996年になぎさ防災会を結成した。なぎさ防災会は，震災等への対策を目的として活動する自主防災組織であり，入会は任意である。

なぎさ防災会は「自分たちの街は自分たちで守る」をモットーとしている。このモットーのもと，ハード面・ソフト面を併せ持つ総合的な防災体制の構築を進めてきている。おもな取り組みとしては，まず防災訓練および講習会がある。春・夏・冬の通常訓練，秋の総合防災訓練，夜間訓練に加えて，こども防災教室が開かれるなど，団地のこども達が体験型の防災教育を受ける機会が設けられている。定期防災訓練の他，帰宅困難者体験ウォークや水害ハザードマップ説明会なども実施されている。

また，防災資機材（救助・救急用品，炊き出し用品，発電機，簡易トイレ等）などが整備されている。さらに，防災会の独自企画によって，

布たんかや「無事です！シート（マグネットシート）」，緊急時用住民名簿，防災ガイドなどさまざまなツールが開発され活用されている。このうちの緊急時用住民名簿について，その記載内容は，号棟，号室はもちろん，電話番号，携帯電話番号，家族全員の氏名と性別と年齢，緊急時連絡先，さらには，「要・援護」を含めた特記事項などかなり詳細である。

　東日本大震災を契機に，なぎさ防災会は地域自主防災のさらなる強化を図る検討を進めている。その検討の下敷きとなっているのが，「公助には限界がある」という東日本大震災から得た教訓である。あのような大規模な災害が首都圏で発生した場合に，公的な人命救助等はすぐには期待できない，また避難所に全員は入りきれないということを前提として，ニュータウン内でお互いに自分たちの命を守り，そこにとどまって生き延びるための自主防災システムを再構築している。

　なぎさ防災会はニュータウン内での自助・共助を強化すると同時に，管轄消防署と防災訓練を共に行う等，公的機関との連携にも積極的に取り組んでいる。さらには，帰宅困難者体験ウォークにはなぎさニュータウンだけでなく周辺の住民も参加する等，近隣コミュニティとの連携も図られている。

（2）　大分県別府市におけるインクルーシブ防災の取り組み（「別府モデル」）

　2つ目の事例が，インクルーシブ防災の考え方を取り入れた別府市での取り組みである。障害者や高齢者を含めてみんなが助かる，誰ひとり取り残さない防災，これがインクルーシブ防災の考え方である。「誰ひとり取り残さない」との考え方はSDGsの根幹をなしていることはすでに述べたとおりだが，インクルーシブ防災が本格的に議論され実践され

る機運を高めるきっかけとなったのは，2015年に仙台で開催された第3回国連防災世界会議であった。同会議においては，「障害者と防災」をテーマにした公式ワーキングセッションが設けられたり，障害当事者が登壇する等，インクルーシブ防災の意義が議論され提唱された。仙台防災枠組2015－2030のなかでは障害に関する記述が5箇所に増え，障害者が防災の重要なステークホルダーとして明確に位置づけられている。

　このインクルーシブ防災の考え方を取り入れた事業モデルとして，大分県別府市で2016（平成28）年度から取り組まれているのが以下に述べる事業（「別府モデル」）である。このインクルーシブ防災事業の主眼は，高齢者や障害者への配慮の提供を，平時と災害時で継ぎ目なく連結させることにある。同事業では，地域住民や障害者・高齢者，福祉専門職等を含む，当事者・市民団体・事業者・地域・行政の5者協働による災害時の個別支援計画づくりを行っている。

　その具体的な手順は次の7つのステップからなる（村野，2021）。

①当事者力アセスメント：平時に利用するサービスや資源を確認するとともに，本人の防災リテラシー（リスク理解・備え自覚・行動の自信）の現状と課題を当事者と共有

②私のタイムライン作成：警戒レベル1（注意報）・警戒レベル2（警報）・警戒レベル3（高齢者等は避難）の各段階でとるべき行動を時系列的に計画

③地域力アセスメント：平時のフォーマル資源調査1（福祉・医療・保健等の行政の関係部局，NPO／NGO，消防，警察等），平時のフォーマル資源調査2（利用している事業所，病院や施設，不動産業者・大家，その他の事業所等），災害時のインフォーマル資源調査（自治会，民生委員，障害者団体，老人クラブ，その他団体や個人等）

④災害時ケアプラン（地域のタイムライン）調整会議：当事者・地域の

支援者による個々のケースの方針会議（当事者，家族，自治会長，民生委員，コミュニティソーシャルワーカー，防災部局，福祉部局，事業所，支援者，ケースマネジャー）

⑤私と地域のタイムラインを含むプラン案作成：相談支援員やインクルージョン・マネジャーを媒介に，当事者と地域の支援者が協働して災害時ケアプランを作成

⑥当事者によるプランの確認：災害時ケアプランとして文書化，プランの確認と個人情報共有の同意

⑦プラン検証・改善のための避難訓練：インクルーシブ防災訓練での災害時ケアプランの検証・改善

なお，第1ステップの前段階として，「地域におけるハザード状況の確認：当事者が住んでいる地域の洪水・津波・土砂災害等の危険度をハザードマップ等を用いて確認」が行われる。

　全体として，平時の支援を担当する福祉専門職が当事者の声をもとに個別計画を作成し，つなぎ役（インクルージョン・マネジャー）が地域住民につないで調整会議を開き，当事者も参加する訓練に結びつけるという流れになっている。

　流れのなかのなるべく多くのステップに当事者が参画し，第2ステップでは災害時に活用できる第1の資源として「当事者力」（災害時に向けて高めるべき当事者の能力）のアセスメントを行っている。つまり，このモデルは当事者を能動的に行為する生活者としてとらえ，全体の流れのなかに位置づけている。

　また，障害者，高齢者と住民の交流が深まる仕組みとなっていることもこのモデルのポイントである。別府市のインクルーシブ防災事業の目標は，決して計画作成自体ではない。実際に命やくらしを災害から守る

ことが目標であり，そのためには平時から支え合える地域づくりや人づくりを進めておくことが必須とされる。この事業では，個別支援計画を作成する過程で，地域の人たちと障害者，高齢者，福祉関係者，行政などが連携を深め，地域の仕組みづくりを行うことを重視し，実践しているのである。

4. コミュニティ形成のさらなる展開に向けて

（1） 2つの事例からみえる生活者によるレジリエンス向上の可能性

上に紹介した2つの事例について，そこで生じているテーマは，自分や家族，近しい人たちが災害によって被害を受けるかもしれない，それを何とかしたい，といった地域コミュニティにおける切実な問題である。そのテーマについて，同じ地域に暮らす，一方で年齢や性別，心身の状態，職業，価値観など多様性を持つ住民たちが，参画し，合意し，そして課題解決に至っている。さらにその取り組みは，親密圏の外の公的機関も含む多様なアクターとも関与しながら重層的に展開されている。

2つの地域での生活者主体の取り組みは，災害の発生前と発生後における自助・共助を充実させ公助との連携を可能とし，災害に対するレジリエンスを向上させている。これらの取り組みの成果はいずれも高く評価されており，なぎさニュータウンなぎさ防災会は消防庁等主催「第5回防災まちづくり大賞」（平成12年度）の総務大臣賞を受賞している。また，別府市でのインクルーシブ防災事業により確立された別府モデルは，兵庫県を含む他地域にも展開され，さらには災害対策基本法の改正にもつながった。2021年4月28日の参院本会議で災害対策基本法の改正が全会一致で可決・成立し，災害時に大きな被害を受ける障害者や高齢者など避難行動要支援者の「個別避難計画の作成」が自治体の努力義務と位置づけられることになったのである。この改正には別府モデルの成

果が反映され，避難行動要支援者への対応は名簿作成にとどまらず，一人ひとりの状況の把握と個別避難計画の作成まで求められることになった。

（2）　多様な主体の参画・協働と地域への信頼・愛着の形成

これら2つの取り組みに共通することとして，地域コミュニティに属するあらゆる人たちを，レジリエンス向上のための資源をもちうる主体としてとらえていることがある。多様な主体がそれぞれのニーズとシーズを持ち寄って協働している。その協働が，地域コミュニティとそこでくらし活動する他の住民や組織への愛着と信頼につながっていることも共通している。

なぎさニュータウンでは，入居当時から地域におこる問題を住民みずからが着実に解決してきた。管理組合と自治会が中心となって，日本勤労者住宅協会と交渉しながら建物の瑕疵点検や欠陥部分の補修等を進め，また，「自分たちの財産は自分たちで守る」との意識に即し，1986年には管理組合において長期修繕委員会を発足させ自主管理に移行する（なぎさニュータウン管理組合，2007）。その後も修繕積立金の値上げや駐車場増設，憩いの広場整備など，地域のさまざまな問題について自分たちで議論し決定し行動することを積み重ねてきた。防災だけでなく，福祉や医療，文化の観点からも生活環境を整えるまちづくりを行ってきた。地域が住民の問題を引き受け解決してきたという，こうした確かな事実は，地域（個々の住民，さらには自主防災会，住民福祉協議会管理組合，管理組合といった地域の組織を含む）への信頼に結びついている。さらに，「このまちに住んでよかった，これからも住み続けたい」という気持ちにつながっている。

別府市の事例に関して，これまでに行政の立場から別府モデルの構築

に中心的に関わってきた村野氏は，この事業が法改正までにつながったのは多様な主体がそれぞれの特性を発揮しながら参画したことによると述べる（村野，2021）。例えば，地域の住民は，実際に困っている障害者や高齢者を前にすると，避難方法のアイディアを出し合い，備品の改良や支援について学ぶための研修会を企画した。参加した障害者は「私はこんなにあたたかい地域に住んでいた」と感想を話し，地域活動に積極的に参加するようになった。こうして，個別避難計画づくりを契機に地域住民と避難行動要支援者が会えば笑顔で挨拶できる関係性，地域で命を守るという意識が呼び起こされ，いざという時に助け合える地域づくり人づくりがみえてきたとしている。

（3） 変革としてのレジリエンス

　最後に，平時からの地域コミュニティにおける生活者の参画と協働は，コミュニティ全体のレジリエンスを高め，被災後の速やかな回復やBuild Back Better（よりよい復興）にもつながるということについて述べる。前項で述べたような，防災を含めた諸活動がコミュニティでの助け合いや信頼の醸成を生むことは，コミュニティのソーシャル・キャピタル（社会関係資本）を増すからである。ノリスら（Norris et al., 2008）は，コミュニティにおけるレジリエンスを「ネットワーク化された適応能力の集合体」としたうえで，ソーシャル・キャピタルはレジリエンス向上のための主要資源であるとしている。また，浦野（2007）もレジリエンスをソーシャル・キャピタルと類縁性を持つ概念としてとらえている。

　災害からの復興を促進したり，また地域が新たな望ましい状態に至る過程においてソーシャル・キャピタルが作用することは，これまでの災害研究から明らかにされている。例えば，同じ災害であっても，地域に

よって被害の程度や復旧には差が生じるが，小さい被害で済む，あるいは速やかな復旧ができている地域は，平時からよく近所づきあいをし，地域の問題を共に解決することが常態化していたコミュニティであることが指摘されている（野田，1997）。また，阪神淡路大震災の被災地をフィールドとして，ソーシャル・キャピタルが豊かなコミュニティほど復興速度が早いことを導いた研究（Nakagawa & Shaw, 2004），東日本大震災後に人口減少を経験した気仙沼市浦島地区において，レジリエンスが発揮されることにより，地域組織が改変され，災害に強く人口減少に対応した形態に社会が再編されてゆく過程を明らかにした研究（矢ヶ崎，2019）等がなされている。

　このように，コミュニティが持つソーシャル・キャピタルは，コミュニティというシステムの新たな，そしてよりよい平衡への変革をもたらし，レジリエンスを押し上げる重要な要素となる。その過程に，私たち生活者一人ひとりは関与できるのである。

参考文献

新睦人（1990）「生活システム」塩原勉・飯島伸子・松本通晴・新睦人編『現代日本の生活変動——1970年以降』世界思想社

渥美公秀（2020）「防災第3　世代のインクルーシブ防災とは」『未来共創』第7号，67-81.

一番ケ瀬康子（1972）「生活の歴史」一番ケ瀬康子・持田照夫編著『講座現代生活学研究I』ドメス出版

浦野正樹（2007）「脆弱性概念から復元・回復力概念へ——災害社会学における展開」浦野正樹・大矢根淳・吉川忠寛（編）『復興コミュニティ論入門』弘文堂

立木茂雄（2016）『災害と復興の社会学』萌書房

なぎさニュータウン管理組合（2007）『進化する街：なぎさニュータウン管理組合の30年とこれから』

奈良由美子・伊勢田哲治（2009）『生活知と科学知』放送大学教育振興会

奈良由美子（2023）「レジリエンス：概念の系譜」日本災害復興学会編『災害復興学事典』朝倉書店

野田隆（1997）『災害と社会システム』恒星社厚生閣

福祉フォーラム in 別杵速見実行委員会（2019）『防災は地域づくり：防災のあり方を変える─地域のあり方を変える』2018年度「別府市における障害者インクルーシブ防災」事業「誰もが安心して安全に暮らせる災害時要援護者の仕組みづくり」の報告

三浦典子（1986）「現代の生活体制」社会分析学会編『社会学の現在』恒星社厚生閣

水野由香里（2019）『レジリエンスの経営戦略』」白桃書房

宮本みち子（1988）「生活とは何か」松村祥子・岩田正美・宮本みち子『現代生活論』有斐閣

村野淳子（2021）「『個別避難計画の作成』が努力義務に ─『誰一人取り残さない防災』へ大きな一歩」『ぼうさい』No.101, 9-10.

矢ケ﨑太洋（2019）「東日本大震災後の人口減少と地域社会の再編──宮城県気仙沼市浦島地区の津波災害とレジリエンス」『人文地理』71(4), 371-392.

Nakagawa, Y.& Shaw, R. (2004). Social capital: A missing link to disaster recovery. International Journal of Mass Emergencies and Disasters, 22(1), 5-34.

Norris, F. H., Stevens, S. P., Pfefferbaum, B., Wyche, K. F., Pfefferbaum, R. L. (2008). Community resilience as a metaphor, theory, set of capacities, and strategy for disaster readiness. American Journal of Community Psychology, 41

UNISDR (United Nations International Strategy for Disaster Reduction) [2009] 2009 UNISDR Terminology on Disaster Risk Reduction.

UNDRR (United Nations Office for Disaster Risk Reduction) [2015]. Sendai Framework for Disaster Risk Reduction 2015-2030
https://www.undrr.org/publication/sendai-framework-disaster-risk-reduction-2015-2030（最終参照日 2022.08.31）

12 | 持続可能な地域づくりのための グッド・ガバナンス

川北秀人・関　正雄

《学習の目標＆ポイント》　高齢化と人口減少の進む日本社会の現状と課題，そしてそれらを克服し「課題解決先進国」になるためにどうすればよいかについて，求められる地域自治の進化に焦点を当てて学習する。また，日本の地域における先進的な課題解決の仕組みについて，雲南市における小規模多機能自治や地域円卓会議の実践事例を通して，住民参加型の地域づくりの進むべき方向を理解する。
《キーワード》　2つの高齢化，自治体の2つの負担，小規模多機能自治，地域円卓会議

1. 地域におけるくらしの，これまでとこれから

　私たちのくらしは，わずか数年の短い間にも，変化を続けている。このため，私たちのくらしの集合体である地域づくりにも，変化に対応する進化が求められる。持続可能な地域づくりとは，ただ同じことを続けるのではなく，これまでを大切に生かしつつ，これからに備え，よりよいものにするために，取り組みを進化し続けることに他ならない。

　持続可能な地域づくりを実現するために求められるグッド・ガバナンスには，市民や行政が，それぞれどのような工夫や努力が求められるのか。本章では，構造的な推移の確認と，先駆的な取り組み事例から，考えることにしたい。

208

2.「2つの高齢化」と自治体行政の「2つの負担」

(1) 第2幕を迎えた人の高齢化

　まず，私たちのくらしや社会の基礎となる人口や世帯の構成の推移を確認しよう。表12-1は，2020年の日本の人口が100人だとすると，1990年から2050年までの60年間に，年齢層別の人口や世帯数，世帯当たりの人口がどのように推移するかをまとめたものだ。

　20世紀終盤に減り始めた生産年齢人口（15歳から64歳まで）に続いて，総人口も減少を始め，今後はそのスピードも速くなる。これまで20年間に6割以上も増えた高齢者（65歳以上）は，今後も増えるもののほぼ微増にとどまる。そのうち，自治会長・町内会長や民生委員など，地域づくりの主役を担い続けてきた前期高齢者（65歳から74歳まで）は減少し

表12-1　「2020年の日本の人口が100人」だとすると

年齢（歳）	1990年	2000	2010	2020	2030	2040	2050
計	99	101	102	100	95	89	81
0-14	18	15	13	12	11	10	9
15-64	69	69	65	58	55	48	42
65以上	12	18	24	29	30	31	31
65-74	7	10	12	14	11	13	11
75以上	5	7	11	15	18	18	19
85以上	1	2	3	5	7	8	8
世帯数	33	38	41	44	43	43	41※
世帯当(人)	3.01	2.70	2.46	2.26	2.17	2.07	1.98※

2020年までは国勢調査，2030年以降は国立社会保障・人口問題研究所の推計。※2050年の世帯数は筆者の推計。

始める一方，約4人に1人が要介護3以上の認定を受けている85歳以上はこれからも増え続け，2035年には「総人口の約11人に1人が85歳以上」という状況を迎えることが予測されている。このように，介護を要する世代は大幅な増加を続けるのに，地域づくりの主役の世代は減り始めた状況を，筆者は「高齢化の第2幕」と呼んでいる。

　世帯数と世帯当たり人口をみると，2020年まで増え続けてきた世帯数が微減を始める。一方，世帯当たり人口は一貫して減少を続け，1990年には3人以上だったのが，2050年には2人を切ると予測される。つまり，これまで増え続けてきた世帯数はわずかに減り始めるだけだが，各世帯の人数は3人から2人へと減り続け，すでに全世帯の半数近くが1人暮らしであり，小家族化が続いている。

（2）　ハコモノ・インフラの高齢化

　日本ではもう1つ，深刻な高齢化が進んでいる。国土交通省によると，2023年には橋や水門などの約4割，トンネルや港湾岸壁の約3割で，耐用年数とされる50年以上を経過する。

表12-2　建設後50年以上経過する社会資本の割合（国土交通省）

	2018年	2023年	2033年
道路橋（2m以上，約73万本）	約25%	約39%	約63%
トンネル（約1.1万本）	約20%	約27%	約42%
河川管理施設（約1万施設）	約32%	約42%	約62%
下水道管渠（約47万km）	約4%	約8%	約21%
港湾岸壁（約5千か所）	約17%	約32%	約58%
維持管理・更新費推計	約5.2兆円	約5.5〜6.0兆円	約5.9〜6.5兆円

　水道でも，耐用年数である40年を経過した管路が2015年時点で13.6％であるのに対し，更新率は年率で0.74％にとどまっており，「このままでは130年以上要する」と，厚生労働省自らが述べている。

　橋や水道などの基盤施設（インフラストラクチャー）に加えて，住宅や学校などの施設（ハコモノ）の高齢化に伴う負担は，自治体においてより深刻だ。各都道府県・市区町村が「公共施設等総合管理計画」で公表した，インフラやハコモノ（総称して公共施設）の維持管理や更新に今後要する経費は１年あたり約11兆円と，2019年度の歳出総額の１割，税収の３割近くを占めてしまうことになる。

　人とハコモノ・インフラの「２つの高齢化」は，自治体財政にすでに大きな影響を及ぼしつつある。平成の大合併の最終年度となった2005年から新型感染症への対応が求められた2020年までの15年間に，都道府県

表12-3　各都道府県・市区町村が「公共施設等総合管理計画」で公表した，公共施設等の維持管理・更新等に今後要する経費の１年分（各自治体の公共施設等総合管理計画，および総務省　都道府県・市町村別決算状況調，単位：10億円）

（公表件数／自治体数）	公共施設等の維持管理・更新費用の１年分	2019年度の歳出	歳出に占める比率	2019年度の税収	税収に占める比率
都道府県（40/47）	2,272	49,339	5%	20,703	11%
指定都市（19/20）	1,488	14,148	11%	5,960	25%
指定都市以外の市区町村（1616/1721）	7,214	44,739	16%	14,547	50%
計（1675/1788）	10,975	108,227	10%	41,211	27%

表12- 4 自治体財政の推移（総務省 都道府県・市町村別決算状況調，単位：10億円）

	2005年	2010年	2015年	2020年	05→20年
都道府県					
歳入	48,694	50,066	52,049	61,894	＋27.1%
税収 （歳入比）	17,137 （35%）	15,932 （31%）	20,142 （38%）	20,524 （33%）	＋19.8%
地方債 （同）	5,709 （11%）	7,809 （15%）	5,528 （10%）	6,706 （10%）	＋17.5%
歳出	47,873	49,059	50,731	59,706	＋24.7%
職員給 （歳出比）	11,378 （23%）	10,111 （20%）	10,029 （19%）	12,126 （20%）	＋6.6%
扶助費 （同）	952 （ 2%）	1,038 （ 2%）	1,055 （ 2%）	1,133 （ 2%）	＋18.9%
職員数（千人） 1人当人口	1,609 79.4人	1,525 84.0人	1,500 84.7人	1,432 88.0人	−11.0%
市区町村					
歳入	49,833	53,239	55,925	77,307	＋55.1%
税収 （歳入比）	17,667 （35%）	18,384 （34%）	18,955 （33%）	20,301 （26%）	＋14.9%
地方債 （同）	4,574 （ 9%）	5,133 （ 9%）	5,051 （ 9%）	5,391 （ 7%）	＋17.9%
歳出	48,515	51,605	55,925	75,023	＋54.6%
職員給 （歳出比）	6,762 （13%）	5,733 （11%）	5,456 （ 9%）	6,004 （ 8%）	−11.0%
扶助費 （同）	6,708 （13%）	10,189 （19%）	12,269 （21%）	14,279 （19%）	＋112.8%
職員数（千人） 1人当人口	1,432 89.2人	1,288 99.4人	1,238 102.6人	1,368 92.1人	−4.5%

の歳出，いわば仕事は24.7％増えたのに対し，職員数は11.0％減っており，職員1人あたりの業務負担は40％増えたことになる。市区町村では歳出54.6％増，職員数4.5％減，職員1人あたりの業務負担は62％増，つまり15年前は3人で担当していたことを，今では1人で担当しているのと同じぐらいの負担増となっている。

歳出が増えているのに，職員数も職員給も減らさざるを得ないのは，ハコモノ・インフラの老朽化への備えとともに，扶助費としての高齢者等への福祉目的の支出が6兆円から14兆円へと倍増していることなどが背景にある。

3. 地域の持続可能性を高めるために求められる 地域自治の進化

子育てや高齢者の世話など，昭和までは家族で助け合って担うことが前提だったことは，家族が小さくなれば，担うことが難しくなる。一方，行政は2つの高齢化に直面し，職員数を減らさざるを得ない。このように，高齢化と小家族化によって，自助は小さくなり，自治体の予算は拡大しても，行政職員によるサービス提供（官助）は大きくなることが難しい。地域におけるくらしや社会を守るためには，共助によって担えることを増やす地域づくりの拡充が求められる。そんななかで，小さな地域内で，共助活動によって，住民自ら担い，できることを増やす。こういう取り組みを筆者は「小規模多機能自治」と呼んでいる。

（1）　「自治会の本分は，いのちとくらしを守ること」

自治とは，自分たちで決めて，自分たちで担うことだ。日本の多くの地域には，防災をはじめ多様な分野で，自分たちで担う活動が根づいている。しかし，その多くが昭和やそれ以前の，人口総数も，担い手の主

力となる前期高齢者も増え続け，世帯当たり人口も多かった時期に始まっており，その後の高齢化，人口の総数と前期高齢者の減少，そして小家族化に対応できているとはいえず，負担の増大や，マンネリ化などによる参加者の減少などが，全国共通の問題として指摘されている。

　その最大の理由は，くらしや社会の変化への対応ができていないことだ。その背景には，自治会・町内会などの役員が，１年交代の輪番制など任期が短いため，長期的な視野を持ちにくく，変化への対応の必要性に気づくことはあっても，その判断や合意形成ができないと諦めてしまい，結果として，同じことを同じように続けてしまっていることにある。

　もちろん，自治会・町内会のなかには，くらしや社会の変化に対応するために，たくさんあった行事（イベント）を見直し，福祉，防災をはじめ，草刈り，雪下ろしや，買物，移動などの生活支援のための事業（生活必須サービス）に着手し，高齢者などのくらしを共助で支える体制を整えているところもみられる。そういう地域の役員さんたちに「なぜ難しい判断を行い，それを住民と共有し，継続的に実施できる体制を整えられるようになったのか？」とたずねると，「もちろん行事は楽しいし，大切なことだから続けたい。しかし，今の住民にはそれよりも大切なことの方が多い。自治会の本分は，いのちとくらしを守ることだから」といった答えが返ってくる。

（2）　地域の持続可能性を高めるための小規模多機能自治

　しかし，「いのちとくらしを守る」という地域自治の本分を実現する判断や実践をできている自治会・町内会は，ごくわずかに限られていると言わざるを得ない。その理由として，上述の役員任期の短さとともに，全国平均で100世帯余りという規模の小ささも挙げられる。

　このため，個々の自治会・町内会単位ではなく，その連合会単位，ま

たは，小学校区域での連合体として「地域運営組織」を構成し，それま
で防災や福祉などの目的別に構成されていた組織を，地域運営組織内の
部会として位置づけることで，地域住民にとって貴重な時間を，各組織
別の行事や会議のためではなく，地域において優先順位の高い事業や，
地域内の組織・活動横断の会議に充てることができるようになり，住民
の満足度や，時間効率の改善にも結び付いている。このように，小規模
多機能自治は，従来型の「行事の継続」だけの地域活動から，くらしや
社会の変化によって生じた住民の課題を解決するための事業を担うとと
もに，その担い手の時間の使い方の効率を高めるという，地域づくりの
担い方の進化である[1]。

（3） 島根県雲南市の地域自主組織における小規模多機能自治

　筆者が「小規模多機能自治」という言葉を初めて使ったのは，2006年
10月。島根県雲南市内で地域自主組織と呼ばれる地域運営組織の研修を
担当させていただいた際に，各地域の取り組みを知って驚いたことが
きっかけだった。同市の地域自主組織に関する経過は表12-5に紹介し
た。

表12-5　雲南市の地域自主組織に関する経過

2002年10月	大東町・加茂町・木次町・三刀屋町・吉田村・掛合町の6町村による合併協議会発足。
2003年9月	合併協議会「コミュニティ・住民自治プロジェクト」チームが報告書発表。新市発足に向けて，従来型の地域運営を見直し，住民自治の確保や住民参画のコミュニティ活動を推進するため「地域自主組織」発足を提言。

1　小規模多機能自治推進ネットワーク会議による定義は，以下の通り。「自治会，町内会，区などの基礎的コミュニティの範域より広範囲の概ね小学校区などの範域において，その区域内に住み，又は活動する個人，地縁型・属性型・目的型などのあらゆる団体等により構成された地域共同体が，地域実情及び地域課題に応じて住民の福祉を増進するための取組を行うこと」。

2004年11月	雲南市誕生。面積553.2㎢（東京都23区の約9割），翌05年の人口44,403人，12,990世帯，高齢化率31.4%。
2005年	市行政からの働きかけや支援を受けながら，各地域の住民発意により地域自主組織が順次発足。07年9月までに市内全域で結成完了。44組織，交流センター29拠点に。（注：旧・加茂町は14組織で1拠点を共有）
2008年3月	地域づくり活動検討委員会が「雲南市の地域づくりの活動のあり方に関する報告書」を提出。住民の主体性に基づく「住民活動支援」「生涯学習」「福祉」の3機能を備えた地域づくりの展開が重要と提言。
2008年11月	まちづくり基本条例施行。前文に「まちづくりの原点は，主役である市民が，自らの責任により主体的に関わることです」と明記。
2010年4月	市内29か所の公民館・コミュニティセンターを，教育委員会から市長部局に移管し，地域住民による自治の拠点となる「交流センター」へ。これにより地域住民は，「主に生涯学習を目的に，行政などが任命した館長・主事が配置された公民館を利用，あるいは市主催の事業に参加するだけ」という立場から，「生涯学習のみならず，福祉を含む広範な地域づくり活動の拠点として，センター長などを自ら任命して運営する」立場へと大きく変化。同時に指定管理制度を導入し，地域自主組織が順次指定管理者に。
2012年5月	地域自主組織の取り組みを共有し合う，初の「元気な地域づくり活動発表会」（当時。現在は地域自主組織取組発表会。通称：自慢大会）開催。市内29の交流センター単位で，春・秋のいずれかに登壇。7分間の発表の後，参加者やアドバイザーなどから質問や助言を受ける時間を設ける形式。
2012年11月	さまざまな検証・見直しの一環として行った地域福祉の見直しに際して，見直し案に地域の意見を求めるための「地域福祉円卓会議」開催。市内全29の地域自主組織を，旧町村単位ではなく，人口の構成や規模などの特性ごとに7つに分け，

	地域自主組織，社会福祉協議会，市行政が出席して対等な立場で協議。机を円形に配置するなどの工夫により，「お互いの顔が見えてよい」「他町の様子がわかってよい」「意見も出しやすい」など好評を得たため，翌13年から本格実施。以来，「地域防災」「生涯学習・社会教育」「地域福祉」などをテーマに毎年開催。
2013年4月	地域自主組織による交流センター運営が3年間を経たことから，すべての地域自主組織の訪問ヒアリングに基づき，3点の改革を実施。 ①それまで各地域自主組織の事務負担などを勘案して各交流センターの職員を「交流センター雇用協議会」（事務局は市の地域振興課）が一括雇用してきた形式から，各地域自主組織が直接雇用する形式へと変更。労務関連事務は，市が社会保険労務士を紹介して代行することも可能に。 ②各地域自主組織内に設けられていた福祉委員会の活動費と福祉推進員の人件費について，市から社会福祉協議会を通じて補助・委嘱する形式から，活動費は市が各地域自主組織に直接交付，社会福祉協議会による福祉推進員の委嘱をやめ地域自主組織の主体的任用に変更（人件費は2005年度より市からの直接交付に変更）。社会福祉協議会は指導・支援に役割が変化。 ③一括交付金に施設管理人件費を新設（指定管理料ではなく，一括交付金に算定）。
2014年4月	138年間の歴史の後に閉校となった旧・吉田小学校民谷分校を拠点とする新たな地域自主組織として，民谷地区振興協議会が発足。
2015年3月	合同で1つの交流センターを運営してきた旧・加茂町の14の地域自主組織が，3年間の検討・協議を経て1つの地域自主組織として再編・統合。市内の地域自主組織数は30に。
2015年8月	平成27年度過疎地域自立活性化優良事例として，地域自主組織の「小規模多機能自治による市民が主役のまちづくり」が総務大臣賞受賞。

2015年11月	市内30の地域自主組織と同市行政が「地域と行政の協働のまちづくりに関する基本協定」締結。地域自主組織は「区域を包括する地域の主体者としての役割」を担うとともに，市域において統一して実施される必要がある業務のうち，行政が担うより効率的・効果的な業務を市が地域自主組織に依頼する「必須業務」と，地域の自主性を尊重し，地域の主体性や個性を生かす「選択業務」を担い，市行政は地域自主組織の活動を支援するため，情報や研修機会，活動資金や拠点施設の提供と，人的支援などを担うことに。
2018年10月	市内全域での地域自主組織結成から10年を機に，向こう十年を見据えた持続可能なまちづくりを進めるために，地域・行政から選出された計28名による「地域と行政の今後のあり方報告書」が取りまとめられ，市と地域自主組織連絡協議会に提出。人材育成・確保，参加者減・負担感増，自治会と自主組織との関係，地域支援のあり方など19項目について，対策などが盛り込まれる。

表12- 6　雲南市内の地域自主組織（福祉施設を除く人口・世帯数・高齢化率・面積は2020年10月末現在の住民基本台帳）

町	地域自主組織名	人口	世帯数	高齢化率	面積（㎢）
大東町	大東地区自治振興協議会	3,447	1,273	34.6%	14.68
	春殖地区振興協議会	2,109	723	38.2%	12.01
	幡屋地区振興会	1,379	450	40.8%	13.61
	佐世地区振興協議会	1,540	494	40.8%	14.72
	阿用地区振興協議会	1,099	373	38.1%	11.68
	久野地区振興会	492	199	50.2%	28.41
	海潮地区振興会	1,489	531	46.7%	38.36
	塩田地区振興会	125	56	59.2%	18.76

木次町	八日市地域づくりの会	854	386	41.0%	1.09
	三新塔あきば協議会	935	365	41.9%	1.20
	新市いきいき会	491	176	40.5%	0.85
	下熊谷ふれあい会	1,106	441	25.2%	2.57
	斐伊地域づくり協議会	2,106	731	27.8%	5.48
	地域自主組織 日登の郷	1,427	459	46.3%	20.77
	西日登振興会	935	326	45.1%	13.15
	温泉地区地域自主組織 ダム湖の郷	418	167	52.6%	18.96
加茂町	加茂まちづくり協議会	5,717	1,913	38.2%	30.91
三刀屋町	三刀屋地区まちづくり協議会	2,385	925	34.7%	4.95
	一宮自主連合会	1,867	653	35.9%	16.91
	雲見の里いいし	674	253	47.8%	13.48
	躍動と安らぎの里づくり鍋山	1,276	432	46.8%	23.84
	中野の里づくり委員会	481	193	51.8%	23.50
吉田町	吉田地区振興協議会	867	368	52.2%	58.05
	民谷地区振興協議会	143	54	53.8%	15.00
	田井地区振興協議会	538	196	43.7%	40.93
掛合町	掛合自治振興会	1,391	531	42.6%	20.61
	多根の郷	409	153	47.4%	12.70
	松笠振興協議会	334	96	44.0%	18.82
	波多コミュニティ協議会	277	130	56.3%	29.28
	入間コミュニティ協議会	196	82	56.1%	28.09
計		36,516	13,129	39.9%	553.18

　地域の特性を踏まえて，着実に取り組みを進めている各組織のなかから，いくつか事例として紹介したい。

　中野地区（地域自主組織の名称（以下同）：中野の里づくり委員会，面積23.50㎢，193世帯，481人，高齢者率51.8％）（左記は2020年10月末現在，以下同）

　同市中央部の山間部に位置する中野地区では，2005年の地域運営組織発足直後の2010年にJA支所の廃止が決定。住民からの度重なる要望にもその決定が覆らなかったことから，地域運営組織が家賃を払って同店舗を借り，毎週木曜日の10時から14時までだけ開店する「笑んがわ市」（えんがわいち）を開設した。地域住民がつくる野菜や加工食品を中心に，100品目以上が販売され，開店を待つ行列ができるほどの人気を保ち続けている。その最大の理由は，売り場に隣接するスペースでのお茶飲み。テーブルいっぱいに並べられた，交替で店番を務める住民手づくりのお茶請けを食べながら，会話を楽しんでいる。開業直後から鮮魚店やパン屋の移動販売や，地域住民による包丁研ぎも行われるなど，文字通り「市（場）」となりつつある。

　鍋山地区（躍動と安らぎの里づくり鍋山，23.84㎢，432世帯，1,276人，高齢者率46.8％）

　中野地区に隣接する鍋山地区では，従来から自発的に行われてきた独居後期高齢者の見守りを，水道検針業務を受託することで，定期的かつ有償の業務として行っている。検針時には顔色，体調，環境（家の内外の片付き具合），声の4項目を確認し，不調を感じたら保健師などに連絡することになっている。

　波多地区（波多コミュニティ協議会，面積29.28㎢，130世帯，277人，高齢者率49.3％）

　同市西南端にあたる波多地区では，2007年に廃校となった旧・波多小

学校を地域運営組織の拠点施設（交流センター）として運営。同地区住民にとって，最寄りのスーパーは車で15分以上先であることなどから，もとは小学校の教室だった同センター内の一室に，食品を中心に約800品目を販売する「はたマーケット」を14年に開設。専従職員は置かず，交流センター職員が他の業務の傍らで対応しているが，同所内で実施される介護予防事業の参加者などを中心に住民が利用し，収益も安定している。

（4）　小規模多機能自治が進む雲南市の7つの特徴と要因

　小規模多機能自治が進んでいる雲南市の特徴と要因は，他市町村との比較から，表12-7の7項目が挙げられる。

　まず，住民が真摯かつ謙虚であること。全国的にみて傑出した水準にありながら，「いやぁ，まだまだ」と，改善や新たな取り組みを積み重ね続けている。その背景には，人口減少が1950年代から始まり，すでに70年以上に及んでいることから，「おるもん（いる人）でやるしかない」という感覚が，3世代にわたって共有されていることも挙げられる。

　また，2004年に発足した同市が，6町村の対等合併だったこと，つまり，小さな町村が大きな市に吸収されるのではなく，小さな町村が対等の立場で新市発足に臨んでいること。しかも，地域自治のあり方については，なかでも高齢化や人口減少が進んでいる山間部をモデルとすることを，合併前に協議して決めていたことも，大きな要因と言える。

　そして，各地域ともに，カリスマなトップが引っ張るのではなく，普通の人たちが一緒に考え，実施し，体制を整えることを積み重ねて，仕組みづくりを続けてきたことで，人が代わっても，年数が経っても，安定して続いている。

　一方，行政側でも，市長と現場の担当者だけでなく，各部の部長級を
はじめとする上級管理職たちも，「未来のためには，やるしかない」と
ハラがすわっていたこと。首長の交代や職員の人事異動，そして，「そ
もそもなぜ住民自治が重要なのか」を理解せず，したがって協力もせず，
むしろ阻害する管理職層が多いことで進まない他の市町村とは決定的な
違いと言える。そして，地域運営組織の必要性について最初に地域に働
きかけた担当職員が，丁寧に対話を積み重ねたこと。2年間にわたって，
各地域をほぼ隔週のペースで訪問し，住民からの質問や不安には，必ず
すばやく具体的に答えることで，議論が停滞も後戻りもせず，着実に積
み重ねられた。

　また，住民による地域運営組織がまず発足し，地域のニーズに基づい
て部会が編成されて活動が始められ，担い手の発掘や育成が進められた

表12-7　小規模多機能自治が進む雲南市の7つの特徴と要因

住民・地域の特徴や，住民による要因	行政による要因
①真摯かつ謙虚 ←人口減少・高齢化が始まって70年以上（「おるもんでやるしかない」すでに3世代） ②6町村対等合併 　地域自治の進め方は，取り組みが進んだ山間部をモデルに ③カリスマが引っ張るのではなく，普通の人たちが一緒に仕組みづくり	④トップ，上級管理職，現場担当のハラのすわり（「未来のためには，やるしかない」） ⑤丁寧な対話の積み重ね 　（質問・不安には必ずすばやく具体的に答える） ⑥組織→拠点→交付金→・・と順を追って切れ目ない進化の積み重ね ⑦身近な事例から住民同士が学び合う自慢大会（取組発表会）と地域円卓会議の活用

「ソシオ・マネジメント」第3号「小規模多機能自治－総働で人「交」密度を高める」（IIHOE）
から抜粋

のちに，公民館の所管を移管して交流センターによる地域づくりの拠点として，地域運営組織による指定管理を導入し，その後に，交付金制度の見直しが行われたこと。地域自治の改革を進めようとしながら，うまく進まない市町村に共通するのは，組織，拠点，交付金という重要な要素をどのように地域において着実に積み重ねるかというロードマップを持たずに，一度に導入してしまう，あるいは，順序を間違ってしまうというケースである。

　最後に，各地域運営組織の取り組みをそれぞれ数分間で紹介し，来場者から付箋で質問や助言を募る「自慢大会」や，生涯学習や防災などのテーマごとに，各地域運営組織の取り組みをたずねるとともに，人口・世帯構成や立地が似た地域ごとに意見交換する「地域円卓会議」といった，住民同士が近隣の事例から学び合う機会を設けたこと。遠くのカリスマによるすごい事例ではなく，状況がよくわかる近隣地域の事例を聞いて，それは自分たちでも取り入れよう，という機運を醸成したことが大きい。

4. 地域運営組織によるコミュニティ・ガバナンスを実現するために

（1）　長期的なロードマップと，求められる項目

　同様の取り組みは，すでに全国各地で，それぞれの地域の特性や課題に応じた形で拡がっている。雲南市のように，市や区などの行政区域よりも小さな範囲内で，住民が自ら，地域でのくらしを続けるために必要な機能を担い続ける体制を整えるため，言い換えれば，地域の持続可能性を維持し，高めるためのローカル・ガバナンスを実現するためには，住民側・行政側それぞれに求められる取り組みがいくつもある。表12-8は，求められる取り組みの代表的な項目を挙げたものだ。

　これらの項目は，同時に始める必要はなく，5年から10年といった時間をかけて積み重ねていくことが望ましい。しかし，単年度ごとに次にするべきことをその都度考え，決め，実施するのではなく，5年から10年に及ぶロードマップを仮に定め，実績や課題など経過を追って検証しながら進めることが不可欠だ。

　そのためにも，最初のステップである「知る・学ぶ」の段階で，各地域の人口・世帯構成の推移をもとに，くらしがどう変わりつつあるか，くらしの変化に応じて，地域づくり活動にどのような進化が求められるかを，丁寧に共有することが求められる。

　筆者は，各地で住民や行政を対象とした勉強会において，地域の持続

表12-8　地域運営組織によるコミュニティ・ガバナンスを実現するために，住民・行政に求められる取り組みの代表的な項目

段階	住民に求められる取り組み	行政に求められる取り組み
知る・学ぶ	・地域アセスメントで，これまでとこれからの推移を知り，備えていく。	・自治体アセスメントで，これまでとこれからの推移を正確に知る。
備える	・意思決定と事業実施の体制を整える。 ・「お客様」ではなく，「株主・投資家」として行政に接する。 ・発災時に被災者を支援する備災活動や，訓練の参加者を増やす。 ・個人情報保護法を正しく理解し，管理・利用する体制づくりを進める。	・基本方針を示す。 ・施策体系を整える。 ・全庁的な体制を整え，各課と連携して推進する。 ・支所などの地域担当部署が，地域運営組織の支援を業務として行う。 ・個人情報保護法を正しく理解し，管理・利用する体制づくりを促す。 ・地域担当制度を設けて，行政職員が地域運営組織を支援する。

224

		・行政職員が，自治会やPTAなど地域内組織の役員を務めるよう促す。 ・総合評価方式による入札を活用して，地域貢献企業を優遇する。
育てる	・他の地域組織と学び合い，磨き合って人材を育てる。 ・活動・事業の質的な充実を積み重ねる。 ・住民自らがつくる・提供するものを販売する「小商い」を促す。 ・半期ごとに活動・事業を振り返り，部会・組織のあり方も見直す。 ・主な会議の年間予定を予め示し，重要な議題は事前に意見をたずねる。	・住民を「お客様」ではなく「株主・投資家」と位置づける。 ・小規模多機能自治を担う地域運営組織の設立を促す。 ・公民館などの施設を，地域自治の拠点として小規模多機能的に運営する。 ・補助や事務委託などを通じて，資金面で小規模多機能自治を促す。 ・地域運営組織同士が，学び合い，磨き合って人材を育てる機会を設ける。 ・地域運営組織の発信や事務を支援する。 ・地域運営組織間の連携・協働を促す。 ・進捗，成果や課題を定期的に確認し，制度・施策の改善に結び付ける。 ・地域代表性を担保する制度を設ける。

「ソシオ・マネジメント」第6号「続・小規模多機能自治 ― 地域経営を始める・進める・育てる88のアクション」（IIHOE）から抜粋

可能性を高めるための取り組みを積み重ねるための契機として，住民には，①人口・世帯構成の推移の把握，②行事・会議・組織の棚卸し，③

中学生以上の全住民調査の３つを早期に実施し，すべての住民と共有できるよう働きかけること，行政には，住民が実施すべき①②③の取り組みを促すとともに，トップから現場までが一体となって全庁で推進する体制を整え，住民と行政とがともに学び合う機会として，自慢大会と地域円卓会議を開催するよう，促している。

（2）　地域円卓会議のススメ

　地域運営組織による取り組みが進んでいる雲南市において，地域運営組織同士が学び合い，磨き合う貴重な機会となっているのが，地域円卓会議だ。地域と行政とが対等の立場で協議する場として，2012年度から試行され，2013年度からは毎年複数のテーマで開催されている。開催・運営にあたっては，目的は課題を共有し，共に考え，共に実践する場であり，担ってもらう場ではないこと，議題は協議によって設定し，一方的には決めないこと，メンバー構成は各主体で選出し，充て職ではないこと，議論の方法として事前に各組織で協議し，できるだけ個人的な意見を避けること，責任の所在として，役割を具体的に協議し，不明確にしないこと，進め方として，提案に対する各主体の意見・判断や実践を引き出すために，粘り強く議論を重ね，成果を生むこと，といった基本的な原則を定めている。

　このように，多様な主体が互いに深く関与しながら協働する過程（マルチ・ステークホルダー・プロセス／エンゲージメント）は，地域における多様性に配慮しながら，共有すべきことを着実かつ主体的に共有するために，不可欠かつ最も有効な手法である。

表12-9　雲南市において2019年度に開催された地域円卓会議のテーマ

テーマ	開催方法	参加者数
防災 （行政と自主防災の連携体制構築と避難所運営）	旧町別に計6回開催 各2時間30分 （事前研修も実施）	地域自主組織：30組織165名 市行政職員：延べ105名
社会教育・生涯学習 （より主体的な子どもを育むために地域・大人ができること）	地域自主組織の規模別に3回開催 各2時間30分 海潮・加茂・中野地区の事例紹介	地域自主組織：26組織68名 市行政職員等：延べ69名
地域福祉（サロン） （持続可能な！ふれあい・いきいきサロン活動に向けて）	全地域の福祉部長・地域福祉推進員対象に1回開催 2時間30分	地域自主組織：27組織49名 市行政職員等：28名
地域の担い手の育成 （次世代の地域の担い手の育成）	全地域対象に希望する地域のみ参加 2時間30分 下熊谷地区，日登地区の事例紹介	地域自主組織：12組織17名 市行政職員等：22名
交通 （移動手段を確保するために私たちができること）	全地域対象に希望する地域のみ参加 2時間30分 鍋山地区の事例紹介	地域自主組織：20組織30名 市行政職員等：23名

参考文献

川北秀人（2016）ソシオ・マネジメント第3号　小規模多機能自治 ― 総働で人「交」密度を高める，IIHOE

川北秀人（2018）ソシオ・マネジメント第6号　続・小規模多機能自治 ― 地域経営を始める・進める・育てる88のアクション，IIHOE

13 | 持続可能性とパートナーシップ

関　正雄

《学習の目標＆ポイント》　持続可能な社会を実現するために不可欠とされる，異なる主体によるパートナーシップがなぜ必要なのか，パートナーシップの原則とは何かを理解したうえで，ステークホルダー間の協働の実際と課題を学習しつつ，協働を導く対話のあり方について学ぶ。また，既存のセクターの枠に収まらない，ソーシャルビジネスの可能性について考える。
《キーワード》　グローバル・パートナーシップ，包摂的なガバナンス，対話と協働，ステークホルダーエンゲージメント，ソーシャルビジネス

1. パートナーシップと協働の促進

（1）　SDGs における 2 つのパートバーシップの概念

　SDGs の目標17はグローバル・パートナーシップの活性化・強化であり，2 つの視点でパートナーシップをとらえている。1 つは，国家間において先進国が途上国に対して専門的知見・技術・資金源を動員し共有すること，すなわち先進国が途上国を支援するという政府間の国際協力である。2 つ目は，ステークホルダー間において，効果的なパートナーシップを奨励・推進すること，すなわちさまざまなステークホルダーの参加と関与を奨励するマルチステークホルダー・パートナーシップである。
　この垂直（タテ）・水平（ヨコ）の 2 種類のパートナーシップの重要性を訴える，グローバル・パートナーシップの全体像は，すでに1992年のリオ地球サミットの成果文書の 1 つであるリオ宣言の前文に描かれている[1]。それ以降，SDGs の採択文書に至るまで，国連の持続可能な発

1　リオ宣言の前文では，宣言の目標に関して「国家間，また社会のキーセクター間や人々の間での，新しいレベルでの協力の創出を通じて，新しい公平なグローバル・パートナーシップを確立することを目標に」するとしている（翻訳は関）。

展に関するさまざまな会議での政府間合意文書で繰り返し確認されてきた。

　後者の水平なパートナーシップ，すなわちステークホルダー間のパートナーシップを論じる際に忘れてはならないのが，前提としてのステークホルダー参加である。ステークホルダー間のパートナーシップは，よりよい課題解決を導く。しかしそのためには，すべてのステークホルダー，すべての人々の課題解決への関与が可能である状況が必要となる。つまりそもそも参加し関与することが，あまねく保障されていなければならない。とくに立場の弱い，脆弱な人々や，当事者の意見が意思決定に反映されるためには，情報へのアクセス，意思決定への参加，司法へのアクセスというそれぞれの機会が，人々の「参加の権利」として制度的に保障される必要がある[2]。パートナーシップと参加の権利とは，深く関連しているのである。

　この観点から，SDGs の目標16と目標17との関係も理解しておく必要がある。目標16は，目標17と並んで SDGs の実施手段に関する目標であるが，ここでは「すべての人々に司法へのアクセスを提供し，あらゆるレベルにおいて効果的で説明責任のある包摂的な制度を構築する」として，すべての人々に意思決定への参加を保障する，包摂的なガバナンスの実現を目標にしている[3]。つまり，目標16のガバナンスと目標17のパートナーシップは不可分密接な関係にあり，前者は後者の前提にもなっているのである。

　こうした参加の権利に着目してパートナーシップにおけるその重要性を考えることは，誰ひとり置き去りにしないという，SDGs の理念を具現化するためにも不可欠な視点であると言えよう[4]。

2　リオ宣言の第10原則では，「環境問題は，それぞれのレベルで，関心のあるすべての市民が参加することにより最も適切に扱われる。」として，環境関連情報の適切な入手，意思決定過程に参加する機会，賠償・救済を含む司法及び行政手続きへの効果的なアクセス，という3つの参加原則を挙げている。
3　SDGs のターゲット16-7は，「あらゆるレベルにおいて，対応的，包摂的，参加型及び代表的な意思決定を確保する」である。

（2）　協働の定義

　以上を前提として，本章では，2つのパートナーシップのうち水平なパートナーシップ，すなわちステークホルダー間の協働による問題解決に焦点を当てて考えていく。

　SDGs が掲げる高いレベルの目標を達成するためには，これまでの発想や取り組み方法は十分ではなく，セクターの枠を超えて異質な発想や経験を持ち寄り，新たなソリューションを創り出していくことが必要となる。そして，問題の根本原因に立ち返って，社会のあり様が一変するようなシステム・レベルのトランスフォーメーションを，政策，企業活動，市民生活，投資などすべてが連動して成し遂げなければならない。グローバルレベルでも，ローカルレベルでも，パートナーシップの精神に基づく協働を促進していくことが不可欠なのである。

　一般的に，協働の定義は以下のようなものである。

　「異種・異質の組織同士が，共通の社会的な目的を果たすために，それぞれにリソース（資源や特性）を持ち寄り，対等の立場で協力して共に働くこと」[5]

　協働が成功する条件，つまり足し算ではなく掛け算のようなシナジー効果が生まれ，成果をあげるために必要なこととして，以下の点を挙げることができる。

・共通の目標が共有されていること
・相互理解と信頼関係が関係者で存在すること
・支配関係ではなく両者が対等な立場にあること
・互いの強みを持ち寄り，最大限に発揮されること
・気づきや学びが生まれ，共有されて活用されること
・これまでのやり方にこだわらずに問題解決にチャレンジすること

4　以上の点に関しては，権利に基づくアプローチの強化の必要性を論じた，大久保規子（2020）「権利に基づくパートナーシップ」（佐藤・関・川北『SDGs 時代のパートナーシップ：成熟したシェア社会における力を持ち寄る協働へ』学文社の p.178以降に所収）を参照されたい。

5　出典：山岡義典・雨宮孝子編著（2008）『NPO 実践講座（新版）』ぎょうせい

・生み出した成果を客観的に評価し，絶えざる改善につなげること

・協働の経験から学習し，互いに成長すること

　つまり，大きな成果を生み出す協働とは，一時的な協力関係ではなく，関係性を発展させ成長させていく継続的なプロセスなのである。

2. 協働の実際と課題

　第6章でもみたように，協働の主体としては政府・企業・市民社会組織の3つの主要アクターを挙げることができ，パートナーシップの精神のもとに協働することが重要だとされ，実践もされてきた。そこで，行政とNPO/NGO，企業とNPO/NGOのそれぞれの協働の実際と課題をみることとする。また，あわせて研究コミュニティにおけるステークホルダーとの共創の動きにも言及する。

（1）　行政とNPO/NGOとの協働

　横浜市は，早くから行政とNPO/NGOなどとの間での協働を促進しようと力を入れてきた。その経験から，行政が市民活動と協働するにあたって重要な6つの原則を定めて明らかにしている。これは2つのセクター以外の協働にも一般的に当てはまる内容を含んではいるが，とりわけ行政と市民社会組織との協働において生じやすい問題点にも触れている。それは原則の3，市民活動の自立である。

　原則3の背景として，協働という名のもとに，行政側がNPOなどへの事業委託を行政コスト削減の手段として用いてしまい，受け手のNPOも事業収入を得たいがために本来のミッションや創造性を失なって，委託仕様書通りに仕事をこなすだけの下請け団体になってしまう場合がある。こうした単なる「官から民へ」の業務シフトでなく，対等な「官と民との」パートナーシップによって新たな価値を生むためには，

横浜市における市民活動との協働に関する基本方針

市民活動と行政が協働するにあたっては，次の6つの原則を尊重して進める。
①対等の原則（市民活動と行政は対等の立場に立つこと）
②自主性尊重の原則（市民活動が自主的に行われることを尊重すること）
③自立化の原則（市民活動が自立化する方向で協働を進めること）
④相互理解の原則（市民活動と行政がそれぞれの長所，短所や立場を理解し合うこと）
⑤目的共有の原則（協働に関して市民活動と行政がその活動の全体または一部について目的を共有すること）
⑥公開の原則（市民活動と行政の基本事項と関係が公開されていること）

出典：横浜市ホームページ
図13-1　横浜市の6つの原則

現状改革への提案力，自身の組織ガバナンス強化，人材育成など，NPO側での自立への努力が欠かせない。

同じ問題意識から，日本NPOセンターも「行政と協働するNPOの8つの姿勢」で，行政に依存しすぎないことを強調し，解説のなかで，精神的にも財政的にも独立すること，自らの組織の自律（ガバナンス），協働の質を向上できるような高い専門性を磨くこと，行政のあり方に変更を求めることもできる判断力や交渉力を向上させること，などを挙げている。

（2）　企業とNPO/NGOとの協働

企業とNPO/NGOの関係は，時代とともに変遷を遂げてきた。1970年代，反公害運動で企業とNPO/NGOは対峙関係にあった。また，1990年代には多国籍企業の台頭とともに，企業が環境や社会に与えるさ

まざまなインパクトに対するNGOからの問題指摘がなされるように
なった。環境汚染や資源の枯渇など環境問題だけではなく，劣悪な労働
環境，児童労働，先住民の強制移転など，人権・労働面でも，NGOは
企業への問題指摘や市民の啓発に力を入れた。やがて2000年以降，企業
の社会的責任（CSR）が世界の潮流となり，企業も課題解決にリーダー
シップを発揮するようになる。こうした動きに呼応して，NGOは企業
と協働して，取り組みを推進するための基準を策定したり，商品の開発
に参画したりするようになる。例えば，2002年にパナソニックが発売し
たノンフロン冷蔵庫は，グリーンピースジャパンが欧州で行ったグリー
ンフリーズキャンペーンを日本国内でも行い，家電各社に商品化を提案
していたものである。NPOと企業の本業分野での協働の先駆的事例と
して注目された。

　その後も企業とNPO/NGOの協働はさらに深化し，企業戦略の策定
にも深く関わるようになる。世界的な環境NGOであるWWFが企業と
連携して進めてきたクライメート・セイバーズ・プログラムでは，
WWFが気候変動に取り組む企業の取り組みを支援し，温室効果ガス排
出削減計画の立案とその実施結果の検証に関与する。また，Science
Based Targetプログラムでは，さらに上流工程の企業の温室効果ガス
の長期的削減目標立案にも関与する。企業にとっては，WWFの気候変
動分野での専門性が活用できるとともに，設定目標が妥当であることの
保証が得られるというメリットがある。

　また，社会貢献プログラムにおける企業とNPOとの協働も広がって
いる。経団連の調査によると，企業は社会貢献活動にあたって88％が社
外組織との連携を行っており，連携先（複数回答）のうち最も割合の高
いのがNPO/NGOの82％である。この分野での協働がいかに進んでい
るかがわかる[6]。

6　出典：日本経済団体連合会（2020）「社会貢献活動に関するアンケート調査結果」

　同じ経団連による調査での経年変化をみると，社会貢献において市民セクターと協働している活動がある企業の割合も，2002年は26％であったが，2014年には77％と大幅に上昇している。このように，企業と市民社会組織の協働は，社会貢献活動において広がり内容的にも深化していった。

　そして並行して，より事業戦略に密着したテーマでの協働が進んできている。日本のNGOの中間支援組織であるJANICの「地球規模の課題解決に向けた企業とNGOの連携ガイドライン」は，2009年の初版以降，改定を重ねてきた。ガイドラインでは，企業とNGOとのパートナーシップの成熟の方向性を以下のように述べている[7]。

「企業とNGOとの関係は，
・NGOが企業行動を監視する・批判する，対峙型
・NGOへの資金供出などリソース支援や協力といった支援型
という一方通行の関係から，
・対話と双方向コミュニケーションを基礎として，それぞれが社会的責任を果たしながら連携・協力をする関係
・2者以外の政府，消費者など他のステークホルダーとも連携したマルチの関係構築
・SDGsの達成に向けた連携
へと発展してきている。」

　特に，最後のSDGsの達成に向けた連携では，実際に日本の国際NGOのネットワーク組織であるJANICおよび会員NGOの知見や経験などが，事業戦略としてグローバル課題の解決に取り組む日本企業の力となっている。

　ガイドラインには，図13-2に示すような幅広い分野でインスピレーションが湧く，さまざまな類型の企業とNGOとの協働事例が，多数収

7　国際協力NGOセンター（JANIC）（2017）「地球規模の課題解決に向けた企業とNGOの連携ガイドライン Ver.5」から関が抽出し要約。

録されている。JANIC は
協働事業の相手を探してい
る企業へのコンサルティン
グや，NGO とのマッチン
グも行ってきた。また，連
携ガイドラインの策定や改
定・充実という継続的な取
り組み自体も，JANIC と
参加企業との間での，価値
ある協働の1つの形である。

> ・寄付や助成金
> ・施設の提供や商品の貸出（無償提供）
> ・ボランティアや専門家の派遣
> ・各種キャンペーンへの参加や協力
> ・社員教育
> ・CSR 調達コンサルティング
> ・ステークホルダーダイアログへの参加
> ・アドバイザリー（助言委員会）への参加
> ・コーズマーケティング
> ・共同事業（BOP ビジネスを含む）
> ・その他

出典：JANIC「企業と NGO の連携ガイドライン ver. 5」

図13-2　企業と NGO との連携事例

　企業と NPO/NGO の今
後のよりよい協働に向けては，以下の点に留意することが重要であろう。
・なれあいにならず，適度な緊張関係を保つこと
・パートナーシップを持続させること
・短期的成果よりも中長期的な成果を重視すること
・他のステークホルダーを巻き込む視点を常に持つこと
・協働の成果（インパクト）を測定し評価し，改善点を見出して以降の
　取り組みに活かすこと
・協働は目的ではなく手段なので，協働していることだけで満足しない
　こと

（3）　研究コミュニティにおけるステークホルダーとの共創

　SDGs の理念であるトランスフォーメーションに欠かせない要素の1
つは，科学技術イノベーション（STI）であり，採択文書においてもそ
の重要性が繰り返し強調されている[8]。この STI に関しても，ステーク
ホルダーとの協働・共創が重要な課題となっている。

8　目標17のターゲット17.6における科学技術イノベーションへの言及，およびパラグラフ
70（技術促進メカニズム）など。

　現代の深刻な社会課題の多くは複雑化し，1つの研究分野（ディシプリン）だけでは解決できない。そこで学際的な（インターディシプリナリーな，あるいはマルチディシプリナリーな）研究アプローチが試みられてきた。しかし，SDGsの目標群が求めている，社会システムを変容させるような解決を目指すためには，複数分野の個々の研究成果を取り揃えて応用するのでは足りない。そこでは，社会課題の多面性や複雑性をあるがままに観察して受け止め，複数課題解決へのチャレンジで生まれるシナジーやトレードオフをも考慮した取り組みが求められる。そこで，実際に課題に直面したり解決に取り組んでいる多様なステークホルダーを巻き込んだ，共創的かつトランスディシプリナリー（超学際的）な研究アプローチが必要とされているのである。さらに，学術研究と実社会との間にある垣根を取り払う努力や，研究の初期段階から社会実装まで，一貫した多様なステークホルダーの参画が重要とされている。

　こうした問題意識から，国立研究開発法人であるJST（科学技術振興機構）とその1組織であるRISTEX（社会技術研究開発センター）では，社会の具体的な課題解決のための社会技術研究開発を進めてきた実績を生かして，社会問題の典型であるSDGsの達成に貢献するため，2019年度から「SDGsの達成に向けた共創的研究開発プログラム（SOLVE for SDGs）」をスタートさせた[9]。あらたな研究開発手法であるステークホルダー参加型で，STIによる社会課題のソリューションを共創して，SDGsの達成に貢献することを目指すものである。

　SOLVE for SDGsプログラムでは，ステークホルダーとの協働・共創による研究開発と社会実装をその特徴としている。したがって，プロジェクト公募に際しては，研究代表者と行政・NPO/NGO・企業などの協働実施者がペアを組んで応募して，シナリオ策定フェーズからソリューション創出フェーズまで，一貫してステークホルダー参加型の研

9　SOLVE for SDGs は，Solution-Driven Co-creative R&D Program for SDGs の略。

出典：RISTEX「SDGs の達成に向けた共創的研究開発プログラム
シナリオ創出フェーズ／ソリューション創出フェーズ」紹介パンフレットより

図13- 3　Solve for SDGs のプログラム概要

究開発を行っている。11章で掘り下げて紹介した事例も，この SOLVE
for SDGs のプログラムの一環として取り組まれたものを含んでおり，
研究コミュニティによる新たな共創プロジェクトのチャレンジングな事
例である。

　STI による解決に限らず，先進的な課題解決の試みは以前よりいくつ
も生まれてきた。しかし問題は，その多くが世の中を変えるほどの十分

なスケールを持ちえなかったことである。この点，ソリューションをいかにスケールアップするかが共通の大きな課題と言えよう。SOLVE for SDGs では，国内の特定地域で実装した結果を他地域にも展開すること，さらには可能であれば海外にも展開することを想定して，当初から横展開のための計画を組み込んでいることが特徴となっている。それによって社会実装のインパクトを拡大することを目指しているのである。

3．協働を推進するために重要なエンゲージメント

　これまで述べてきた協働と深い関係がある概念に，ステークホルダーエンゲージメントがある。持続可能な発展において重要な役割を果たすと期待されている企業と，そのステークホルダーとの関係において用いられることが多い用語である。しかし，企業だけではなく，さまざまなステークホルダー間での協働を促す重要な要素であり，ステークホルダー間の相互作用が生み出す成果を最大化するためにも有用な概念なので，掘り下げて考えてみたい。

（1）　ステークホルダー・エンゲージメントとは

　ステークホルダーとの間で行われる対話などを通じて，企業がステークホルダーの関心事項に耳を傾け，意見交換を行い，意思決定に反映させる，一連のプロセスを一般的に「ステークホルダー・エンゲージメント」と呼ぶ。また，ステークホルダー側からみると，企業に対して積極的に意見を表明し，意思決定に反映させようと積極的に関与する行動のことをエンゲージメントと呼んでおり，企業もステークホルダーも，重要なプロセスと考えて実践されている。

　社会的責任に関するガイダンスである ISO26000 では，ステークホルダー間の相互作用としてのエンゲージメントを重視して独立の章まで設

けて詳しく解説している。その章（5.3.3）の「ステークホルダー・エンゲージメント」では，以下のような事項に役に立つとしている。
・組織の決定及び活動がもたらすインパクトの理解
・ポジティブインパクト最大化，ネガティブインパクト最小化の方法発見
・組織の信頼性の確認
・パフォーマンスの確認
・紛争の調停
・社会全体の課題との関連性に対処する
・継続的学習に役立てる
・法的義務を果たす
・利害の対立に対処する
・多様な観点を得る
・自らの決定及び活動の透明性を向上させる
・相互に有益な目的を果たすためにパートナー関係を形成する
　ここからもわかるように，企業における方針策定や重要課題の特定，実施，活動の評価，情報開示に至るまで，エンゲージメントは，サステナビリティに取り組む企業における，マネジメントのPDCAサイクルいずれのフェーズでも有効に活用できる。なかでも，本章のテーマであるパートナーシップと協働の観点からは，最後に挙げられている，共通目標達成のためのパートナー関係の形成が最も重要である。
　経団連「企業行動憲章実行の手引き」では，ステークホルダー・エンゲージメントを「企業が社会的責任を果たしていく過程において，相互に受け入れ可能な成果を達成するために，対話などを通じてステークホルダーと積極的に関わり合うプロセス」と定義している。この定義からわかるように，ステークホルダー・エンゲージメントは，企業とステークホルダーとの間での双方向の関わり合いを指しており，その基礎とな

るのが対話なのである。

「企業行動憲章実行の手引き」では，さらに以下の5つの解説も加えている。

・エンゲージメントは，企業がステークホルダーと見解を交換し，期待を明確化し，相違点に対処し，合意点を特定し，解決策を創造し，信頼を構築するための協議プロセスとして有効である。
・エンゲージメントはどちらか一方からの働きかけでなく，双方向で相互作用をもたらすものである。
・ステークホルダーの声に耳を傾けつつも，最終的に責任を持って意思決定するのは企業である。
・基礎となるのは双方向のコミュニケーションである。
・企業とステークホルダーとの関係やエンゲージメントのあり方は多様である。状況，時間，リスクや機会，課題などの変化によって常に変化するダイナミックなものである。

　エンゲージメントは，ともすると，例えばステークホルダーとしてのNPO/NGOや機関投資家がその影響力を駆使して，企業に対して要求事項を突き付ける，といった構図のみで理解されがちである。しかし，上述の企業行動憲章の定義や解説からわかるように，あるべきエンゲージメントとは，対話をベースに信頼とパートナーシップを醸成して，持続可能な発展に向けた協働での課題解決を導く双方向の働きかけであり，互いに積極的に関与しあって双務的な関係構築を目指すもの，と解するべきである。したがって，企業側からステークホルダーへのエンゲージメントもまた，意識的に行うべきである。

　したがって，例えば機関投資家や取引先からのエンゲージメントを受け，再生可能エネルギー100％の実現を求められる企業が，国内での再

エネルギーの調達が困難であるため，需要サイドの声をあげて政府にエネルギー政策変更を要請する，といった行動も重要な意味を持つ。ステークホルダー間で，互いに行動変容を迫るようなエンゲージメントも，トランスフォーメーションの時代には必要である。

　そもそも，エンゲージ（engage）という言葉はさまざまな意味を持つ。OED（Oxford English Dictionary）では，婚約する，交戦する，参加する，など19種類もの語義が解説されている。このうち，一般的にステークホルダー・エンゲージメントは，「関与する」「強く求める」「巻き込む」などの意味で用いられることが多いと思われる。しかし，本章で強調している双方向で双務的なエンゲージメントの語義としては，「嚙み合う，係合する，連動する（interlock）」という解釈がふさわしい。歯車などの部品がしっかりと嚙み合って，互いに力が伝わり合うような関係をイメージするとよいであろう。

（2）　エンゲージメントのベースはダイアログ

　エンゲージメントを深めるコミュニケーションには多様な形態がある。公式・非公式な情報交換，さまざまな形態の会議，最近ではSNSを活用したもの，などがあるなかで，ダイアログ（対話）が最も効果的であろう。

　ダイアログとは，オープンな態度で相手の意見に耳を傾けることによって，ひらめきやアイディア，ヒント，新しい視点や意味づけなどを得る，あるいは，そうした発見を財産として積極的に共有して次の行動につなげる，といったコミュニケーション形態を指す。つまり，勝ち負けを決める「ディベート」や，互いの立場をぶつけあう「ディスカッション」とは異なり，より新たな価値を生む，創造的で協働的なコミュニケーションスタイルである。この観点からすると，SDGs実現のため

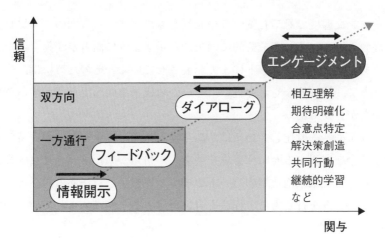

図13- 4　協働を導くステークホルダー・エンゲージメント

　の取り組みなどにおいては，ダイアログは最も有効に活用すべきコミュニケーション手法であるといえるだろう。

　ステークホルダーとのダイアログのなかで，ESG 投資の伸展とともに，近年は企業と機関投資家との間における対話に関心が集まっている。機関投資家向けの日本版スチュワードシップ・コード，上場企業向けのコーポレートガバナンス・コードが，対になる指針として導入され，中長期的な企業価値向上のためには，企業と投資家が意味のある「建設的な対話」を行うことが重要だと強調していることも，その背景にある。

　ここで留意すべきは，企業側だけでなくステークホルダーとしての投資家側も，対話力を磨くことが求められていることである。つまり，図13-4 に示すように，双方がコミュニケーションの各ステージを意識し，その意義を理解して創意工夫することで，真の効果的なエンゲージメントへと高めていくことができる。まずは，透明性の高い情報開示が，その一番の基礎になる。そして投資家からのフィードバックから始まり，

オープンな態度で対話し気づきや発見をもたらす，双方向のダイアログの機会をもつ。そして最終的に両矢印が示すように両者がかみ合った状態であるエンゲージメントにまで発展させていく。そのためには，当事者双方に，建設的な対話を行い，そこから成果を生み出そうとする意思と能力が必要である。

　これをより一般化していえば，あらゆるステークホルダーが，持続可能な社会を実現するという意思を共有し，自らが果たすべき社会的責任を自覚して，未来創造型のパートナーシップを生む責任ある対話とエンゲージメントを行う力量・作法を身に付けることが求められているのである。

4. パートナーシップを超えて

　ここまで，異なるセクター間のパートナーシップと協働を論じてきたが，既存のセクターの概念に収まらない，新たな動きが注目を集めている。それがソーシャルビジネスだ。国内外で成功事例も生まれ，社会起業家を目指す若い世代も増えてきている。

　従来，企業は利益指向，NPO/NGOはミッション指向，それぞれ事業性と運動性がその特徴で，水と油のように相容れないものと考えられてきた。だからこそ協働が新たな価値を生む。しかし，その両者の特性をあわせ持つ，つまり社会的ミッションを持ちつつ事業性を追求する新たな形態が出現した。ソーシャルイノベーションをもたらす「ビジネスとしての社会事業」，それがソーシャルビジネスだ。

　経済産業省のソーシャルビジネス推進研究会での定義は「社会的課題（高齢化問題，環境問題，次世代育成など）を市場としてとらえ，その解決を目的とする事業。『社会性』『事業性』『革新性』の3つを要件とする」としている[10]。この定義に当てはまるのであれば，株式会社でも

10　経済産業省（2010年3月）「ソーシャルビジネス研究会報告書」
https://www.meti.go.jp/policy/local_economy/sbcb/sbkenkyukai/sbkenkyukaihou-kokusho.pdf

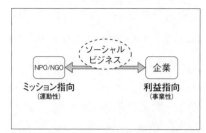

図13-5 ソーシャルビジネスの概念

NPO でもよく，組織形態は問わない。

　例えば，栃木県足利市の（有）ココ・ファーム・ワイナリーは，知的障害者支援施設「こころみ学園」創設者の川田昇氏が，「福祉ワインではなく，うまいものをつくろう」と醸造技術者を米カリフォルニアから招へいし，除草剤も化学肥料も使わず園生が手作業で栽培するぶどうを原材料として醸造したものである。その結果，2000年の九州・沖縄サミットの晩餐会や，日本航空国際線ファーストクラスで供されるワインとしても採用された[11]。

　また，首都圏で病児保育という新しいサービスを開発して社会的ニーズにこたえるフローレンスは NPO だ。代表の駒崎弘樹氏は，大学在学中から起業にチャレンジし，発熱など体調を崩した子どもを預けられずに困っている親のために，会員制の病児保育サービスをスタートし成功を収めた。駒崎氏はニューズウィーク誌から「世界を変える社会企業家100人」にノミネートされた。

　世界の各地でも，ソーシャルビジネスは大きな成果を上げている。例えば，ノーベル平和賞を受賞したムハメド・ユヌス氏は，貧困問題に取り組み，バングラデシュ農村の女性をターゲットにした小口融資（マイクロファイナンス）を事業化して，人々の生活向上に大きく貢献した。チッタゴン大学の経済学部長だったユヌス氏が，大銀行にかけあっても断られたので，自らグラミン銀行を設立して事業化したものである。その後，ダノンやユニクロなど企業との共同事業へと多角化を進めたが，いずれも事業収益は事業の拡大に再投資し，出資者への配当は行っていない。あくまでも事業目的は社会的課題の解決なのである。

11　ソーシャル・ビジネス・ネットワークの WEB サイトに掲載されている，社会事業家100人インタビューは，ココ・ファーム・ワイナリーの例も含む国内のさまざまな分野の事例をインタビュー形式で紹介しており，示唆に富む。（最終参照日　2022.08.31）
http://socialbusiness-net.com/newcontents01

　その他，第5章で人間の安全保障に関するソリューションとして取り上げた，インドのアラビンド・アイ・ホスピタルやメキシコのフードバンクBAMXの事例なども，ソーシャルビジネスの成功事例である。

　こうして，既成概念をくつがえすようなソーシャルビジネスの新たな可能性が示されている。社会制度としても，例えば米国では，ミッション性を高めたビジネス向けの新たな法人格，B-Corpやベネフィット・コーポレーションという，新たな制度も創り出された。既存の枠組みで考えるのではなく，全く新たな発想で社会課題を解決するビジネスが，世界各地で社会を変えつつある。

　持続可能な社会の実現に向けて変革を提言し続けてきたジョン・エルキントン氏は，社会起業家へのインタビューを元に，変革の重要性を訴えた著書"Power of Unreasonable People"（邦訳：クレージーパワー）で，「まったく非常識と思われるような人が出現しないと人類は進歩しない」と，イノベーションをもたらす社会的起業家たちの役割の重要性を指摘している。エルキントン氏は，成功する起業家の特徴として，既存の秩序など制約を払いのけようとし，決然とした覚悟や変革への情熱を持ちつつも，一方で，現実的なソリューションを開発・実行し，自身の活動を監視・測定することを怠らない人々，といった共通の素養をあげている。そして，誰もが社会起業家を目指すことは不可能であっても，社会に必要とされている根本的な変革のために，政府・企業・投資家・市民などが彼らの視点から学ぶことは大いに価値のあることだ，としている。

　この流れを大きなものとするために，伝統的な政府・企業・市民社会組織の3セクターのいずれにも分類し得ない，公益を追及しつつビジネスとして取り組む新たな主体を集合的に「第4のセクター」と名づけ，新たなセクターとして大きく育てるための支援エコシステム（資本市場，

法制度，会計基準，評価ツール，法的支援，人材など）を強化すべきだと訴えているのが，米ワシントンに本拠を置く Fourth Sector Group である[12]。現代の問題を根本的に解決するためには，従来からの3セクターの協働だけでは足りず，急激に成長する準備ができているこの4つ目のセクターを大きく育てるための環境づくりが必要と説く。なかでも資本の調達は重要な要素であり，その意味では，近年関心が高まっている第9章で言及したインパクト投資の急速な規模拡大は，このエコシステムの強化に寄与するであろう。

　持続可能な社会の実現は容易ではない。対話を通じて協働を促進する一方で，全く新たな，パートナーシップを超えた破壊的イノベーションをもたらす社会起業家の果たす役割にも注目し，それを社会全体でいかに育てて大きくしていくかが重要である。

参考文献

山岡義典・雨宮孝子編著（2008）『NPO 実践講座（新版）』ぎょうせい

佐藤真久・関　正雄・川北秀人（共編著）（2020）「SDGs 時代のパートナーシップ：成熟したシェア社会における力を持ち寄る協働へ」学文社

佐藤真久・田代直幸・蟹江憲史（共編著）（2017）『SDGs と環境教育 ― 地球資源制約の視座と持続可能な開発目標のための学び』学文社，第15章「SDGs とパートナーシップ」

デヴィッド・ボーム（著），金井真弓（訳）（2007）『ダイアローグ：対立から共生へ，議論から対話へ』英治出版

ムハマド・ユヌス（2010）「ソーシャル・ビジネス革命：世界の課題を解決する新たな経済システム」早川書房

ジョン・エルキントン（著），パメラ・ハーティガン（著），関根智美（訳）（2008）『クレイジーパワー 社会起業家―新たな市場を切り拓く人々』英知出版

12　The Fourth Sector Group のウェブサイト参照
https://www.fourthsector.org/（最終参照日 2022.08.31）経団連 SDGs ミッションでは，同グループのオフィスを2019年7月12日に訪問した。CEO の Sabeti 氏によれば，すでに世界の GDP の10%くらいはこうした fourth sector が生み出しているとのこと。

14 | マルチステークホルダーと
コレクティブ・インパクト

関　正雄

《学習の目標＆ポイント》 持続可能な社会の構築には，あらゆるステークホルダーの参画と関与が必要となる。第13章では，主として２つのステークホルダー間の協働について学んだが，本章では，すべての主体の社会的責任という考え方をベースにした国際規格，ISO26000の考え方を学びながら，３つ以上のさまざまなステークホルダーが参画するマルチステークホルダーによる協働の意義を考える。また，コレクティブ・インパクトを評価することの重要性を学び，理解する。
《キーワード》 マルチステークホルダー・プロセス，ISO26000，すべての組織の社会的責任，合意形成のプロセス，正統性，経験知の蓄積と共有，コレクティブ・インパクトの評価

1. マルチステークホルダー・プロセスとは何か

（1）　概念定義

　地球規模課題であれ，地域の抱える課題であれ，持続可能な社会の実現に向けて解決すべき課題の多くは，今や政府など単独のセクターでは解決できず，政府・自治体はもちろん，それ以外の企業，投資家，市民社会組織，消費者，研究者など多様なステークホルダーが同じベクトルで共に取り組むことが求められている。これがマルチステークホルダー・パートナーシップであり，そのために欠かせない手法として，マルチステークホルダー・プロセスがある。

　マルチステークホルダー・プロセスとは，３つ以上のステークホルダーが，対等の立場で対話を通じて解決策を見い出したり合意を形成したりすること，そのことを通じてパートナーシップの精神のもとで解決に向けて共に行動するベースを構築すること，を指す[1]。

　どんなテーマに関しても活用は可能であるが，特に持続可能な発展に関しては，新たなグローバル・ガバナンスの観点からマルチステークホルダー・プロセスの必要性が早くから認識されてきた。1992年のリオ地球サミットで採択されたアジェンダ21でも，多様なステークホルダーが政策決定に参画することの重要性を強調しているし，事実，国連の会議では多様なステークホルダーの参画が深まってきている。現在では国連以外でも，グローバル・ローカルを問わず，さまざまな場面でのマルチステークホルダー・プロセスの実践が広がってきている。

（２）　マルチステークホルダー・プロセスの例

　欧州委員会が，CSR の政策的推進におけるステークホルダー間の対話を重視して2002年に設置したマルチステークホルダー・フォーラムは，政府によるマルチステークホルダー・プロセス実践の代表例の１つである。欧州委員会は，持続可能な発展と企業の役割について，またどのような政策が必要であり効果的であるかについて，産業界，市民団体，労働界，その他諸団体の参画を求め長年にわたって対話を続けた。その後欧州委員会が2011年に発表した CSR の政策パッケージ（第８章の図８-１）には，今後もマルチステークホルダー・フォーラムのプラットフォームで推進していくことが真っ先にうたわれている。欧州におけるマルチステークホルダー・プロセスが社会に定着し，一貫して重視されていることがよくわかる。

　もう１つの類型として，個別課題の解決のために NGO が提言して生

1　Minu Hemmati（2020）"Theory of stakeholder engagement ― 1.2 Multi-stakeholder processes" Zurich-Basel Plant Science Center, p.12では，MSPs と複数形で表記しており，マルチステークホルダー・プロセスの形態の多様性と意義の多面性を説く。

まれたマルチステークホルダー・プロセスがある。第7章の認証ラベルの項で言及した持続可能なパーム油のための円卓会議（RSPO）も，マルチステークホルダー・プロセスの代表例である。生産地のインドネシア，マレーシアにおいてパーム油の原材料であるアブラヤシのプランテーションが急速に拡大することで，熱帯雨林の伐採による生物多様性の喪失，先住民の権利の侵害，移民労働・児童労働問題など，環境・社会に深刻な影響が生じている。そこで，パーム油の生産法を持続可能なものとするために2002年に国際的な環境NGOであるWWFが呼びかけ

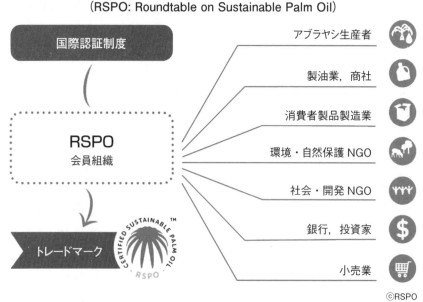

(RSPO: Roundtable on Sustainable Palm Oil)

国際認証制度

RSPO
会員組織

トレードマーク

アブラヤシ生産者

製油業，商社

消費者製品製造業

環境・自然保護NGO

社会・開発NGO

銀行，投資家

小売業

©RSPO

出典：RSPO（持続可能なパーム油のための円卓会議）認証について｜WWFジャパンのホームページ
https://search.yahoo.co.jp/amp/s/www.wwf.or.jp/activities/basicinfo/3520.html%3Fusqp%3Dmq331AQIKAGwASCAAgM%253D（最終参照日　2022.08.31）

図14-1　持続可能なパーム油のための円卓会議

て立ち上がった関係者間の対話をもとに，図14-1に示した7つのステークホルダーが参加して2004年に「持続可能なパーム油のための円卓会議（RSPO）」が設立された。その後，企業など参加会員数も増加し，認証ラベルの浸透も進んで，課題解決の大きな力となってきている。

　マルチステークホルダー・プロセスは，国際的な基準や行動規範の策定にも多く用いられている。情報開示の GRI スタンダードや，国連ビジネスと人権に関する指導原則の策定などにも使われ，今やこの分野ではむしろそれが標準となった感がある。なかでも，マルチステークホルダー・プロセスに強くこだわって策定された，持続可能な発展のためのすべての組織に向けた社会的責任ガイダンス，ISO26000は代表的な事例であり，幸い筆者も策定プロセスに自ら関わったので，その過程を紹介し，意義とみえてきた課題を考察することとしたい[2]。

2. ISO26000とマルチステークホルダー・プロセス

（1） ISO26000の概要と策定プロセスの特徴

　ISO はあらゆる分野の国際標準を開発し普及してきた団体である。標準化によって互換性を高め技術の普及を促進するとともに，利便性や生活水準の向上にも貢献してきた。その ISO が自身の中長期戦略として力点を置いたのが，持続可能なグローバル社会の実現に資することであり，そのために手掛けたのが，社会的責任の手引き ISO26000である。

　ISO と言えば，工業製品の標準化を通じて互換性を確保する，という技術寄りのイメージが強いかもしれない。だが，実は技術標準だけでなくマネジメント標準にも力を入れており，特に近年ではサステナビリティを ISO として重要な分野に位置づけて多くの規格を開発している。なかでも ISO26000は，持続可能な発展を真正面から取り扱ってこの分野でマイルストーンになった重要な規格である。持続可能な発展に関す

2　規格そのものの内容と，策定プロセスなどに関するより詳しい解説は，関（2010）「ISO26000を読む」を参照いただきたい。

る世界の共通理解を促進するとともに，あらゆる組織が社会的課題の解決に向けて具体的にどのように行動すればよいかを明らかにしている。

この規格開発の構想が練られた2000年頃は，CSR（企業の社会的責任）が注目されはじめた時期であり，CSR の国際規格を作ろうという提案がなされて構想立案がスタートした。その検討のなかで，社会的責任を果たすべきであるのは企業に限らない，持続可能な社会の実現に向けた課題解決には，あらゆる組織が共通認識のもとに協調して責任ある行動をとる必要がある，との考えから「すべての組織のための社会的責任の手引き」，というコンセプトでの開発方針が決定された。

ISO26000の開発プロセスは，過去に例をみないユニークなものであった。ISO 規格開発の期間は通常３年が上限とされているが，この規格はその枠に収まらず，2005年の第１回作業部会から2010年の最終第８回作業部会まで，結果的に５年を要した。その大きな理由となった開発プロセスの際立った特徴は，ISO の歴史上初めて，政府・企業・労働・消費者・NGO・その他有識者という６つのステークホルダー・カテゴリーを設けて，それらが全く対等な立場で作業部会に参加して合意を積み重ねる，マルチステークホルダー・プロセスを全面的に採用したことである。

作業部会には，６つのステークホルダー代表に加え

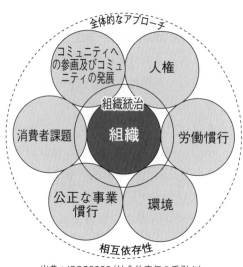

出典：ISO26000（社会的責任の手引き）

図14-2　社会的責任の７つの中核主題

てILOやWHOなど多くの国連機関・国際機関が参加したほか，ISOでは過去に類をみないほど多くの途上国代表が参加した（第8回作業部会では参加99か国中69か国が途上国であった）。また，ジェンダーバランスに配慮し，女性の割合は過去のISO作業部会では過去最高であった（第7回作業部会では42％）。総勢400名を超える作業部会は，常に多様性と代表性に配慮して運営された。

　作業部会には重要なルールがある。1つはコンセンサス・ルールである。作業部会では多数決を用いない。6つのステークホルダーは，参加人数の大小は関係なく，全く対等の立場で参加し，全ステークホルダー間の合意をもって作業部会決定とする。ステークホルダーのうち1つでも反対した場合には提案は却下され，合意に至るまで修正を繰り返す。こうして規格の一字一句に至るまで，すべて6つのステークホルダーの合意を確認して進めていった。

　もう1つは，ツイニング・ルールである。作業部会の議長と副議長，タスクフォースのリーダーとサブリーダー，といった2つのポストを，片方が先進国代表，他方が途上国代表というペアで務めた。途上国の意見を十分に反映するための配慮である。

　多様な意見と合意を重視するこうした方針は，至るところに適用された。例えば，個別課題について検討し，たたき台をつくるタスクチームをつくることがよくあったが，その場合は必ず6つのステークホルダー・グループから，先進国・途上国各1名を選出して計12名のチームとすることとした。しかも，選出された顔ぶれに女性が少ないと，持ち帰って各グループが代表を選出し直した。多様な意見を反映するための，徹底的なプロセスへのこだわりである。

（2） 作業部会でのマルチステークホルダー・プロセスの実際

　こうして行われた作業部会の道のりは，決して平坦なものではなかった。そもそも，政府は既存の国内基準と異なる規範ができることへの，ILO は労働分野で確立された国際基準と異なるものができることへの，それぞれ警戒感があった。消費者団体や NGO は拘束力を持つ認証規格化を主張するが，それには産業界の強い反対がある。また，既存の認証制度などにまつわる既得権が損なわれることを懸念するコンサルタントや認証機関など，それぞれの利害と思惑が錯綜するなかでの船出だったからである。

　案の定，初回のブラジル・サルバドールでの作業部会では各ステークホルダーの議論がかみ合わず，会議は大混乱した。目標とした規格の骨格を示すデザイン仕様書は 1 週間の会議を経ても採択できなかった。それがようやく採択されたのは，半年後の第 2 回のタイ・バンコク会議のことである。ここでも採択できなければ規格策定は頓挫する，そんなギリギリの状況での合意であった。バンコク会議の最終盤でようやく採択された仕様書案の中身は，実はほとんど前回と変わっていない。それでも一転して合意に至ったのは，2 回の作業部会を通じて多くのメンバーが全体会議や分科会で互いに議論を戦わせ，それぞれの立場に対する相互理解が進んできたこと，そして何よりも，こんな初期段階で作業部会を空中分解させてはいけない，という思いが共有されていたことにあったように思う。

　多様な意見を反映させるために，さまざまな努力がなされた。通常は作業部会内でのみ共有される開発中のドラフトは，例外的に WEB 上で一般公開された。多くのコメントを作業部会メンバー経由で世界中から集めるためである。結果的に，5 年間に世界中から寄せられたコメントは何万件にものぼった。筆者もドラフト・チームの一員として，環境

パートに世界中から寄せられた1,000もの意見のすべてに対して，採否とその理由を明らかにしたものを書いて公開した。気が遠くなるほどの作業ではあったが，徹底した透明性と説明責任が求められていることを実感した。

　5年間にわたった作業部会の対話と協議のプロセスは，時として対立し，混乱し，方向性を見失い，事前には想像できなかったほどの時間と忍耐力を要した。しかし，作業部会は回を重ねるごとに求心力を高め，最終的に草案はISOの手順に従って各国の投票にかけられた結果，93％の高い賛成をもって承認された。作業部会においてまとめ役として重要な役割を果たした南アフリカのジョナサン・ハンクス氏は，自分の仕事は作業部会メンバー全員を不幸にすることだった，いつも心がけていたのは不満をいかに平等に配分するかだった，と述懐していた。そして，悲しみ，怒り，失望，喜び，勇気，希望など，人として感じ得るあらゆる種類の感情を経験したと振り返り，苦労の多い，しかしやりがいもあるプロセスだったと述べている。

（3）　対話のプロセスから何を学ぶか

　「雨降って地固まる」を地で行くようなこの作業部会の経験を振り返ってみると，マルチステークホルダー・プロセスにおいて何が重要だったかがみえてくる。

　1つは，特定した6つのステークホルダー・グループは政府も含めて上下関係なしに完全に平等・対等な扱いとしたこと。そして，こうした基本原則をもとに，具体的なコンセンサス・ルールやツイニング・ルールといった作業部会内のガバナンス・ルールを，合意のもとに制度として形にしたことである。さらに言えば，細かい対話のルールにもいろいろな工夫があった。例えば，

・なるべく多くのメンバーの意見を聞くために，発言時間は1人2分以内に制限する。
・会議の使用言語は英語である。そこで非英語圏からの参加者に配慮して，全員に発言はゆっくり平明な英語（plain English）で行うことを徹底し，聞き取れなければ何度でも聞き返すことを奨励した。

　参加メンバーの立場から，作業部会での経験を通じて筆者が個人的に心がけていた対話の作法がある。これをまとめると別表のとおりである。

　作業部会では，対立構造のなかで勝者と敗者を決めるような「ディベート」ではなく，共通の未来を一緒に見据えながら解決策を考えて見出すための「対話」が求められる。互いにアイディアを持ち寄り，学びや新たな気づきを生み出しながら解決策を探り，その過程を通じてそれぞれの主体のなかに化学変化が起きるような，創造的なコミュニケーションのスタイルである。表に掲げたなかでも特に重要なのは，他人の案を批判する場合には，どこをどう直せばよいかを具体的に指摘したり，自身の代替案を出したりすることである。

・主張が受け入れられるまで何度でも同じ意見を繰り返す
・自分の関心と利益のある課題にしか参加しない
・議論の流れにお構いなしに自説を主張する
・他人の案を批判するが自らの対案を出さない
・意見を表明しない。態度を明確にしない

・互いの相違点ではなく，共通点を見いだすよう努力する
・批判する場合には建設的な代替案を出す
・途上国が意見を言えるよう配慮し，傾聴する
・得意分野を持ち寄り，良い意見は互いにほめる（尊敬と信頼）
・良き妥協（GOOD COMPROMISE）を重ねていく

図14-3　避けるべき態度，とるべき態度

　もう１つ重要なことは「妥協」であろう。総論，つまり持続可能な社会への思いは共通であっても，各論として規格に何をどこまで書き込むかについては，参加者間で意見はしばしば対立する。その際に，双方が相手の意見を受け入れて要求水準をいくらかでも下げなければ，いつまでたっても合意に至ることはできない。「妥協」という言葉には，どこか敗北感がつきまとうが，作業部会では，これで規格策定に必要な合意を得て前へ進めるという，ポジティブな語感を伴って「Good Compromise（良き妥協）」という言葉がよく用いられた。

　また，メンバー間の求心力を高めることも必要である。持続可能な発展もそのためのマルチステークホルダーによるガイダンス策定も，とてもチャレンジングなテーマである。しかし，その困難を克服してガイダンス策定を進め，最終合意にまでこぎつけることができたのは，立場の違いや利害対立を超えて，メンバーの間に持続可能な社会を希求する共通の強い思いが存在したからである。

　第10章で触れたように，2009年のコペンハーゲンCOP15では先進国・途上国の意見の隔たりが大きく，政府間交渉は成果をあげられなかった。しかし，その半年後に同じコペンハーゲンで開催されたISO26000作業部会では，99か国から470名もが参加してステークホルダー間での最終合意に達し，苦労をともにした作業部会メンバーが全員立ちあがり万雷の拍手をするなかで成功裏に幕が下りた。COP15の失敗，ISO26000の合意，いずれの場にも立ち会った者の実感として，この対照的な結末は，グローバル・ガバナンスの変化の方向性を示唆する，象徴的な２つのシーンだったと感じる。

3.　マルチステークホルダー・プロセスの利点と課題

　改めてISO26000発行の意義を考えてみると，まず，社会的責任に関

次のような透明かつ倫理的な行為を通じて，組織の決定及び活動が社会及び環境に及ぼす影響に対する組織の責任

ー持続可能な発展，健康および社会の繁栄への貢献
ーステークホルダーの期待への配慮
ー適用されるべき法律の遵守，国際的な行動規範の尊重
ー組織全体で統合され，組織の関係の中で実践される行動

注1：活動には，製品とサービス及びプロセスを含む
注2：関係とは，組織の影響圏内の活動を指す

出典：ISO26000（社会的責任の手引き）

図14-4　社会的責任の定義

するグローバルな共通言語を確立したことが挙げられる。例えば，それまでは「社会的責任」という言葉自体さまざまな解釈が乱立していたが，作業部会で約1年間の議論を尽くした結果，図14-4に掲げた定義が合意された。この定義は，規格発行の翌年に発表された欧州委員会によるCSRの定義（第8章参照）にもベースとして採用されている。基本的な概念理解がバラバラだと対話もすれ違うし，協働が効果を生むためにも共通言語は必要だ。そして，ISO26000規格には，全編を通じて社会的責任の原則や取り組むべき課題，考慮点や具体的な推奨アクションなど，あらゆる組織が持続可能な社会の創造に向けて社会的責任を果たすためのヒントが満載である。規格のユーザーは，抽象的な「持続可能な発展」を具体的な「自分のアクション」に翻訳して，効果的・効率的に取り組むことができる。

　また，もう1つ見逃せないISO26000の意義は，規格策定のプロセスを通じて途上国におけるキャパシティ・ビルディングが図られたことである。5年間の作業部会で，途上国の参加者は知識と経験を得てこの分

野のエキスパートに育っていった。そして規格発行後は各国での規格普及の中核人材となって活躍したのである。途上国からの参加を奨励した結果，ISO 史上最も多くの途上国参加を得た ISO26000作業部会は，この点においても大きな成功を収めたと言える。

　こうした国際規格を広く浸透させることで，組織や人々の行動を変え，世界を変えることができる。そして，ISO26000がこのように広く浸透して影響力を持ちえたのは，マルチステークホルダー・プロセスにこだわり，徹頭徹尾，幅広い参加と合意を貫いたことによる，規格の正統性が背景にあると言えよう[3]。

　マルチステークホルダー・プロセスの利点はいくつもあるが，重要なものとして図14-5に掲げた諸点を挙げることができる。

　2010年の正式発行後，ISO26000は世界中に浸透する。各国で国内規格化され（例えば日本でも JISZ26000として採用された），当初は高い水準の国際規格は自国にとって不利と考えて反対していた中国も最終的に賛成票を投じ，その後国内規格化を行った[4]。アセアン諸国も，解釈

①多様な視点を共有でき，課題を多面的に深く理解することができる
②主張の差異や対立点を明確にするとともに，共通点も発見することができる
③対話のプロセスを通じて関係者間の相互理解が深まり，信頼関係が醸成される
④得られた結論への当事者の納得感や結論自体の正統性が高まる
⑤各主体協働による新たな解決のチャンスを生み出す
⑥課題解決への当事者のコミット意欲と責任意識が強まる

図14-5　マルチステークホルダー・プロセスの利点

3　国連「ビジネスと人権に関する指導原則」が幅広く受け入れられたのも，成立過程にマルチステークホルダーの関与があってこそ，と言える。ジョン・ラギー（2014）『正しいビジネス』のはしがきでも，幅広いステークホルダーの関与を求めたことを振り返って「グローバルな政策形成の珍しいプロセス」であり「ガバナンスの難問に対する教訓」になると経緯を振り返っている。

258

がバラバラだった CSR の捉え方を統一する拠り所とし，共通理解を進めようと，共同で域内での ISO26000普及に力を入れた。日本でも経団連が企業行動憲章に ISO26000の内容を組み込み，多くの日本企業がサステナビリティ情報開示の枠組みとして活用するなど，広く活用されている。グローバルにみても，既存のイニシアチブや行動規範にISO26000が組み込まれたり参照されたりすることも多く，そのことでより多くのユーザーに広がる効果を生んだ。

　一方で，課題としては，まず成果をあげるために必要な時間とエネルギーが膨大になりがちなことがある。対話のルールづくりはもちろん，進行状況をみつつ，建設的な対話を促進し求心力を高めるための絶えざる追加的な工夫と改善も必要となる。

　単に形式的にマルチステークホルダーをメンバーとして並べればよい，というものではない。意見の言いっぱなしだけで，皆があるべき論を述べて結局のところ誰も何もしない，あるいは特定のセクターを非難したり責任を押し付ける，などというのではマルチステークホルダー・プロセスにはほど遠い。それぞれが課題解決にコミットし，みずからも必要な役割を担うという参加の姿勢が極めて重要である。いかに参加者の課題解決へのコミットメントを引き出すか，対話を通じて協働のモメンタムを生み出して行動につなげるか，という点がポイントでもあり，最も難しい点でもある。

　今後必要なことは，マルチステークホルダー・プロセスを多くの人が実践して成功体験を積みそれを伝播すること，つまり経験者を増やしその経験知を社会の共有財産として蓄積し拡散していくことであろう。もう 1 つは，マルチステークホルダー・プロセスの成果を客観的に評価して，次の改善に活かしていくこと，そしてそのなかから，重要な原則や役に立つヒントなどを抽出して，これも共有財産化していくことである。

4　中国では，2015年に中国初の国家 SR 規格である GB／T 36000-2015が発行された。レポーティングに関する GB／T 36001-2015，評価基準に関する GB／T 36002-2015との 3 部作であり，ISO26000をベースにした，国際標準に沿ったものとなっている。

　また，仕切り役としては，公共政策の担い手である政府の役割が重要になる。マルチステークホルダー・プロセスをよく理解して，政策立案と実施にいかに活用していくかの工夫が問われる。また，創造的対話を導くファシリテーターの存在が重要である。いかに参加者が互いの意見を傾聴し，さらに触発されて前向きな発言をする状況をつくりだすか，その技量が問われる。実際に ISO26000 の作業部会においても，資質と経験を備えたすぐれたファシリテータは何人もいた。とりわけ，NGOセクターのなかに比較的多かったという印象がある。

　SDGs においては，目標17がパートナーシップを強調しており，17－16と17－17のターゲットでは，マルチステークホルダー・パートナーシップの重要性に言及している。SDGs においてマルチステークホルダー・パートナーシップが重要な意味を持つのは，これまでに人類が経験したことのない規模とスピードで，社会のトランスフォーメーションを成し遂げなければならないからである。過去の経験に頼れず，確立された理論があるわけでもなく，試行錯誤を繰り返して経験知を豊かにしていかねばならない。解決策のアイディアや知恵を出し合い，共に実践していくこと，そして学びと改善のループを確立することが何よりも重要である。

4. 日本国内での普及・浸透の可能性

　日本国内でも，この ISO26000 作業部会のマルチステークホルダー・プロセスにも触発されて，2009年3月に同方式による「社会的責任に関する円卓会議」が創設され，2010年5月には当時の鳩山首相の出席のもとで総会・総合戦略部会の合同会議が開催された。内閣府が設置した「安全・安心で持続可能な未来のための社会的責任に関する研究会」の報告を踏まえて，円卓会議の設置が決定されたものである。設立趣意書

にあるように，「政府だけでは解決できない社会的課題に対して，事業者団体，消費者団体，労働組合，金融セクター，NPO・NGO，行政などの広範な主体が協働して自ら解決にあたるための新たな“公”の枠組み（マルチステークホルダー・プロセス）として」設立されたものである。

　従来型の審議会でも多様なセクターからの委員が参加することはあるが，審議会では政府が事務局を務め，政策に関する参加委員の意見を取りまとめるのに対して，この円卓会議では政府もステークホルダーの1つとして位置づけられた。よってアジェンダ設定も政府事務局に任せるのではなく，運営委員会をつくって多様なステークホルダーが関わり合意して決めた。会議では出席者が各ステークホルダーを代表して意見を述べるとともに合意事項へのアクションにコミットする，というものであった。

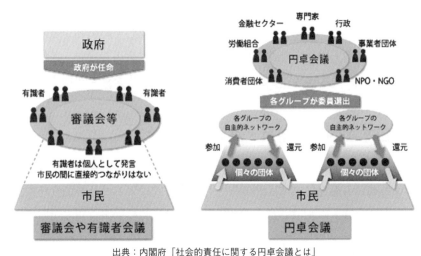

出典：内閣府「社会的責任に関する円卓会議とは」
https://www5.cao.go.jp/npc/sustainability/forum/about/organization.html（最終参照日 2022.08.31）

図14-6　従来の審議会等と円卓会議との違い

　この円卓会議についての評価については，そもそも「安全・安心で持続可能な未来への協働戦略」という円卓会議のテーマが，大きすぎて具体性を欠いていたのではないか，という意見があるし，運営に関しても，政府の関わり方やリーダーシップ，各委員のステークホルダー代表としての正統性，決定事項にどこまで縛られるのか，ステークホルダー間での合意をどう確認するか，など，課題の指摘やさまざまな議論がなされている[5]。しかし，日本国内での初の試みとして，浮かび上がった課題は以降の改善に活かしていくべきであり，むしろそれを発見できたことも円卓会議を設置した意義ととらえるべきであろう。

　なお，第12章で紹介した「地域円卓会議のススメ」は社会的責任に関する円卓会議の具体的な協働プロジェクトの１つであった「持続可能な地域づくり」プロジェクトチームの有志が取りまとめたものであり，円卓会議における貴重な成果物の１つである。マルチステークホルダー・

---

①すべての参加者は，共有する課題の解決や理想の実現のために，主体的・積極的に参画する。（主体的な参画）
②すべての参加者は対等・平等であり，互いに敬意をもって接する。（互尊互敬）
③すべての参加者は，自らの属する組織や分野の価値や利益だけでなく，より良い社会や未来の実現のために発言・判断・行動し，属する組織や分野にも働きかける。（柔軟な代表）
④すべての参加者は，既存のしくみや手法の限界を率直に認め，多様な主体の協働によって創造される価値を信じる。（協働による創造）
⑤すべての参加者は，成果をより良いものにするために，新しい参加者を歓迎する。（開かれたコミュニティ）

出典：「地域円卓会議のススメ」（2012）
https://sr-nn.net/jigyo/syuppan/chiikientaku（最終参照日 2022.08.31）
図14-7　マルチステークホルダー・プロセスの基本条件

5　企業と社会フォーラム編（2012）「持続可能な発展とマルチ・ステイクホルダー」所収の「日本における円卓会議の可能性」のパネルディスカッション（pp.43-82）などを参照。

プロセスは，国政レベルではまだ根づいていないものの，地域レベルでは実践され，継続的に経験やノウハウを積み重ねている地域もある[6]。

　その後も，「SDGs推進円卓会議（2016年に設置）」や，「ビジネスと人権に関する行動計画推進円卓会議（2021年に設置）」など，政府が主催するマルチステークホルダー構成での会議の場も増えてきている。しかし，目指すステークホルダーの主体的関与と協働アクションにつながるようにするには，今後さらにさまざまな工夫や試行錯誤を積み重ねることが必要であろう。例えば，同じようにビジネスと人権に関する国別行動計画の円卓会議を設けたドイツでは，各ステークホルダーが対話のテーマごとに幹事役を交代で務め，毎回丸1日をかけて徹底的に議論するスタイルをとった。参考にすべき1つの試みである。

5.　コレクティブ・インパクトの評価を活用する

　SDGsが目指す社会のトランスフォーメーションに対する貢献を可視化して，いわゆるSDGウォッシュを排除するために，取り組み成果として社会に生み出した変化（インパクト）を把握すること，そして評価することが重要になってきている。インパクト評価に対しては，政府・企業・投資家・NGOなどあらゆるセクターが関心を増大させている[7]。

　マルチステークホルダー・パートナーシップは，言うまでもなく目的ではなく手段である。したがって，マルチステークホルダー・プロセスを含むその手段全体の効果を最大化するために必要なのが，生み出された成果を把握し評価し，さらなる改善に活かすことであり，そのための評価手法としてのインパクト評価であろう。なかでもポイントは，共創

6　例えば，（公財）みらいファンド沖縄が中心となって進めてきた，沖縄式地域円卓会議の例がある。取り上げるテーマも，コロナ禍の子ども支援，認知症まちづくり，部活動派遣費問題，単身高齢女性の貧困，八重瀬町の水資源管理，など多岐にわたって継続的に実施されており，地域円卓会議が定着した好事例の1つである。

7　例えば日本経済団体連合会も，企業自身がSDGsに対する貢献を見える化し評価して開示する必要を強調し，「SDGsへの取組みの測定・評価に関する現状と課題」という報告書を2021年に発表して会員企業に取り組みを奨励している。https://www.keidanren.or.jp/policy/2021/055.html（最終参照日　2022.08.31）

的ソリューション手法を採用したことによって生まれるコレクティブ・インパクトに着目して変化量を把握し，それを最大化するための見直しや改善のきっかけをつかむことである。

　しかし，評価のなかでも，特にこうしたステークホルダー協働型のプロジェクトのインパクト評価は難易度が高い。この目的にかなう利用可能な評価手法やツールが数多く開発されることが待たれるゆえんである。この観点から，1つの例として，SROI（Social Return on Investment：社会的投資収益分析）という評価手法を紹介したい。SROIは，費用便益分析を基礎に開発された評価手法であり，創出された社会的価値を貨幣換算して，純便益や費用便益比を算出するものである。

　インパクト評価は，通常，外部コンサルタントなどの専門家が実施することが多いが，SROIの特徴は，プロジェクト実施に関わった市民セクターなどのステークホルダーが，評価作業にも参加することを必要条件としていることである。つまり，SROIは「ステークホルダー参加型の評価枠組みと言うことができる。SROIの最大の価値は『コレクティブ・インパクト』（collective impact）タイプの協働の触媒になる点にある[8]。」のである。プロジェクトの当事者が参加する評価であるがゆえに，外部からの評価に比べて評価の客観性が薄れ，その結果比較可能性も失われる，との批判的な指摘もある。しかしそれはSROIの特徴でもあり，プロジェクト間の比較よりも自身のプロジェクトの改善のために用いることによって，その特徴を強みとして生かすことができる。協働を通じた社会的イノベーションの増大を図る観点からは，関係者間で共有できる共通の評価の枠組みを持つことや，自らも参画して導き出した評価結果をさらなる協働プロジェクトの改善につなげることには，大きな意味がある[9]。

　ステークホルダー間の協働が必須である，SDGsの実現に向けた取り

8　塚本・関（2020）に所収の，塚本一郎論文「第3章インパクト評価とSROI」のp.90
9　塚本・関（2020）所収の「ケーススタディ（3）」pp.273–278に，損保ジャパンが国内の多くのNPOとの協働で推進した自然保護プロジェクトの成果を可視化する試みが紹介されている。協働型のプロジェクトにおけるSROI適用の先行事例の1つである。

264

組みにおいては，とりわけコレクティブ・インパクトの評価がより重要
である。評価作業を通じて改善すべき点を見出し，マルチステークホル
ダー・パートナーシップによるインパクトのさらなる拡大のために活用
することが期待される。

参考文献

企業と社会フォーラム編（2012）『持続可能な発展とマルチ・ステイクホルダー』
千倉書房

西谷真規子編著（2017）『国際規範はどう実現されるか　―複合化するグローバ
ル・ガバナンスの動態―』ミネルヴァ書房

ジョン・ジェラルド・ラギー（2014）『正しいビジネス　―世界が取り組む「多国
籍企業と人権」の課題』岩波書店

塚本一郎・関正雄（共編著）（2020）『インパクト評価と社会イノベーション―
SDGs 時代における社会的事業の成果をどう可視化するか』第一法規

関正雄（2010）『ISO26000を読む　人権・労働・環境・・・社会的責任の国際規
格：ISO／SR とは何か』第一法規

Minu Hemmati（2020）"Theory of stakeholder engagement ― 1.2 Multi-stakeholder
processes" Zurich-Basel Plant Science Center

Minu Hemmati（2002）"Multi-stakeholder Processes for Governance and
Sustainability: Beyond Deadlock and Conflict" Routledge

Raj M. Desai, Hiroshi Kato, Homi Kharas and John W. McArthur（2018）"From
Summit to Solutions" Brookings Institution Press

15 | 持続可能性と教育

関　正雄

《学習の目標＆ポイント》　持続可能な社会を構築するための人づくりについて考える。国内外で展開されてきた ESD（持続可能な開発のための教育）の考え方や実践するための課題を，学校教育だけでなく，社会におけるあらゆる主体のための教育を含めて理解する。SDGs の時代に求められている持続可能な発展のための教育とは何かを考え，社会の変容を導くのは生活者としてのすべての市民の問題であることを理解する。

《キーワード》　持続可能な開発のための教育，キー・コンピテンシー，価値観の形成，ESD for 2030，知識・技能・価値・態度，行動変容，ビジネスリーダーシップ教育，市民や生活者の役割

1. 持続可能な開発のための教育

（1）　持続可能な社会の創り手を育てる ESD

　SDGs の目標 4 は教育である。普遍的な初等教育へのアクセスは，長年にわたりグローバル開発分野における主要テーマの 1 つであった。目標 4 には，すべての子どもが読み書き能力や計算能力を身に付け，また質の高い教育を受けられる機会を提供するためのターゲットが並んでいる。しかしそうしたターゲットのなかで 1 つだけ，やや趣の異なるのが，ターゲット4.7である。

　4.7には，「2030年までに，持続可能な開発のための教育及び持続可能なライフスタイル，人権，男女の平等，平和及び非暴力的文化の推進，グローバル・シチズンシップ，文化多様性と文化の持続可能な開発への

貢献の理解の教育を通して，<u>すべての学習者が，持続可能な開発を促進</u>
<u>するために必要な知識及び技能を習得できるようにする。</u>（下線は関）」
と書かれている。

　SDGs の諸課題を解決するのは人間なので，解決主体としての「人」
を育てる教育は，SDGs 達成にとって最も重要なテーマと言っても過言
ではなく，ターゲット4.7には大きな意味がある。この，持続可能な社
会の実現を担うのに必要な知識・スキル・価値観・態度などを備えた人
を育むことを「持続可能な開発のための教育（ESD: Education for
Sustainable Development)」と呼ぶ。ESD について，文部科学省は
「今，世界には気候変動，生物多様性の喪失，資源の枯渇，貧困の拡大
等人類の開発活動に起因する様々な問題があります。ESD とは，これ
らの現代社会の問題を自らの問題として主体的に捉え，人類が将来の世
代にわたり恵み豊かな生活を確保できるよう，身近なところから取り組
む（think globally, act locally）ことで，問題の解決につながる新たな
価値観や行動等の変容をもたらし，持続可能な社会を実現していくこと
を目指して行う学習・教育活動です。つまり，ESD は持続可能な社会
の創り手を育む教育です。」と説明している[1]。

（2）　ESD の歴史

　ESD は，国連の持続可能な発展におけるイニシアチブにおいて常に
重視され言及されてきた。歴史的な歩みを振り返ってみると，表15-1
の通りである。リオ地球サミットのアジェンダ21では，持続可能な発展
のための教育・訓練の重要性が強調された。当初は環境教育が主な関心
事であったが，90年代には，地球規模課題が相互に関連していることへ
の理解が広まって，貧困・開発・平和・ジェンダー・防災など多様な
テーマの教育を含む総合的な ESD という概念へと発展していった。

1　文部科学省ホームページの「ESD（Education for Sustainable Development）とは？」
より引用。

表15-1　ESD の歴史

1972年	国連人間環境会議（ストックホルム会議）	宣言の原則19で，環境問題の教育が，責任ある行動の基礎である，とした
1977年	環境教育に関する政府間会議（トビリシ会議）	世界初の環境教育に関する政府間会議。環境教育に関する目標と原則を示した
1992年	国連環境開発会議（リオ地球サミット）	持続可能な開発を達成するための教育，訓練，国民意識の重要な役割（アジェンダ21の第36章）
1997年	ユネスコ「環境と社会に関する国際会議」	環境教育を，貧困・人口・健康・人権・平和などを含む概念へと拡張（テサロニキ宣言）
2002年	持続可能な開発に関する世界首脳会議（ヨハネスブルグ・サミット）	「持続可能な開発のための教育の10年」の提案が，ヨハネスブルグ実施計画に組み込まれた
2005年	国連持続可能な開発のための教育の10年（2005-2014年，DESD）	ユネスコを推進機関として，10年間で持続可能な開発のための教育をグローバルに浸透させる
2009年	持続可能な開発のための教育に関するユネスコ世界会議	ESD を「未来への投資」として推進することを推奨（ボン宣言）
2012年	国連持続可能な開発会議（リオ＋20）	ESD を促進。持続可能な消費と生産に関する10年間の計画枠組みを採択
2014年	持続可能な開発のための教育（ESD）に関するユネスコ世界会議	教育全体の目標に持続可能な開発を含めることを求める（ESD に関する愛知名古屋宣言）
2015年	国連 ESD グローバル・アクション・プログラム（2015-2019）	機関包括型アプローチや社会のあらゆるセクターの参加の必要性。企業の社会的責任教育にも言及
2015年	国連持続可能な開発目標（SDGs）	ターゲット4.7「2030年までにすべての学習者が持続可能な開発を促進するために必要な知識とスキルを習得する」
2017年	国連総会決議72/222-	ESD は，質の高い教育に関する SDGs の不可欠な要素，他のすべての持続可能な開発目標の重要なイネーブラー
2019年	持続可能な開発のための教育：SDGs 達成に向けて（ESD for 2030）	SDGs の17全ての目標実現に向けた教育の役割と，持続可能な開発に向けた大きな変革への重点化を強調
2021年	持続可能な開発のための教育に関するユネスコ世界会議	2030年への経済・社会のシステムレベルの根本的改革，個人の変容に向けて，SDGs の全ての目標達成の鍵である ESD を推進していくことを確認（ベルリン宣言）

出典：UNESCO（2021）"Education for Sustainable Development: A Roadmap #ESD for 2030" などをもとに関が作成

2000年代には，日本が提案した「国連持続可能な開発のための教育の10年（DESD）」などを通じて，ユネスコ（国際連合教育科学文化機関）を中心とした世界レベルでの推進がなされた。その後2015年からは，DESDの後継プログラムとして「持続可能な開発のための教育に関するグローバル・アクション・プログラム（GAP）」が実施され，ESDをより深く教育全体の目的に組み込むことや，社会全体で主流化することの必要性が叫ばれた。そしてGAPの後継である2020年からの「持続可能な開発のための教育：SDGs達成に向けて（ESD for 2030)」では，求められる持続可能な社会へのトランスフォーメーション（大変革・変容）の原動力としての教育の役割が強調されている。

　なお，ESDに関して，これまで日本が国際的にリーダーシップを発揮してきたことにも触れておきたい。特に，2002年のヨハネスブルグ・サミットに向けて日本のNGOが「ヨハネスブルグ・サミット提言フォーラム」を通じてESDの重要性を訴え，日本政府と共同で「国連持続可能な開発のための教育の10年（DESD）」を提案してサミットでの採択に貢献したのは，特筆すべき成果である。振り返ってみれば，持続可能な発展に関連する分野では，これ以外でも日本は国連の場で，持続可能な発展の定義を確立したブルントラント委員会設置の提案国だったし，第5章で述べたように，人間の安全保障委員会の設置も提案した。さらに，SDGsの目標4に4.7の「持続可能な発展に関する人材育成」を含めることも主張した。この分野では，日本は一貫して国際社会に大きな貢献をしてきたのである。

　次に，日本国内でのESDの政策的推進もみてみよう。2006年には「『国連持続可能な開発のための教育の10年』実施計画」が策定され，また2008年の教育振興基本計画にもESDが盛り込まれた。教育現場では，すでに創設されていた総合的学習の時間でESDを取り上げること

も行われた。また，ユネスコスクール[2]が学校教育における ESD の推進
拠点と位置づけられ，各地で工夫を凝らした ESD の実践事例が生まれ
ていった。

　ESD に取り組む各学校では，教科を横断した総合的指導を行ったり，
地域の社会教育機関・NPO・企業などとの連携を深めていった。そう
した学校では，生徒の考える力・学習に対する興味や参加意識が高まる
など，さまざまな成果が報告されている。

　2016年の中央教育審議会の答申[3]では，「持続可能な開発のための教育
（ESD）は次期学習指導要領改訂の全体において基盤となる理念であ
る」とされ，その後実際に改訂され順次実施された新学習指導要領[4]で
は，前文および総則において，「持続可能な社会の創り手」を育成する
ことを明記し，各教科の学習指導要領にも ESD に関連する記述が盛り
込まれている。2021年には「持続可能な開発のための教育（ESD）推
進の手引き」が改訂され，カリキュラム・デザイン，学校内外での連携，
取り組み事例など，記載内容の充実が図られた。ESD が，理念として
も具体的なカリキュラムにおいても，より重要な位置づけを与えられた
のである。

　また，2015年の SDGs 採択以降は，ESD の実践において SDGs を取
り入れることが広がっている。SDGs に関する教員の関心も高く，指導
法のセミナーや事例を共有する研究会などの活動も盛んに行われるよう
になった。副教材や関連図書が数多く出版され，SDGs が ESD の追い
風となっている。

2　ユネスコスクールは，地球規模課題に対する国連の役割の理解，人権・民主主義の理
解と促進，異文化理解，環境教育などを目的としている。日本国内では，1,000校以上の幼
稚園，小学校・中学校・高等学校及び教員養成系大学などがこのネットワークに参加して
おり，世界中の学校とも交流し好事例を共有しながら，新しい教育内容・手法の開発や浸
透を目指している。
3　2016年12月の答申「幼稚園，小学校，中学校，高等学校及び特別支援学校の学習指導
要領の改善及び必要な方策等について」
4　2017-2018年度版学習指導要領。2020年度から小学校，2021年度から中学校，2022年度
から高等学校，で実施されている。

　なお，ESD は学校教育のなかで閉じたものではない。社会のさまざまなセクターにおける教育も含めて，あらゆるレベルで実施されなければならない。すべてのセクターが持続可能な発展の担い手であり，必要な知識・スキル・価値観・態度を備える必要がある。「『国連持続可能な開発のための教育の10年』実施計画」でも，学校教育に加えて公民館，博物館などの社会教育の場，地域コミュニティ，NPO，事業者，マスメディアなどあらゆる主体が ESD の実施主体となることが重要である，としている。

　実際に社会全体で ESD に取り組むためには，さまざまなステークホルダーが参画し，協働のもとに取り組む推進プラットフォームが必要である。そこで，DESD の提案に関わった日本の NGO などが，2003年に立ち上げたのが ESD-J（特定非営利活動法人 持続可能な開発のための教育推進会議）である。ESD-J では，「学校，企業，行政，NPO，社会教育機関，農林漁業者など，さまざまな立場の人たち，大人も子どもも，それぞれが ESD の担い手であり，学び手です。」として，学校や教育関係者はもちろん，地域における ESD の実践者や支援者を広げ，政府や企業との対話をもとに ESD に関する政策提言・事業提案を行い，国内外での情報発信と多様なステークホルダー間の連携促進を目指してきた。DESD の最終年である2014年に日本（名古屋市および岡山市）で開催された ESD に関するユネスコ世界会議では，ESD-J が中心となって，日本から「市民による ESD 推進宣言」「企業による ESD 宣言」を発信するとともに，次のアクションに向けた「地域と市民社会からの ESD 提言」も発表している。

　こうした ESD-J の活動が土台となって，「ESD に関するグローバル・アクション・プログラム（GAP）」に呼応して策定された国内実施計画の一環として，日本政府も新たな官民協働のネットワーク組織を創設す

```
┌──────────────────────────────────────────────────────────┐
│ 4つの「はたらき」                                             │
│ 1．情報の収集・発信                                          │
│ 2．ESD 支援体制の整備                                        │
│ 3．ネットワーク形成と学び合いの促進                           │
│ 4．人材の育成                                               │
│                                                            │
│ 3つの「つなぐ」                                             │
│ 1．環境・開発・人権・平和・防災・消費・文化などの多様なテーマをつなぐ。│
│ 2．ESD を推進・支援する人・組織・プログラムなどを地域をこえてつなぐ。│
│ 3．国連機関や海外の ESD 先進地域の動きなど国際的な情報をつなぐ。     │
└──────────────────────────────────────────────────────────┘
```

出典：ESD 活動支援センターのホームページ

図15-1　ESD 活動支援センター（全国センター）の役割

ることとなった。それが，2016年から2017年にかけて，地域でのESD
の取り組みや情報・経験の共有を促進するために設けられた「ESD 活
動支援センター（全国センターおよび8つの地方センター）」である。
その後，地域での ESD 活動拠点の核となる推進拠点も次々と登録され，
全国的な ESD 推進ネットワークが整備された。持続可能な発展への学
びと実践のために，学校はもちろん，行政，NPO，企業など地域にお
けるマルチステークホルダー間の連携を推進し，SDGs 達成に向けての
重要な人材育成のプラットフォームとなることが期待されている。

（3）　ESD における課題

　しかし，ESD に関しては，必ずしも十分に理解され浸透したとは言
えない。もともと環境教育からスタートしたものが図15-2に示すよう
にたくさんのテーマが組み込まれ，概念が広がりすぎて輪郭がぼやけ，
また核心部分も分かりづらくなってしまったきらいがある。もともと，
環境教育，開発教育，人権教育，平和教育，防災教育など各分野で確立
された「××教育」の歴史と実績があり，専門機関や専門家が存在する。

272

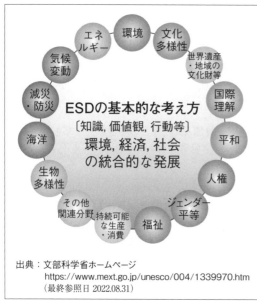

出典：文部科学省ホームページ
https://www.mext.go.jp/unesco/004/1339970.htm
（最終参照日 2022.08.31）

図15-2　ESD の基本的な考え方

さらに言えば，環境教育1つをとっても，公害，自然保護，野外活動，地球環境など，細分化された教育分野がある。それらはもちろん，いずれもESD の一部を成すものに違いないが，1つの傘の下に組み入れられても，単なる既存の専門分野教育の寄せ集めのままでは，新たな価値を生まず，ESD の目指す理想とは異なる。課題間の相互関連を理解して，全体的な問題解決につなげる，分野横断的な視点が必要なのである。

　学校教育における ESD の浸透度合いと取り組みの深さに関しては，その両面で課題がある。広がりの面では，ユネスコスクールへの登録校など，オリジナリティあふれる工夫を凝らして ESD に熱心に取り組む，お手本となる学校はあるものの[5]，全体からみれば数は少なく他校への浸透も十分とは言えない。ユネスコスクールへのアンケートでは，ESD が広く普及しない理由について，「教職員の ESD に対する理解が不十分」，「ESD の概念がなんでも包括してしまいわかりにくい」，「教職員に ESD を行う時間的な余裕がない」，といった回答が寄せられている[6]。

5　例えば，長野県山ノ内町立南小学校では，地域の小中学校とともに4校でユネスコスクールに登録し，地域ぐるみで9年間の一貫した ESD による学びに取り組んでいる。同校では，学年横断で「水と人の暮らし」をテーマに設定して，企業や議員との対話，修学旅行での調査を実施するなど，多角的な学びの機会を設けている。同校は，2021年度の「信州 SDGs アワード」も受賞した。

　また，深さの面では，地球温暖化，リサイクル，自然保護，貧困と格差，人権，平和など，いずれかの個別テーマを教育カリキュラムに組み込むことが ESD であると考えて，追加的，断片的な対応にとどまっている，との指摘がある[7]。本来は，特定分野の知識の習得にとどまらず，持続可能な発展に関する価値観を自らのなかで形成するとともに，社会において実践するために必要な能力・態度を身に付ける，全人格的な教育なのである。そして，単に教育カリキュラムへの組み込みにとどまらず，例えば物品調達や地域ステークホルダーとの連携など，学校運営におけるあらゆるレベル（at all levels），あらゆる局面（at all settings）に組み込んで実践されなければならない[8]。

　また，社会全体で取り組む ESD に関しても課題がある。ESD-J が求心力となって多様なステークホルダーを巻き込み，政府を動かしてステークホルダー協働のプラットフォーム（ESD 活動支援センター）構築にまでこぎつけたのは大きな成果であった。日本の NGO が国内外での ESD に関する政策提言で果たした役割は大きく，日本における NGO によるアドボカシーの好事例の１つと言えるであろう。しかし，理想とするマルチステークホルダーによる真の ESD の推進にはまだ遠い，と言わざるを得ない。「ESD は学校教育の問題」，「ESD は環境教育である」などの理解も根強く残っている。社会においても，ESD への関心は強いとは言えず，教育機会へのアクセスも限られている。結果として一部の熱心な人の間での関心テーマにとどまっているのが現実である。SDGs，地域づくり，協働は多くの人が語るようになったが，表面的な

6　（公財）ユネスコ・アジア文化センター（ACCU）（2017）「平成29年度ユネスコスクール年次活動調査結果」
7　望月・永田（2019）「持続可能な開発のための教育（ESD）」『SDGs 時代の教育』の第２章，では，「より理解しやすい周辺の具体的な領域やトピックが注目されるようになり，これらの実践をもって ESD を担っていると解釈されるものの，さしたる『変容』は起こらずに終始した『10年』であったといえないだろうか。」と ESD の10年を振り返っている。
8　この学校運営全体に組み込むやり方が，「ESD に関するグローバル・アクション・プログラム（GAP）」の優先行動分野の１つとして強調された機関包括型アプローチ（Whole School/Institution Approach）である。

理解や局面的な実践にとどまったり，ブームに乗った形だけの行動に終わっている例も多い。本物の活動をして成果を生むために必要な「教育」が語られ実践され，社会に広まって主流化されるまでの道のりはこの先も，まだ長い[9]。

2. SDGs 時代のキー・コンピテンシー

もう1つ，ESD の本質的な課題として挙げるべきは，「社会の変容」に必要な教育が十分ではないことである。そもそも，以前はグローバル目標においてもこの点は強調されておらず，MDGs では，現状の改善目標を掲げたものの社会システム自体を大きく変容させることはうたっていなかった。しかし，SDGs の理念として強調されるようになったトランスフォーメーションは，教育のなかでもっと強調されなければならない。必要なのは，問題の根本原因にまで踏み込んで，環境・社会・経済のシステムレベルでの大変革，すなわち大きな構造的変容を導くことのできる人材を，ESD を通じて育成することである。

すでに述べてきたように，現代社会はこれまで人類が経験したことのない短期間での社会的大変革を求められている。脱炭素社会の実現，生態系の回復，格差の縮小など，抱える数々の課題は，過去の経験や従来のやり方だけではとても解決できない。

また，社会の変化は激しく，不確実性が高く，複雑な要因が存在する。正解が何であるか確信を持ちにくい。長期的視点が必要であると同時に，変化する状況に応じて順応的かつスピーディに目標や対策も見直していく必要がある。個々の課題に関する知識とともに幅広い視野が求められ，異なる立場や意見の人々と対話して共通認識・合意を形成する力，協働して実践していく力や，困難な状況でもあきらめない強い信念が必要となる。

9　ESD-J の設立などに尽力し，先頭に立ってリードしてこられた阿部治氏も，リオ地球サミット以降の歩みと成果を振り返りつつも，まだ「広範なステークホルダーを結集しているとは言いがたいところがある」と率直に課題を語っている。出典：ESD-J（2016）p.4

システム思考コンピテンシー	複雑なシステムを分析し，個々の要素の関係性を理解する能力
予測的コンピテンシー	複数の未来シナリオを理解し，評価する能力
規範的コンピテンシー	自身の行動の拠り所となる，サステナビリティの価値と規範を理解し，行動に反映させる能力
戦略的コンピテンシー	サステナビリティ促進するための革新的な行動を生み出し実践する能力
協働コンピテンシー	他者から学び，他者に働きかけ，共感を醸成して問題解決を促進する能力
批判的思考コンピテンシー	既存のルールや考え方などに疑問を持ち，自身の立場を確立する能力
自己認識コンピテンシー	自身の役割を理解し発揮するとともに，絶えず評価してさらなる動機付けをする能力
統合的課題解決コンピテンシー	上記能力を総動員して，複雑なサステナビリティの課題解決を導く能力

出典：Marco Rieckmann（2018）"Learning to transform the world: Key competencies in Education for Sustainable Development" UNESCO Press PP.44-45 をもとに関が作成

図15-3　サステナビリティに関するキー・コンピテンシー

　研究者や専門家の間で議論され共通の理解になってきた，サステナビリティに関する重要なコンピテンシー（よい成果を出すために必要な資質・能力）は，この視点からみても示唆に富むものである。

　図15-3に示した8つのキー・コンピテンシーのうち，特に大きな変容が求められる現代の状況において強く求められるものとして，システム思考コンピテンシー，予測的コンピテンシー，協働コンピテンシー，批判的コンピテンシーの4つを挙げたい。

　SDGs時代のコンピテンシーとESDとの関係について，ユネスコは以下のように述べている。「端的に言えば，すべての人がSDGsとは何かを理解するだけでなく，求められる変容のために情報を持った市民と

して関与できるよう，必要な知識とコンピテンシーを身に付けさせるのが ESD であり，このことによって，ESD は，すべての人が SDGs の達成に貢献できるように導くのである[10]。」

ESD は，これまでに関係者のたゆまぬ努力によって成果を積み重ね発展してきた。今後は，ESD の原理原則として，社会変容の担い手を育てる，という大きな目的を共有する必要がある。そしてこれは，ESD の目的であるだけではなく，現代における教育そのものの目的でもあると言えよう。

3. ビジネスリーダーシップ教育

ESD の対象はあらゆる人々である。そのなかで，さまざまな意思決定を通じて実際に社会を動かしている層への教育はとても重要である。特にこれからの社会変容のためには，経済を動かしているビジネスパーソンや，政府・自治体などの政策立案者への教育に，より一層力を入れていかなくてはならない。

第8章で述べたように，企業は SDGs やサステナビリティを事業戦略や日々の業務運営に組み込むことが求められている。そのためには，企業内でサステナビリティの人材育成が急務である。単にサステナビリティ部門の専門家を育てるだけではなく，経営トップから第一線の社員まで，事業のあらゆる意思決定に組み込んでいくために必要なコンピテンシーを，社内すべての部門で身に付けることが必要となる。社会的責任の国際規格 ISO26000でも，組織経営に社会的責任を組み込むために必要なこととして，真っ先に教育の重要性を挙げている。

社内教育のカリキュラムも，一律ではなく例えば経営企画，商品開発，調達，営業など，それぞれの部門に即した知識やスキルを身に付けてもらう必要がある。そして部門を問わず共通に必要なのは，価値観や態度

10　出典：ユネスコ（著），岡山大学大学院および ACCU（訳）(2020)「持続可能な開発目標のための教育―学習目標―，ユネスコ」p.8

```
ビジョン　×　システム　×　教育
（1）ビジョン：企業の中核的価値にサステナビリティを
　　　　　　　組み込むこと
（2）システム：サステナビリティに関するPDCAのマ
　　　　　　　ネジメント・システムを確立すること
（3）教育：自社の存在意義や社会における役割とは何か
　　　　　を自ら考え，行動する社員を育成すること
```

図15-4　サステナビリティを経営に統合する

知識として知る（認知）

必要性がわかる（理解）
納得し賛同する（共感）

日常業務のなかで実践する（行動）

図15-5　社員のリテラシーを高める教育

を含めたサステナビリティのキー・コンピテンシーである。知識を得るだけ，理解するだけでは不十分で，変容に向けて自分で考え行動する社員を育てることが必要となる。

　企業内で経営にサステナビリティを統合するために必要なのは，「ビジョン」「システム」「教育」の3つの要素であり，このうちどれか1つでも欠けたら決してうまくいかない。3要素は足し算ではなく，掛け算である。「ビジョンの確立」とは，社員全員が共有すべき企業理念や中核的価値に，サステナビリティをきちんと組み込むことである。そして，そのビジョンが，さまざまなレベルで行われる意思決定や事業活動において具現化されるように，組織を効果的に動かしていく「仕組み」として，マネジメントシステムの整備が必要である。さらに，ビジョンやシステムという形だけを整えるのではなく，魂を入れるためには，社員のリテラシーを高めるための継続的な「教育」が不可欠である。社員が腑に落ちて内発的に行動できるようにすることが大切である。サステナビリティに取り組むのは組織としての企業であっても，それを

> ミッションステートメント：
> 私たちは，ビジネスや社会が直面している大きな機会とジレンマへのアプローチにおいて，好奇心旺盛で批判的で革新的です。私たちは，研究と教育プログラムの専門的また学際的な卓越性に取り組んでいます。北欧の遺産を活用して，ビジネス，政府，市民社会と協力して，社会的課題に責任を持っています。
>
> 私たちのビジョン：
> 私たちは，好奇心，創造的な新しいアイデアと協働的なエンゲージメントをもって難問に取り組むことによって，ビジネスによって社会をトランスフォームするためのグローバルな知的リーダーシップを発揮します。

出典：“CBS strategy”（2020年）コペンハーゲン・ビジネススクールのホームページより（和訳は関）

図15-6　コペンハーゲン・ビジネススクールの戦略

日常業務のなかで実践するのは，一人ひとりの社員だからである。

　欧州のビジネススクールでは，サステナビリティのリーダーシップを取ることのできる戦略人材の育成に取り組んでいる。例えば，1912年に創立され，20,000人以上の学生数を誇る欧州最大のビジネススクールである，コペンハーゲン・ビジネス・スクール（CBS）は，2020年にCBSとしての戦略を発表し，そのなかで「ビジネスを通じて社会をトランスフォームするためのグローバルな知的リーダーシップを発揮する」ことを，みずからのビジョンとして改めて明確化した。CBSは，単に教育カリキュラムに持続可能な発展を組み込むにとどまらず，ビジネススクール自体の存在意義を再定義して，持続可能な社会への変容をリードすることを宣言しているのである。また，ミッションのなかで，北欧の遺産（伝統）を活用して社会的責任に取り組む，としている点も興味深い。

　また，中国では，政策決定者を対象にCSRの教育を実施している。

スウェーデン政府および同国際協力機関 SIDA からの10年にわたる支援も得て，地方政府機関の職員や商工会議所の職員等への研修を行った。民間コンサル会社による中央政府職員や地方政府職員への CSR 教育にも力を入れている。なお，企業向けにも，SASAC（国務院国有資産監督管理委員会）による中央国有企業への CSR 教育，地方国有資産監督管理委員会による地方国有企業への CSR 教育，業界団体による傘下企業の CSR 教育，民間コンサルティング会社によるセミナー・教育など幅広く進めている。また，企業倫理と CSR を MBA コースの必須科目に指定し，教える立場のビジネススクール教員向けの教育コースや大学での教育にも力を入れている[11]。中国は自国企業の国際競争力を磨くため，CSR の普及浸透に力を入れてきた。その一環として中央・地方政府職員のサステナビリティ・コンピテンシー向上のための CSR 教育を実践してきたことは，注目すべき点であろう。

　SDGs の時代に，脱炭素社会の実現をはじめとする目標達成に必要な，システムレベルの大変革には，第10章で紹介したスウェーデンの例にみられるように，明確な政策メッセージを示して大きく舵をとる政府の強いリーダーシップが不可欠である。そして，政府・企業において，これまでにない長期視点でシナリオ分析ができ，そこからバックキャスティングでサステナビリティ政策やビジネス戦略に落とし込み，ステークホルダーを巻き込んで実践する人材の育成が求められている。あらゆる政策や，企業の意思決定にサステナビリティが組み込まれていく必要があり，日本においても，政府，企業，ビジネススクールなどにおいて，また社会教育などにおいても，これまで以上に深い学びがなされるよう，さまざまな教育機会が提供されることが望まれる。

　また，SDGs の根本理念である「誰ひとり取り残さない」に関しては，人権教育が大きな意味を持つ。例えば，企業の間で「国連ビジネスと人

11　関（2020）「サステナブルビジネス教育における課題—トランスフォーメーションの時代に求められるもの」『企業と社会フォーラム学会誌2020』参照

権に関する指導原則」への対応が急がれているが，欧州などで義務化されている人権デューディリジェンスを求められるままに形式的に実施すればよい，というのではなく，現代社会の人権状況や社会に存在する人権リスク，人間の安全保障の視点，貧困と格差などの問題を理解し，なぜ企業に人権尊重が求められているのかを十分納得したうえで，主体的に人権尊重に取り組む必要がある。また，SDGs が描く新たな社会への移行プロセスで生じ得る，人権・労働上の問題に対処する「公正な移行」（Just Transition）の重要性にも目を向ける必要がある。

SDGs の究極の目的は，すべての人の生存と生活，そして尊厳を守ることである。その達成のためには，SDGs と関連づけた真の人権教育がなされなければならない。先行する環境教育は企業内で必要性も理解され，浸透してきた。しかし人権教育は質量ともにまだこれからだ。政策決定者，ビジネスリーダーへの人権教育は，SDGs に取り組むうえからも大きな課題である。

4. 生活者の教育

（1） 市民には何ができるか

SDGs が掲げる壮大な目標を前にすると，私たち一市民のレベルで何ができるのかという思いが湧いてくる。確かに，個人の日々の暮らしと長期的かつグローバルな目標群とはなかなか結びつかず，何をしたらよいか思いつかない，という感覚を抱かせる。

しかし，市民はさまざまな顔を持っており，持続可能な社会を実現する担い手として果たすべき役割がある。第11章，第12章でみたように，コミュニティと人を守り地域の課題を効果的に解決できる主体は，地域の住民自身なのである。そして，グローバルな解題の解決にも市民が重要な役割を果たす。そのことを教えてくれるのが，第7章で取り上げた，

個人がSDGsの各目標に対してどう行動すればよいかのヒントを示した
グッドライフ目標（Good Life Goals）である。

　グッドライフ目標では5つのアクションを推奨しており，一般的には，
問題認識と身の回りのできる日常行動の範囲でとどまりがちな個人の視
点を，経済の仕組みのなかで影響力を発揮すること，さらに政治や社会
体制の変革を求める声を上げることにまで視点を広げている。特に，
SDGsが必要とする社会の変容を起こすためには，5つ目の政策決定者
に意見表明する，声を上げることの必要性を認識させる書きぶりとなっ
ている。これは，まさにトランスフォーメーションと市民の役割に関す
る，貴重な示唆を含んでいる。

（2）　北欧の市民生活と教育

　第10章で紹介した，バックキャスティング手法で長期的政策を計画的
に実践しているスウェーデンでは，市民生活においても，さまざまな面
でサステナビリティへの関心の高さがうかがえる。例えば，多くの市民
が環境NGOの会員になって活動を支えているし，スーパーで販売され
る食品には，何種類もの認証ラベルが貼られている。市民の政治参加意
識の高さも特徴的である。選挙での投票率は8割を超える高さだし，ま
た政府は国民との間の距離が近く信頼度も高い。

　では，こうした一人ひとりの市民をいかに育んでいくのか，市民教育
や主権者教育について言及したい。スウェーデンは，幼児教育から高等
教育に至るまでESDが取り入れられているESD先進国でもある。こ
こでは，変容に必要な，社会を変える人となるための教育について考え
たみたい。

　スウェーデンの学校教育においては，自分の意見を持つこと，現状を
変えるための能動的行動をとることを重視している。例えば，中学校の

社会科の教科書として「あなた自身の社会」と題されたものがある。そこでは，生徒が実社会に参加すること，社会の問題を解決する主体となることを一貫して促している。学習者には，自分の意見を持ち積極的にアクションを起こすことを奨励するとともに，最も重要なメッセージとして，「社会は自分たちの手で変革できる」ことを教えてきたのである。

　小学校の教科書では，法律や規則を守ることを教えるだけではなく，社会の実態に合わないので法律や規則を変えたいと思うなら，そのように行動すべき，と教えている。また，ソーシャルメディアは，情報を得るためだけではなく，自らの意見を発信するための道具であり「民主制の道具」である，と教えている[12]。つまり，正しいと思うこと，なすべきと思うことがあれば，それを自分の考えとして発信し，実現する力を持った人に働きかけ，社会を変えていく勇気を持って行動を起こすべき，と教えているのである。これはまさに，SNSを通じて世界の数百万人の若者に気候変動に関する行動を呼びかけた，グレタ・トゥーンベリさんが実行したことである。同じ北欧の国デンマークでも，同様に教育の基本には「自分の意見をはっきり言うこと」があり，相手の意見も聞き対話して物事を決めていくことを身に付けさせているという[13]。

　自分の望む変化を実現するにはどうしたらよいかという視点で，主張し働きかける市民教育や主権者教育の延長線上に，積極的な投票行動があるのである。これがグッドライフ目標の5番目の項目が推奨する行動でもあり，社会変容に必要な行動である。

5.　求められるサステナビリティ・シチズン像

　市民の気候変動への責任意識に関する興味深い調査結果がある。科学

12　スウェーデンの小学校・中学校での教育では何を大切と考えているか，そして実際の教科書の特徴などについては，詳しくは参考文献にあげたアーネ・リンドクウィストほか（1997），ヨーラン・スバネリッドほか（2016）を参照されたい。
13　能條桃子氏のデンマークでの留学中の体験からの「自己主張から始まる対話　デンマークの教育」と題する『生活と自治』2021年12月号の記事では，小学校では生徒が自分の話したいことを話して10秒も静かにならないが，それはまず自分の意見を言うことの訓練だと紹介しており，興味深い。

技術振興機構が「世界市民会議」を開いて各国の市民意識を比較したものである。「気候変動に立ち向かう責任があるのは？」，との問いに対して，１位の「世界全体」との答えを除くと，日本の市民は「政府」，「企業や民間部門」，「市民や NPO/NGO」の順である。これに対して，世界では「市民や NPO/NGO」，「政府」，「企業や民間部門」という順となっており，「市民や NPO/NGO」と答える市民の割合が大きく異なっている（図15-7）。世界に比べて日本の市民は，気候変動に立ち向かう責任主体は政府であるとの考えが強く，自分たちの責任と行動で気候変動問題に取り組もうとする考え方が弱い。

　また，同じ調査の別の質問への答えから，日本の市民は世界の市民に比べて気候変動への危機感が薄く，また，世界市民の多くは気候変動対

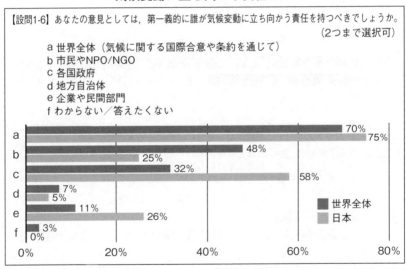

気候変動に立ち向かう責任は？

出典：World Wide Views on Climate and Energy 世界市民会議「気候変動とエネルギー」開催報告書 2015年 科学技術振興機構

図15-7　世界市民会議でのアンケート（その１）

策により「生活の質が高まる」と認識しているが，日本市民の多くは「生活の質が脅かされる」と認識している，という違いがみてとれる（図15-8）。もちろん，1つのイベントでの調査結果をもって日本の市民全体の傾向と断じることはできないが，日本の市民は気候変動の現状にもっと危機感を持ち，社会の変容をポジティブに受け止めて，政府に任せるのではなく，その変容の一主体となることに積極的に取り組むべき，との示唆が得られる。また，仮に政府の仕事と考えるとしても，政府に働きかけて取り組み強化を要請することは，やはり市民の重要な役割であるとの認識を伴わなければならない。

気候変動への危機感と，対策が及ぼす生活の質への影響

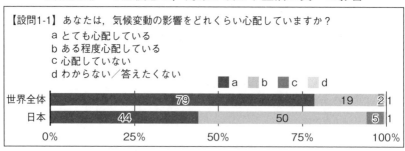

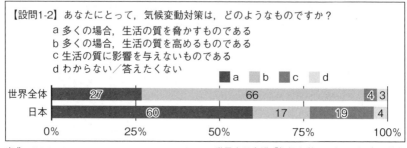

出典：World Wide Views on Climate and Energy 世界市民会議「気候変動とエネルギー」開催報告書 平成27年7月 科学技術振興機構

図15-8 世界市民会議でのアンケート（その2）

　本書では，サステナビリティに関するさまざまな問題を考えてきた。成長の限界が出版され，ストックホルムの人間環境会議が開催されてから，半世紀以上が経過した。環境から持続可能な発展へと取り組むテーマは広がり，SDGs で世界の共通目標が定まって社会変容の必要性が強調されているが，取り組みはまだ道半ばである。2030年以降も，SDGsはポスト SDGs へと受け継がれることであろう。

　持続可能な社会の実現は長い旅路であり，これからも続く。そして，大きな変化を起こすには，多くの人々の共感と行動が必要である。ほんの一握りの人だけが考え，動いても，社会の変容は起きない。したがって，SDGs の達成には，ターゲット4.7に明記されたように，社会の至るところで自分事として目標達成に向けて取り組む主体，つまり変革の主体となる市民の存在が不可欠である。したがってそうした人を育むこと，教育が欠かせない。そして教育においては，自らが行動することとともに，持続可能で包摂的な社会へと大きな変革を求める意思を表示し，他者に働きかけ協働して取り組む態度を育むことがますます重要になってきている。

　SDGs は，本気で社会の変容に取り組むことの必要性を私たちに示した。そして，個人の行動変容と社会変容の力となりその基盤となるのは教育である。持続可能な社会とは，決して，誰かに任せておけば実現してもらえる，というものではない。本書の各章で取り上げてきたように，いかなる課題もさまざまな主体の参画とパートナーシップ無しには解決はできないのである。我々世代と将来世代のために，自ら考え行動する人材を社会の至るところでいかに育てるか，今，私たちは問われている。

参考文献

北村友人・佐藤真久・佐藤学（共編著）（2019）『SDGs 時代の教育：すべての人に質の高い学びの機会を』学文社

佐藤真久・田代直幸・蟹江憲史（共編著）（2017）『SDGs と環境教育：地球資源制約の視座と持続可能な開発目標のための学び』学文社

田中治彦・三宅隆史・湯本浩之（共編著）（2016）『SDGs と開発教育：持続可能な開発目標のための学び』学文社

西井麻美・池田満之・治部眞里・白砂伸夫（編著）（2020）『ESD がグローバル社会の未来を拓く』ミネルヴァ書房

阿部治（編）（2017）『ESD の地域創生力 持続可能な社会づくり・人づくり 9 つの実践』合同出版

ESD-J（2016）「ESD-J 活動報告書（2003〜2015）市民社会からの挑戦—ESD 推進12年間の軌跡」特定非営利活動法人 持続可能な開発のための教育推進会議

企業と社会フォーラム（編）（2020）『企業と社会シリーズ 9 サステナビリティ人材の育成と経営教育』千倉書房

アーネ・リンドクウィスト，ヤン・ウェステル（著），川上邦夫（訳）（1997）『あなた自身の社会—スウェーデンの中学教科書—』新評論

ヨーラン・スバネリッド（著），Göran Svanelid（原著），鈴木賢志（訳）（2016）『スウェーデンの小学校社会科の教科書を読む：日本の大学生は何を感じたのか』新評論

日本環境教育学会ほか（編）（2019）『事典 持続可能な社会と教育』教育出版

UNESCO（2021）"Education for Sustainable Development: A Roadmap #ESD for 2030" UNESCO

ユネスコ（著），岡山大学大学院教育学研究科 ESD 協働推進室および公益財団法人ユネスコ・アジア文化センター（ACCU）（訳）（2020）「持続可能な開発目標のための教育—学習目標—」ユネスコ

索引

●配列は五十音順。＊は人名を示す。

分担執筆者紹介

奈良由美子（なら・ゆみこ）

・執筆章→11

1965年	大阪府に生まれる
1996年	奈良女子大学大学院人間文化研究科博士後期課程修了
現在	（株）住友銀行，大阪教育大学助教授を経て，放送大学教授。博士（学術）
専攻	リスクマネジメント論，リスクコミュニケーション論
主な著書	『レジリエンスの心理学—社会をよりよく生きるために』（共著　金子書房，2021）
	『リスクコミュニケーションの現在—ポスト3.11のガバナンス』（共編著　放送大学教育振興会，2018）
	『リスクマネジメントの本質』（共著　同文舘出版，2017）
	『改訂版 生活リスクマネジメント—安全・安心を実現する主体として』（単著　放送大学教育振興会，2017）
	『生活知と科学知』（共編著　放送大学教育振興会，2009）
	Resilience and Human History: Multidisciplinary Approaches and Challenges for a Sustainable Future（共編著　Springer，2020）
	Social Anxiety: Symptoms, Causes, and Techniques（共著　Nova Science Publisher，2009）

川北　秀人（かわきた・ひでと）

・執筆章→12

1964年	大阪府生まれ
1987年	京都大学経済学部卒業

株式会社リクルート勤務，国際青少年交流団体の日本代表，国会議員の政策担当秘書などを務める。

1994年　ⅠⅠHOE［人と組織と地球のための国際研究所］設立。NPO・社会事業家のマネジメントや，企業の社会責任（CSR）への取り組みを支援するとともに，NPO・市民団体と行政との「協働しやすさ」を7段階で評価する「協働環境調査」を2004年から実施するなど協働の基盤づくりを進めている。

また地域自治組織の先進地である島根県雲南市の地域自主組織制度を設立当初から支援するなかから「小規模多機能自治」の推進を提唱。同市などの呼びかけにより2015年に設立された「小規模多機能自治推進ネットワーク会議」には250以上の自治体が参加し，今後は都心部でも急速に進む高齢化や人口減少に備えた住民自治や地域経営のあり方をともに学んでいる。

主な著書・訳書

隔月刊誌「NPOマネジメント」（ⅠⅠHOE）編集発行人，1999年―2011年

不定期刊誌「ソシオ・マネジメント」（ⅠⅠHOE）編集発行人，2012年―現在

『理事会を育てる9つのステップ』（監訳，ⅠⅠHOE，2001年）

『ボランティア・マネジメントと理事会の役割』（監訳，ⅠⅠHOE，2000年

編著者紹介

関　正雄 (せき・まさお)

・執筆章→ 1 ～10・13～15

1954年	静岡県生まれ
1976年	東京大学法学部卒業，安田火災海上保険（現 損害保険ジャパン株式会社）入社。同社理事・CSR 統括部長を務め，日本産業界代表エキスパートとして社会的責任の国際規格 ISO26000の策定にも関わる。SDGs（国連持続可能な開発目標）を組み込んだ2017年の経団連企業行動憲章改定では座長を務めるなど，産業界への責任あるビジネス慣行や SDGs の浸透に尽力。また，明治大学経営学部特任教授，企業と社会フォーラム副会長，国際協力 NGO センター理事，「持続可能な開発のための教育の10年」推進会議理事，などの活動を通じて，幅広いステークホルダー間での協働促進や人づくりにも取り組んできた。
現在	放送大学客員教授，社会構想大学院大学客員教授，損害保険ジャパン株式会社 経営企画部シニアアドバイザー
主な著書	『SDGs 経営の時代に求められる CSR とは何か』（第一法規，2018） 『ISO26000を読む―社会的責任の国際規格：ISO/SR とは何か』（日科技連出版社，2011） 『インパクト評価と社会イノベーション』（編著：第一法規，2020） 『SDGs 時代のパートナーシップ』（編著：学文社，2020） 『ソーシャルインパクト・ボンドとは何か』（共著：ミネルヴァ書房，2016） 『環境リスク管理と予防原則』（共著：有斐閣，2010） 『社会的責任の時代』（共著：東信堂，2008） 『SRI と新しい企業・金融』（共著：東洋経済新報社，2007）ほか

放送大学教材　1519395-1-2311（テレビ）

持続可能な社会と生活

発　行　　2023年3月20日　第1刷

編著者　　関　正雄

発行所　　一般財団法人　放送大学教育振興会
　　　　　〒105-0001　東京都港区虎ノ門1-14-1　郵政福祉琴平ビル
　　　　　電話　03（3502）2750

Printed in Japan　ISBN978-4-595-32396-6　C1336